高松 海城町の物語

瀬戸内の海城が開いた都市デザイン

西成典久 著

[凡例]

・本書で使用する「海城町」は、一般的に使用されている用語ではなく、本書にて新たに定義する用語および概念です。
・本書はおもに高松の旧城下町エリアを中心とした形成史を記述していますが、その対象は現代の高松市に限定されておらず、海城と城下町の建設は歴史的に讃岐国(現在の香川県)あるいは瀬戸内海域の形成にも影響を与えており、その領域性は現在の行政区画では区切れない広がりをもっています。そのため、本書ではあえて「高松」のみならず「香川・高松」等の表現を用いて、その領域性の広がりを示しています。
・本書にて作成したイラストのなかでも、江戸や昭和初期の鳥瞰図など、一部過去の様子を描いているものがあります。これらは、複数の資料をもとに当時のイメージを描いたものであり、当時の様子を忠実に再現したイラストではありません。あくまでもイメージとしてお楽しみください。

海城町(うみじろまち)とは

城の目の前に海があり、その周囲に町が広がる、
海と城と町が一体となった場所のこと

はじめに

瀬戸内海に開かれた港町・高松。
ここにはかつて、日本を代表する巨大な海城(うみじろ)がありました。
戦国末期、瀬戸内海を中心に日本各地に近世の海城がつくられますが、高松はその最初期で最大の規模を誇りました。

現在、高松は香川の県都として栄え、港には多島海をめぐるフェリーが行きかい、まちは多くの市民や旅行者でにぎわっています。その発展の基層には、高松の地につくられた海城と城下町が深く関わっており、近世初頭、海城によって開かれた交易の場は、現代においても形を変えて引き継がれています。

しかし、現代に暮らす私たちはそうした「まちの記憶」に触れる機会が少なく、まちが育んできた豊かな蓄積を今の暮らしにいかしきれていないのが現状です。そこで、本書では現在の香川・高松の成立と発展に多大な影響を与えてきた海城に着目し、海城からみた高松の歴史や魅力をていねいにひもとくことにしました。

本書で描かれる、地形と歴史、文化と経済が交わる「海城町の物語」が多くの人に響き、楽しさと豊かさが詰まった「まちの記憶」にふれる手助けとなることを願っています。

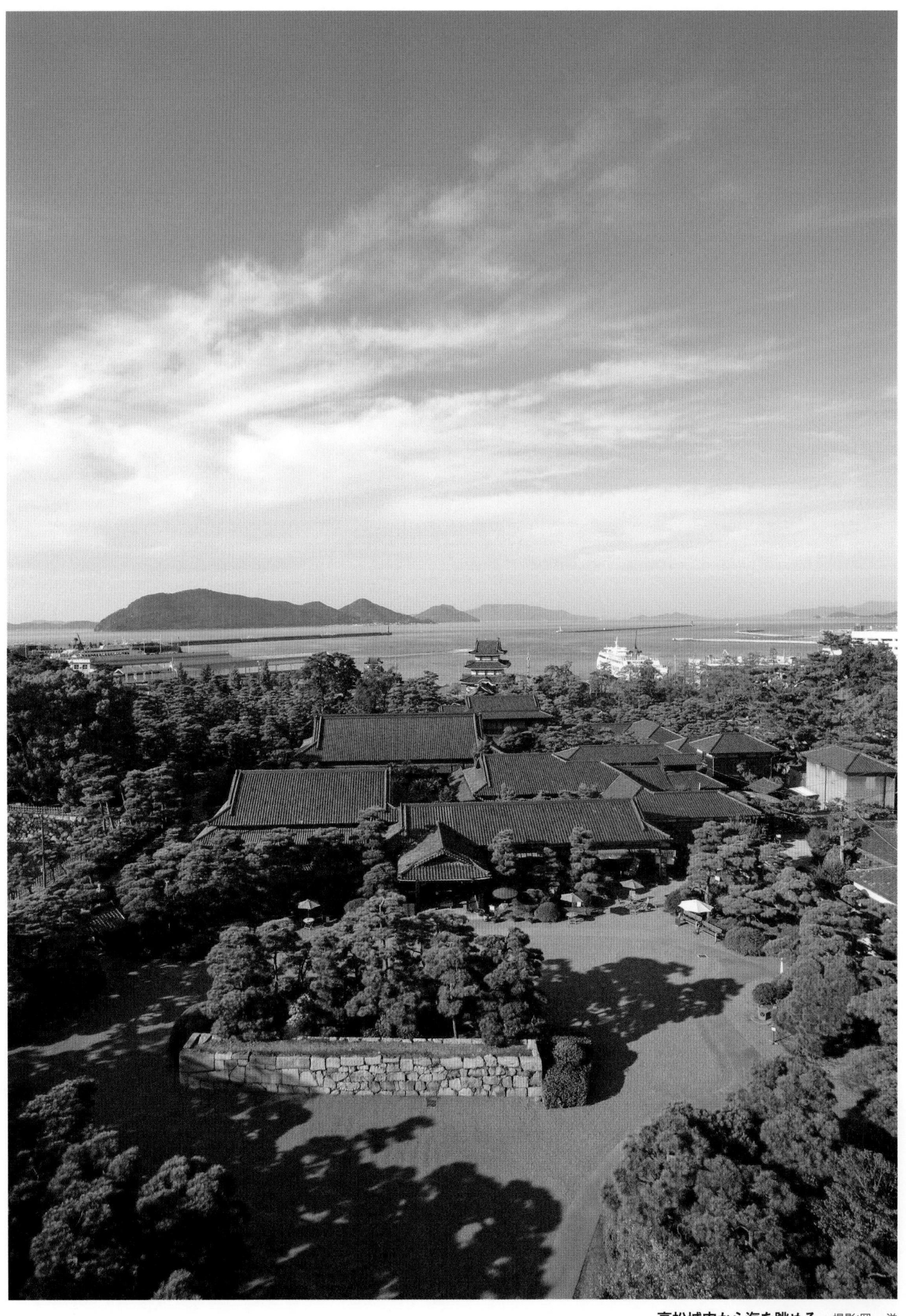

高松城内から海を眺める　撮影:岡 一洋

目次

高松 海城町(うみじろまち)の記憶を訪ねて

戦国時代の終わり頃、瀬戸内海を中心に、「海城町」が日本各地につくられました。なかでも高松には、その最初期に、最大規模を誇る海城が築かれ、海に広く開かれた城下町が形成されました。

飛龍丸

江戸時代

戦国の世から太平の世に移り、海に開かれた高松城の港には多くの船が往来し、瀬戸内海における交易の拠点となりました。また、高松城を起点に四国各地へとつながる讃岐五街道沿いには町家が並び、海と陸の結節点となった高松は多くの人々でにぎわいました。

高松の鎮守の神、石清尾（いわせお）八幡宮では、一年に一度、秋祭りが盛大に開かれました。殿様の船を模した飾り船が練り歩く海城町ならではの祭り。各町から山車や屋台も出され、城下町全体が熱気に包まれました。

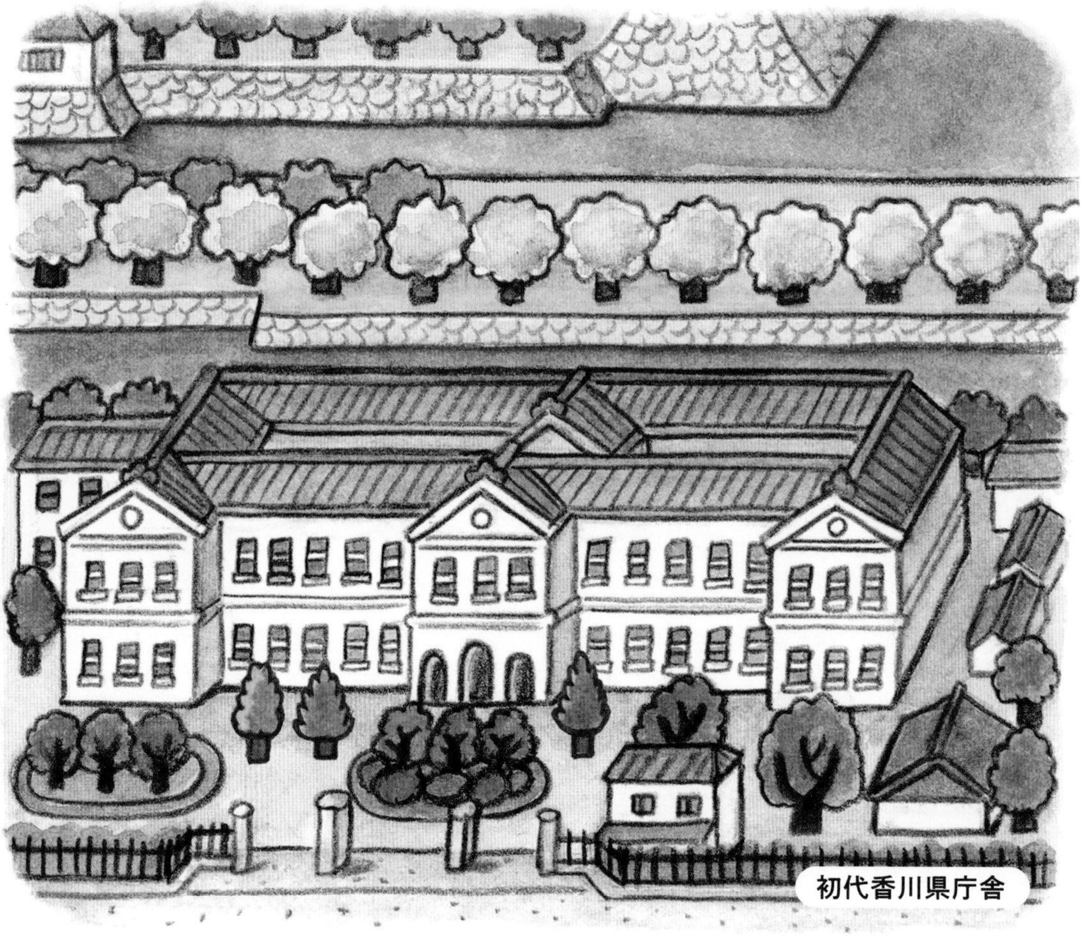

初代香川県庁舎

明治・大正・戦前期

江戸から明治に移り、蒸気船や鉄道などの交通機関の発達、電気やガスの普及など、高松は近代化の時代を迎えます。高松城前の港は明治以降も活用され、大きな港湾施設が整備されていきました。江戸時代の藩港は鉄道駅へと変わり、城前の港と鉄道が結ばれたことで、高松は四国と本州をつなぐ玄関口となりました。

全国産業博覧会

1928(昭和3)年、近代的な機能を備えた高松港が完成。築港を記念し、高松城西の丸で開催された全国産業博覧会には、地元の人々はもちろん、県外から多くの旅行者が訪れました。まちなかには劇場や映画館、カフェーや飲食店などが建ち並び、自由な気風が高松をおおいました。

戦後昭和・平成

1945(昭和20)年、高松市は空襲により市街地の約8割が焼け野原となりました。しかし戦後、商店街を中心に急速に復興、四国の玄関口としての地の利をいかし、60年代には四国の経済拠点都市として戦前を超える発展をとげました。その後、高度成長の波に乗り、大量輸送の時代へ。70年代をピークに観光都市へと成長します。

1988(昭和63)年に瀬戸大橋が開通、1989(平成元)年には新高松空港が開港。その後も、四国と本州を結ぶさまざまな広域交通網が整備されたことで、高松港周辺は四国を代表する玄関口ではなくなりました。

住友生命
BROTHER
日野レンジャー
アサヒビール
ナショナル
森永チョコレート
のりば
ナショナル
ラジオ
住友生命
ビクター
ステレオ
三井信託銀行
三井生命
ナショナル
日興証券
セブンアップ
田中のパン
野村投信販売
田中のパン
三井
大同生命

現在

2000年以降、高松港は駅周辺も含めて、新たに再開発されました。小豆島や直島など瀬戸内の島々に向かう船が行き交う港は、日本有数の乗降者数を誇る旅客港として国内外から多くの人々が訪れる場所になりました。日本にある海城の多くが埋め立てなどによって海と遠ざかるなか、高松城の目の前には今も瀬戸内海が広がっていて、高松は港と駅と城が至近距離にある全国的にも珍しいまちとなりました。海城によって開かれた交易の場は、400年経っても形を変えながら生き続けています。

高松ー女木ー男木
めおん
MEON

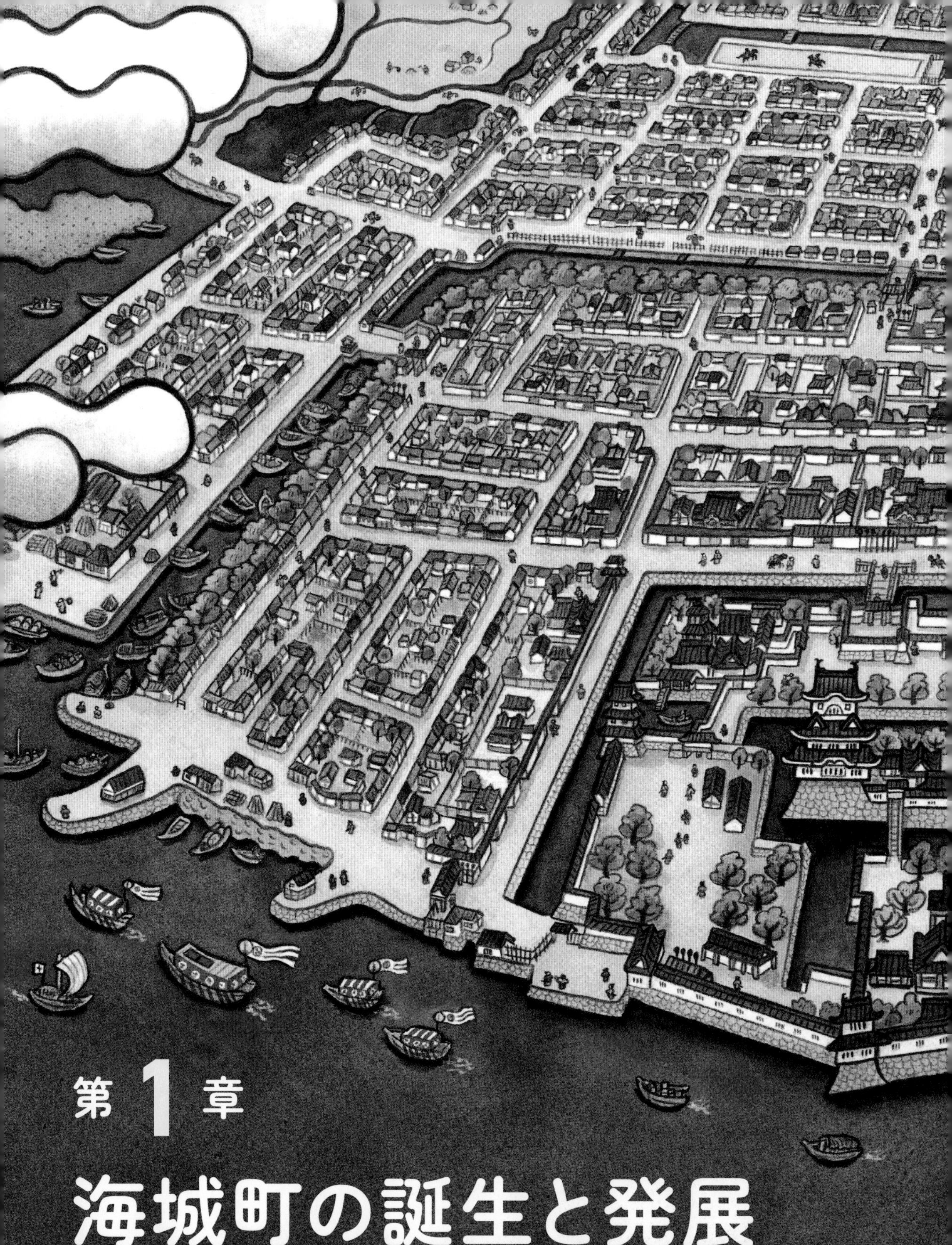

第1章
海城町の誕生と発展

高松城下図屏風　高松松平家歴史資料(香川県立ミュージアム所蔵)
江戸時代初期の高松城下が克明に描かれた屏風絵

第1章｜トピック1

なぜ高松に巨大な海城(うみじろ)がつくられたのか

「讃州讃岐は高松様の城が見えます波の上」これは民謡「讃岐小唄」の一節であり、高松城の特徴を示す歌として人々に親しまれてきました。また、歌人である与謝野晶子は、1931（昭和6）年に高松を訪れた際に「わたつみの玉藻の浦を前にしぬ高松の城龍宮のごと」と詠み、その美しさを称えています。これらの歌に表されるように、高松城はかつて海に直接面する海城でした。その海城としての美しさを今に伝えるのが「高松城下図屏風」です。これは、江戸時代初期（1640年代後半）に描かれたもので、海に対して正面を向く天守を要として、その背後には扇形状に武家地や町人地が広がる、きわめて均整のとれた美しい城下町が形成されていました。また、高松城は今治城、中津城と並ぶ日本三大水城のひとつであり、近世では最初期の海城で、全国各地に海城がつくられる画期となった城でした。さらに、海城のなかでは随一の高さをほこる天守が建造されており、いわば日本を代表する特別な海城が高松にありました。

このように、歴史的にも規模的にも特徴のある「海城・高松城」ですが、こうした歴史的事実は一部の専門家を除いてほとんど知られていないのが現状です。また、城単体の評価のみならず、周囲に広がる城下町、そして正面に広がる瀬戸内海も含めて、「海ー城ー町」という都市構造がどのように形成されたのか、周辺環境も含めた総合的な視点で見直される機会は少なかったといえます。「海」があって「城」があって「町」がある、本書ではそれぞれの要素を単体ではなく、有機的な関係性をもつ全体系としてとらえるため、「海城町（うみじろまち）」という言葉でキーコンセプトとなる概念を表現したいと思います（※1）。

※1 本書では「城が直接海に面し、城とともに城下町が形成されている町」を「海城町」と表現する。一般的な用語ではないため、本書を通じて定義付けをしていく（第1章トピック3参照）

高松にはどのようにして海城が築かれ、その後発展していったのか。それらを知ることは、現在の高松を形づくる「まち」としてのアイデンティティをよりよく知ることにつながります。そして、その成り立ちを知ることは、これからのまちづくりを進めていくうえで、人によってバラバラになりがちな「まちの将来像」に共通した方向性を与えてくれます。

日本の風土・歴史・文化のなかで、ある特定の時代に生み出されたのが「海城町」です。そして、数ある海城町のなかでも、海に対して象徴的に築かれた高松城と城下町はどのようにして誕生したのでしょうか。本書を通じて、現代に残された絵図や史料をもとに、その謎に迫っていきたいと思います。

なぜ高松に巨大な海城がつくられたのか

高松城にはかつて巨大な**天守**がありました。下の写真は1882（明治15）年、イギリスの地理学者ヘンリー・ギルマールによって撮影された高松城天守です。この写真が撮影された2年後に、高松城天守は破却されます。とてももったいないことのように思えますが、この当

「天守」と「城」

城郭研究では「天守」と「城」は別物とされています。「天守」は天守閣とも呼ばれ、城のなかにあるシンボリックな高層建築物を指し、一般的には天守台等の上に建てられます。一方、「城」は「天守」も含めた戦のための防御施設で、堀や石垣、塀など、閉鎖された砦全体を指します。

破却前の高松城天守　ケンブリッジ大学所蔵
1882年イギリスの地理学者ヘンリー・ギルマールによって撮影

時、時代は江戸から明治に移り、明治政府にとって旧政権である江戸幕府の城郭は、軍事的に利用できるもの以外は価値のない無用の長物とみなされました。1873年、明治政府は日本全国に廃城令を通達し、一部の天守を除き、多くの天守や城郭建造物は取り壊し、または売却されることになります。1884年、高松城天守は老朽化を理由に取り壊され、1902（明治35）年に高松松平家初代藩主の松平頼重（よりしげ）（P.46参照）を祀（まつ）った玉藻廟（たまもびょう）が建立されました。その後、2006（平成18）年の天守台石垣の解体修復工事に伴い、玉藻廟はすべて解体され、現在に至っています。

高松城天守台
補強のため解体修復工事をしているが築城当時から残っている

1884（明治17）年まではたしかに存在した高松城の天守、一体どんな姿だったのでしょうか。高松城の天守は最上階が下の階より張り出した「唐造（からづく）り」と呼ばれる形式で、全国的にも珍しい構造となっていました。高松城天守の復元図によれば（下図）、海側と町側を正面に向く北面と南面は、それぞれ最上階中央部に花頭窓（かとうまど）（※2）が配置され、あたかも顔のような表情で愛着のわくつくりとなっています。

また、発掘の成果から高松城天守の高さは26.6メートルであったことがわかっており、外観復元した広島城天守と並ぶ高さとなります。なお、この高さは現存・復元・復興天守のなかでは全国8位（※3）となり、高松城が復元・復興されれば、中四国最大級の高さでよみがえることになります。また、高松城は近世期につくられた日本の海城のなかで、最も高い天守を誇っていました（※4）。天守の高さという観点からみても、中四国において、あるいは日本の海城において、高松城は特別な位置付けがあったといえます。

※2 おもに日本の寺社、城郭、住宅などに用いられ、上枠を装飾的な開口とした特殊な窓

※3 ランキングは現時点で現存あるいは復元・復興されている天守を対象としており、歴史上存在していたが、さまざまな理由で復元・復興されていない天守および史実とは異なる模擬天守は対象外としている

※4 近世期につくられた海城については、第1章トピック3にて詳述している（天守についてはP.56参照）

天守の高さ全国ランキング

順位	城	高さ	種別
1位	大阪城	41.5m	復興天守
2位	名古屋城	36.1m	外観復元天守
3位	島原城	33.0m	復興天守
4位	熊本城	32.5m	外観復元天守
5位	姫路城	31.5m	現存木造天守
6位	小倉城	28.7m	復興天守
7位	小田原城	27.2m	復興天守
8位	広島城	26.6m	外観復元天守
	高松城	26.6m	未復元
10位	福山城	26.3m	復興天守

※現存・復元・復興天守の高さ比較（2023年時点）

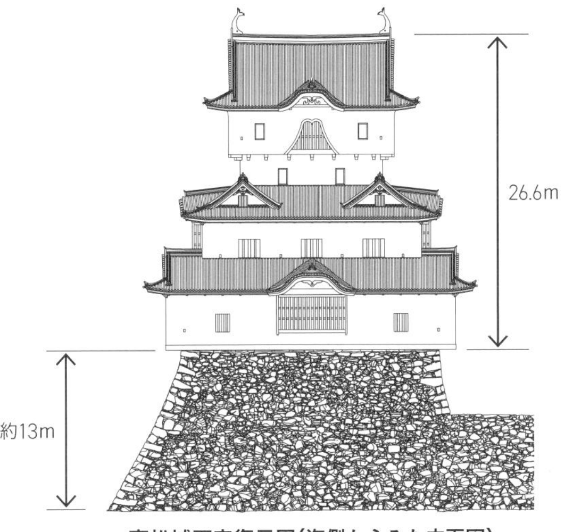

高松城天守復元図（海側からみた立面図）
立面図は高松市文化財課「高松城天守の復元案について」より引用、高さ情報加筆

なお、江戸時代末期の国別石高(こくだか)(※5)をみてみると、讃岐は12(20)万石(カッコ内は内高)に対して、近隣諸国の阿波25(44)万石、伊予15(16)万石、土佐24(50)万石、備前31(49)万石、安芸42(48)万石であり、表高と内高どちらでみても決して高い石高とはいえません。また、明治初期や現在の人口を比較しても、それほど多い人口ともいえません。しかし、天守の高さという点からいえば、高松城天守は中四国で最も高く、復元されれば全国トップ10に入るほどの高さとなるのです。国としての規模はそれほど大きくなかった高松藩に、なぜこれだけ高い天守が築造されたのでしょうか。その理由を探るため、まずは築城当時にさかのぼってみたいと思います。

※5「石高」とは土地の生産力を「石」という単位で示したもので、各領地の経済規模や国力を表わす基準となっていた。1石は大人が1年間に消費する米の量にほぼ等しいとされている。なお、石高には表高と内高があり、表高は公的な石高で大名の格式を表し、内高は年貢の算定に用いられる実態に近い石高を表している

讃岐高松周辺国との規模比較

	江戸時代石高	明治時代人口	2024年人口	天守高さ
讃岐(高松)	12万石(20万石)	3万5千人	41万1千人	26.6m
阿波(徳島)	25万石(44万石)	6万1千人	24万7千人	不明
伊予(松山)	15万石(16万石)	3万5千人	50万2千人	20m
土佐(高知)	24万石(50万石)	3万2千人	31万7千人	18.5m
備前(岡山)	31万石(49万石)	4万6千人	71万5千人	20.45m
安芸(広島)	42万石(48万石)	9万1千人	118万4千人	26.6m

※石高は表高(内高)を表し、表高は1863年、内高は1869年調べ。城跡所在市の明治時代人口は1890年時点。2024年人口は1月の推計人口

生駒親正による高松城の築城開始

高松城がどのように築城されていったのか、まずはその経緯からみていきましょう。時は戦国時代末期、織田信長と豊臣秀吉によって天下統一がなされていった時代、四国平定(1585年)と九州平定(1587年)を終えた秀吉は事実上の天下統一を成し遂げ、これからの日本をどのように治めていくか模索していました。こうした時代に讃岐国・高松城の築城ははじまったのです。

1587年、新しい讃岐の国づくりを進めるうえで、秀吉から送り込まれたのが**生駒親正**(いこまちかまさ)という武将でした。親正は居城の地として、まずは中世の頃から城が築かれていた引田城に入り、その後、宇多津の聖通寺山城や亀山(後の丸亀城)、由良山を候補地とするも拠点が定まらず、城の選地を繰り返していました。そして、最終的に香東川河口にある現在の高松の地が選ばれました。

1588年、高松城の築城が親正によってはじめられますが、築城場所として定められたこの地はもともと「野原」と呼ばれる場所で、近年の発掘成果によると、中世の頃から栄えていた港や町場がこの地に

生駒親正像
弘憲寺所蔵(香川県立ミュージアム提供)

生駒親正(1526–1603年)
初代高松藩主。織田信長の家臣として多くの戦で活躍し、信長の死後は秀吉の家臣となる。1587年に讃岐国12万6千石の国主となり、小田原征伐、文禄の役などでは秀吉の重臣として晩年を過ごす。1600年関ヶ原の戦いでは子の一正は東軍に、親正は西軍についた。結果的に東軍が勝利し、一正が東軍についた経緯から生駒家の所領は残され、以降生駒家は讃岐国主として4代続く。

あったようです。親正がこの地に居城を決めるうえで、まず「野原」という地名を吉兆性の高い地名に変更するべく、屋島の麓に存在していた喜岡城周辺の地名である「高松」という地名を称することになりました(※6)。

親正は香東川河口の八輪島(※7)と呼ばれる中州の先端を城地として選び、天守を防御するための**曲輪**や堀割を定めていきました。なお、高松城の縄張(※8)は海に直接面するという大きな特色があり、海水を大胆に堀割のなかに入れる城郭がつくられていきました。築城当時、これだけ大規模で本格的な海城は他に類例がなく、近世城郭の歴史上、新時代を開く巨大な海城づくり(※9)が高松ではじまったのです。

以下の絵図には、築城開始から約半世紀ほど経過した頃の高松城下が描かれており、親正による築城当時の姿を克明に表しています。天守のある本丸を中心に「の」の字を描くように曲輪が築かれ、内堀、中堀、外堀と、三重の**堀**で防御を固める縄張となっています。

ここで注目したいのが「堀の形」です。内堀、中堀は直接外海から

※6「高松」という地名が使えなくなった喜岡城周辺は「古高松(ふるたかまつ)」と呼ばれ、現在の地名にその記憶を引き継いでいる

※7「やわしま」「はちりんじま」など呼び方が定まっていない。石清尾八幡宮との関係から、「やわたじま」とする説もある

※8 城の構造や設計を意味しており、本丸などの曲輪の配置や、堀割の形など、城全体の設計プランを指す

※9 巨大な海城づくりの助言役として、城づくりの名手として名高い黒田官兵衛や細川忠興、藤堂高虎の名が挙げられているが、実際のところ定かになっていない

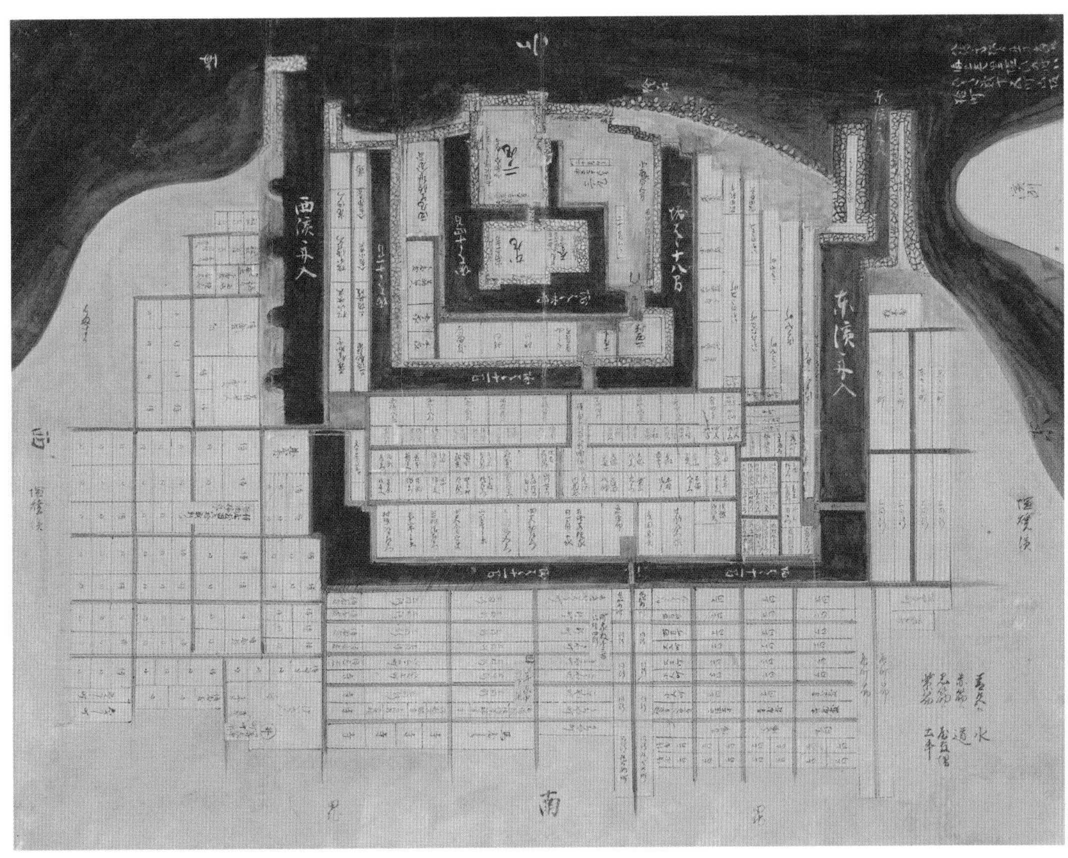

生駒家時代讃岐高松城屋敷割図 高松市歴史資料館所蔵
1638年頃の高松城下を克明に伝える絵図

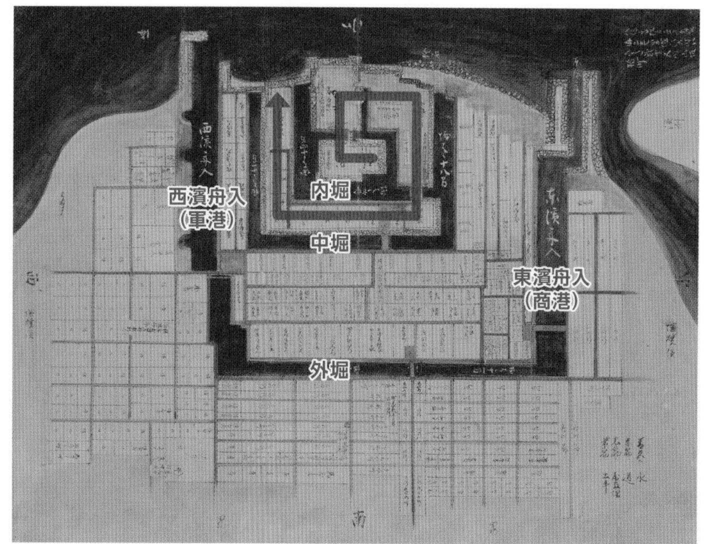

生駒家時代讃岐高松城屋敷割図(高松市歴史資料館所蔵)をもとに加筆

高松城屋敷割図分析図
高松城の縄張は梯郭式と渦郭式で構成され、内堀、中堀、外堀と三重の堀でつくられている。内堀と中堀は渦を描くように堀がめぐり、天守の防御を固めている。一方、外堀は海に対して開かれており、東濱舟入と西濱舟入と呼ばれる港として活用されている

出入りできない構造になっていることが、この城絵図から読みとれます(上図)。これはおそらく防衛上の利点を優先した結果、外海から直接船等で攻め入られることを防ぐための工夫だと考えられます。

巨大な港の機能をもっていた城の堀

一方、外堀に目を向けると、城を中心として西と東にそれぞれ「西濱舟入」「東濱舟入」と描かれた船着き場がみえます。内堀、中堀では直接外海とつながらない構造をとっていますが、外堀では外海に開かれた構造をとっており、外堀西側には水軍のための港(軍港)、東側には商人のための港(商港)が整備されました。

軍港として整備された西濱舟入をみてみると、西側の浜辺にいくつかの掘り込みが描かれているのがわかります。これは、いわゆる造船所としての機能を示しており、この港では単に船の停泊をしていただけではなく、船の修理をする、もしくは新たな軍船をつくる等の役割を担っていたと考えられます。

また、当時の規模を推定すると西濱舟入には直線距離にして約500メートルほどの岸壁があったと推定され、それは現在のサンポート高松にある赤灯台「せとしるべ」が立つ玉藻防波堤とほぼ同じ長さです。そう考えると、かなり巨大な港湾施設が、城の堀割とともに整備されたことになります。

香東川の河口部に突如として巨大な城と港がつくられ、その背後に城下町が建設されていきました。これまで誰もみたことがなかったような城と城下町ができ上がっていく光景に、当時の人々は新しい時代

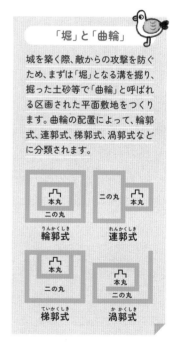

「堀」と「曲輪」

城を築く際、敵からの攻撃を防ぐため、まずは「堀」となる溝を掘り、掘った土砂等で「曲輪」と呼ばれる区画された平面敷地をつくります。曲輪の配置によって、輪郭式、連郭式、梯郭式、渦郭式などに分類されます。

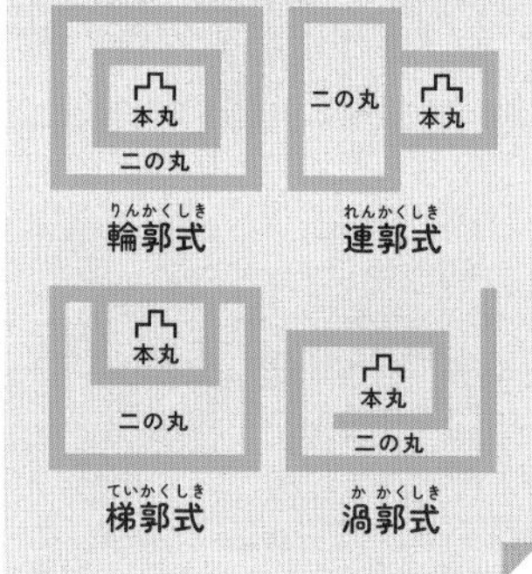

のはじまりを予感していたのではないでしょうか。

さて、ここまで高松城がどのように築城されてきたか、また、城自体にどのような役割があったのかをみてきました。しかし、そもそもなぜ「高松」と呼ばれるこの地に、巨大な天守や城をつくる必要があったのでしょうか。そして、これまで城（特に中世城郭）は海に近いエリアであったとしても、少し内陸部にある小高い丘陵地に築かれることが一般的でした。高松城はなぜ、建設困難で液状化等災害リスクの高い海際につくられたのでしょうか。

その謎解きをしていくために、もう少し広域的な視点に立って、瀬戸内海における高松の地理的条件や築城当時の社会情勢から探っていきたいと思います。まずは、高松城を瀬戸内海全体が見渡せるくらい上空からみてみましょう。

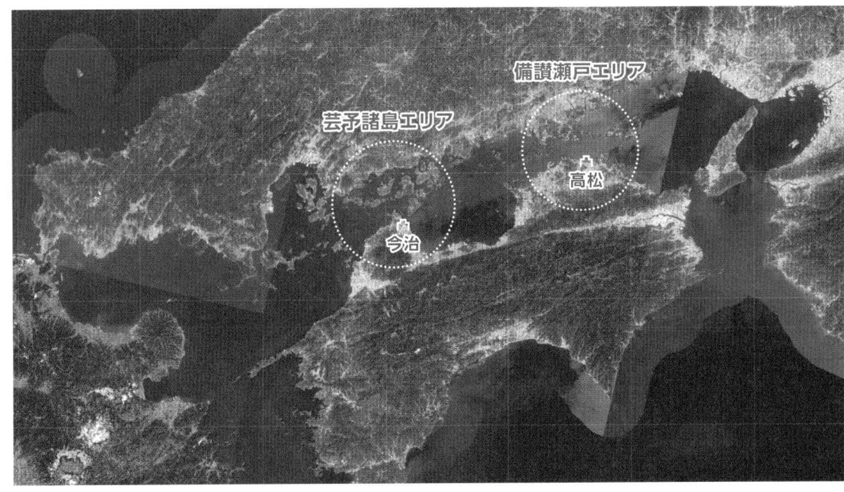

瀬戸内海位置図
地理院地図をもとに作成
三大水城のうち、高松城と今治城は瀬戸内海で本州と四国が迫っている特異なエリアに築城された

なぜ高松に海城が必要だったのか

瀬戸内海を上空からみてみると、下関や明石といった特別に狭い海峡が東西にあるものの、東の備讃瀬戸エリアと西の芸予諸島エリアが特に、本州と四国が迫っていることがわかります。そして、日本三大水城として名高い高松城、今治城、中津城ですが、このうち、高松城は備讃瀬戸エリア、今治城は芸予諸島エリアの要の位置にそれぞれ立地しています。本州と四国の距離が近いこれら2つのエリアには、後の時代にそれぞれ瀬戸大橋や瀬戸内しまなみ海道がつくられており、瀬戸内海全体のなかでも地理的に特異なエリアであるといえます。なお、中津城は九州から瀬戸内海に至るエリアを抑える重要な役割を担っていたと考えられます。つまり、三大水城として名高い海城は、こうした特異な立地条件のある場所を選んで築かれたといえるでしょう。

古代から江戸時代にかけて、物資と人の移動は船による海上交通が盛んであり、特に瀬戸内海は中国大陸からの物流と人流の大動脈となっていました。そのため、瀬戸内海の交通を抑えることは、時の為政者にとって極めて重要な事柄だったといえます。つまり、高松に巨大な海城がつくられた大きな動機のひとつとして、高松が瀬戸内海全体を監視するのに優れた立地であった、ということがいえるでしょう。

このように、高松に巨大な海城がつくられた背景には、瀬戸内海の形状という地理的要因があったのです。では続いて、築城当時の社会情勢からも海城が築かれた理由を探っていきたいと思います。

秀吉による天下統一と国づくり

時は1582年、以下の勢力図（下図）は本能寺の変直後にさかのぼります。これをみると、中国の毛利氏、四国の長宗我部氏、九州の大友氏、島津氏など、各地方には有力な武士が君臨しており、縄張り争いで戦の絶えない社会情勢が続いていました。信長の家臣であった羽柴秀吉は、信長の意志を引き継ぎ、天下統一に向けて急速に勢力を伸ばします。1583年には本拠地として大阪城を築城し、1585年に四国を平定。翌年には姓を豊臣と改め、1587年には九州を平定します。東国に一部の領地を残すものの、秀吉はこの段階でほぼ天下を手中に収め、事実上の豊臣政権が成立することになります。しかし、ほんの数年前には、日本国中でさまざまな武将がそれぞれの領地をめぐって争っていた状態ですから、いくら秀吉が天下を治めたとはいえ、まだまだ安心できない状況は続きます。そこで、秀吉は大名同士の私的な争いを禁止し（惣無事令（そうぶじれい））、検地や刀狩令（※10）を通じて身分制を確立し、戦乱の世の中を鎮めていきました。そして同時に、軍事上、重要な国々に秀吉にとって信頼のおける武将を配置し、新たな時代の国づくりとして、城と城下町の建設を進めていきました。これまでの防御を主目

※10 武士以外の僧侶や農民に対して、武器の所有を禁止した

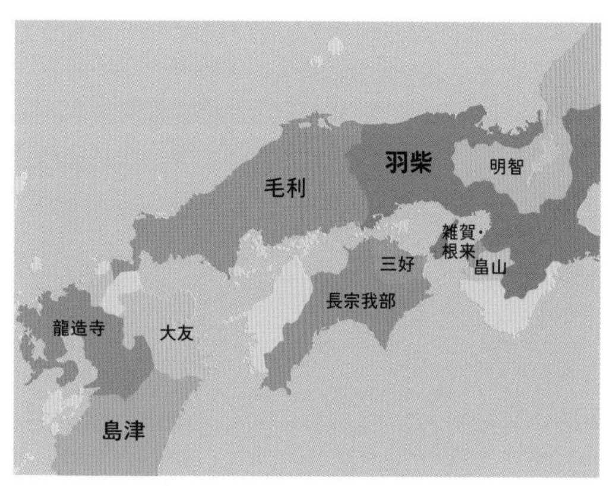

本能寺の変直後の勢力図（1582年）

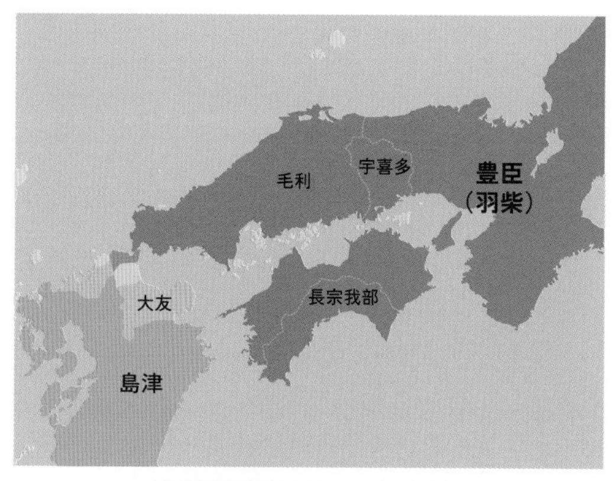

九州平定直前の勢力図（1587年）

的とした中世の城づくりから、城を権力の中心としてシンボル化し、そのまわりに城下町を配する、治安を主目的とした近世の城づくりへと一気に変わっていったのです。城を領国の政務・経済の中心地として発展させる近世城郭の時代のはじまりでした。

生駒親正が秀吉によって讃岐国へと送り込まれたのは1587年、秀吉にとってこれからの新たな国づくりがまさにはじまろうとする時代。親正は翌1588年に高松城の築城を開始しますが、この時期、瀬戸内海周縁において近世城郭としての海城は存在しておらず、同年に黒田官兵衛によって築城開始された中津城とともに、日本における近世海城の出発点となりました(※11)。

こうした当時の時代背景から考えると、城郭が海に対して直接面するように築城された高松城と中津城は、秀吉にとって瀬戸内海を掌握する重要な布石であると同時に、高松城は四国を、中津城は九州を抑える、防衛上も重要な立地であったといえます。その後、関ヶ原の戦いを経て、徳川家康の治世下のもと、1602年に藤堂高虎による海城が今治に築城開始され、先述したように、本州と四国の距離が最も狭くなる備讃瀬戸エリアと芸予諸島エリアに、それぞれ巨大な海城が陣取ることになりました。

※11 海に面する近世城郭のはじまりは、1580年代前半、若狭湾に築城された宮津城と田辺城と考えられるが、全国的に海城が普及していく豊臣政権下の端緒となったのが高松城と中津城であった(第1章トピック3参照)

刀狩令の海版「海賊停止令」

1588年、さらに秀吉は「海賊停止令」を発布します。これは、いわゆる刀狩令の海版であり、海賊と呼ばれる沿岸の豪族から武器を奪い、豊臣配下の大名にのみ水軍の所有を許可した取締令です。秀吉は戦乱の世を終わらせるために、この海賊停止令を発布すると同時に、新たな治安維持部隊(水軍)を瀬戸内海につくる必要がありました。そこで、大規模な水軍を収容できる港が必要となり、それだけの港がつくれる地形と瀬戸内海航路を監視できる特異な場所として、高松の地が選ばれたと考えられます。

そのうえで、高松における新たな城づくりと合わせて、海に対して開くような縄張で堀割(港)がつくられました。秀吉は天下統一後、隣国の朝鮮を攻めることになりますが、この朝鮮出兵で、生駒家は1592年から1597年まで、三度にわたって高松から大規模な水軍を出兵しています。このことからも、秀吉にとって瀬戸内海の水軍基地となる海城は、重要な軍事的意味合いをもっていたことがわかります。

このように、築城当時の政治的・社会的背景を探っていくと、秀吉による天下統一と新たな国づくりという時代の節目に、高松城の築城時期は重なっていました。なぜ高松に巨大な海城がつくられたのか、そこには必然ともいえる歴史的背景があったのです。

日本でも有数の高さを誇る天守が高松城につくられた理由

以下の図は江戸時代後期に描かれた高松城周辺の航路図です。中央が高松城ですが、高松城天守は周囲に比べてひときわ高く描かれている様子がみてとれます。また、高松城の左側に目をやると、立派な石垣が描かれた丸亀城が確認できます。この絵図から、瀬戸内海を航行する船にとって、海からみえる天守はひとつのランドマークであったといえます。そして、ランドマークになるためには、海からみたときに天守が他のものに遮られず、特に、高松城のように**平城**の場合には、天守台とともに天守自体の高さが必要となります。

瀬戸内海を航行する船からみえることも重要ですが、高松城天守からみえる瀬戸内海の眺望についても重要な意味合いがあると考えられます。現存している高松城の月見櫓(つきみやぐら)最上階から、海側がどのようにみえるか、写真で確認してみましょう(右頁写真)。まず、一番手前にみえる左側の島から、女木島、男木島、豊島と続き、その向こうにみえる陸地は本州側の岡山県となります。つまり、本州まで比較的容易に見通せる位置に、高松城が立地していることがわかります。天守の最上階に上れば、さらに高い位置から遠くまで見渡せたことでしょう。現在の高松城にある天守台の上に築かれていた天守は、高松藩の殿様が生駒家から松平家に代わった後、1670年に改築を終えたとされています。

また、松平家が高松藩藩主となる際、幕府からは中国・四国地区の監視役を担うよう密命を受けていました。後世に残された『全流船軍聞書』(※12)には「讃岐高松、松平氏。造船法の大要を述ぶ。全流とは海賊諸流を綜合大成したとの意」とあり、造船術や海賊のさまざまな流派を讃岐高松藩がまとめていたとされています。このように、高松

「平城」「平山城」「山城」

地形による城の分類で、一般的に平城は平野部に、平山城は比高(麓から山頂までの高さ)30〜100メートル程度の丘陵地に、山城は比高100メートル以上の山地に築城された城を指します。戦国時代までは山城が中心でしたが、戦国末期から平城や平山城が主流となります。

※12『全流船軍聞書』の原蔵は讃岐松平家とされているが、現在は九州大学付属図書館長沼文庫にその写本が残されている

江戸時代後期に描かれた瀬戸内海航路図
図中央に高松城、左側に丸亀城が描かれている

瀬戸内海航路図(香川県立ミュージアム所蔵)を一部トリミング、城名追記して使用

高松城月見櫓からの眺め 撮影：岡 一洋
対岸の岡山（本州）まで、島と島の間から見通すことができる

藩は江戸幕府にとって瀬戸内海を治める重要な拠点となっていました。そのため、高松城の天守や櫓には、瀬戸内海を航行する船を監視できるような役割が付与されていたと考えられます。

先に紹介した現存・復元・復興天守の高さランキング（P.23参照）をあらためてみてみると、上位の城のほとんどが海からみえる場所に立地していることがわかります。高い天守が建造される積極的な理由として、周囲の海から天守がみえること、そして、天守から海を航行する船が眺められること、こうした海との眺望関係がその背景にあったと考えられます。石高や人口といった規模でいえば中四国でもそれほど大きくない高松藩でありますが、高松に巨大な天守がつくられた背景には、本州まで見通せる特異な立地条件をもとに、瀬戸内海（備讃瀬戸エリア）のランドマークとなることが期待されていたといえるでしょう。

月見櫓と水手御門
江戸時代には御門前が直接海に面しており、藩主はここから参勤交代に出かけていた。国内で現存している唯一の海に開く御門である。また、月見櫓はもともと「船の到着を見る」という意味で着見櫓と表記されていた。どちらも国の重要文化財に指定されている

まとめ

なぜ高松に日本を代表する巨大な海城がつくられたのか、それは城をつくると同時に巨大な港をつくる軍事的・経済的理由があったためと考えられます。高松城が立地する備讃瀬戸エリアは瀬戸内海の交通を監視できる絶好の場所であり、その地に大規模な水軍を収容できる港をつくることは軍事的にも優先される事項であったといえます。そこで、天下統一をほぼ成し遂げた秀吉政権のもと、生駒親正によって海際に城と港が一体となった巨大な海城がつくられました。

このように、築城当時の政治的・社会的背景を探っていくと、そこには長く続いた戦国の世を終わらせ、新たな国づくりの第一歩を踏み出そうとした、時の天下人である秀吉の想いがありました。こうした時代的背景と地理的条件が重なった結果、奇跡的にも高松の地に、これまでに類例をみない大規模な海城が築城されることになったのです。

高松に住んでいてもなかなか実感することができない歴史的事実ではありますが、そこには動かしがたい地理的要因と、当時の揺れ動く政治的要因が隠されていました。

Column 1 堀と水門　現代に残る海城の証

瀬戸内海と内堀をつなぐ現役の水門

高松城内に現在でも瀬戸内海と堀をつなぐ現役の水門があるのはご存知でしょうか。全国的にも非常に貴重な水門で、正確な資料は残っていないようですが、明治末期につくられたとされている、花崗岩と鉄で組まれた精緻な水門です。

高松城の水門は下の図で示したとおり、城の内堀から海までの距離が最も近い場所に水門が設置されています。水門から海までの距離は約90メートル、内堀から続く水路は城郭の石垣下を潜り、城の目の前を通る国道30号線の下を通って瀬戸内海につながっています。まさに、海城らしい、海城特有ともいえる施設がこの水門なのです。

現在でも現役の水門として使われており、台風等で高潮が予想されるときは、事前にこの水門を閉じているそうです。また、日常時は堀の海水の干満差を調整する役割があり、堀内を遊覧できる城舟が安全に航行できる潮位を保っています。このように、海城特有の水門は現在でも内堀と瀬戸内海を安全につなぐ役割を果たしています。

堀で感じる海城の特徴

さて、もうひとつ高松城に残る海城ならではの特徴として、高松城の堀が挙げられます。瀬戸内海は、日本のなかでも干潮と満潮の差がとても大きいところです。高松や瀬戸内海周辺に住んでいる方にとっては当たり前かもしれませんが、日本海側からの来訪者にとっては衝撃的な干満差といえます。城の目の前にある高松港周辺では、最も干満差のある時期には、その差が約3メートルにもなります。この干満差が、高松城の堀にある特徴を与えているのです。それは、瀬戸内海の干満差を利用して常に海水の循環がなされているため、高松城内の堀の水は透明度が高いといった特徴をもっています。その結果、堀ではクロダイやマダイ、そのほか多種多様な海洋生物が観察できます。

一般的に、多くの城では、堀の水の流出入が少ないため、水がよどみやすく、アオコなどが大量発生して環境被害なども出ています。また、外来魚が繁殖して、人間にとっても危険な生物が生息してしまう環境を生み出しています。そうした一般的な堀と

高松城内の水門位置図　地理院地図をもとに作成

高松城の水門
明治後期につくられた現役の水門

比較すると、高松城の堀は水がよどみにくく、特に冬場は海水も澄んでいるため、とても美しい景観スポットになっています。しかも、こうした水の循環をモーター等の機械に頼らず、瀬戸内海の潮汐という100パーセント自然エネルギーのみで行っているのです。そう考えると、高松城はSDGsにも貢献している持続可能な城といえるのではないでしょうか。あらためて、先人の知恵に頭が下がります。

堀の水がすべて海水

さて、高松城の堀にはもうひとつ、全国に誇れる日本で唯一ともいえるある特徴があります。それは「堀の水がすべて海水である」ことです。これはどういうことかというと、日本各地にある海城は、かつて海と直接つながり「堀の水がすべて海水」という状態はむしろ一般的であったと考えられます。

ところが、高松城以外の海城は都市化によって城郭周辺が埋め立てられ、城から海が遠く離れることになりました。結果的に城の堀と海は隔てられ、堀に直接海水が入り込む立地ではなくなり、「堀の水がすべて海水」という状態を維持できなくなっていったのです。高松城の堀には外部の河川や水路からの流入はなく、すべて瀬戸内海からの海水で満たされています。それが現代でも維持できているのは高松城のみと考えられます。

高松城と同様、日本三大水城として有名な今治城の堀をみてみましょう。 三大水城に選ばれるだけあり、今治城は現代でも高松城に次ぐぐらい城と海の距離が近く、堀には海水がひきこまれています。しかし、今治城の堀内には現在でも湧水が豊富に湧き出ている箇所があるようで、正確にいえば「堀の水は真水と海水が混ざる汽水」なのです。なお、今治城の堀には、この汽水域で育つ魚が多く生息していますが、なかには淡水魚のメダカも生息しているようです。

このように、今治では汽水域であることを売りにしており、高松城のように「堀の水がすべて海水」とはうたっておりません。高松城は、現代においても海が近いゆえに海城特有といえる特徴をもっています。高松城を散歩する際には、ぜひ水門と堀に着目してみてください。

高松城の堀

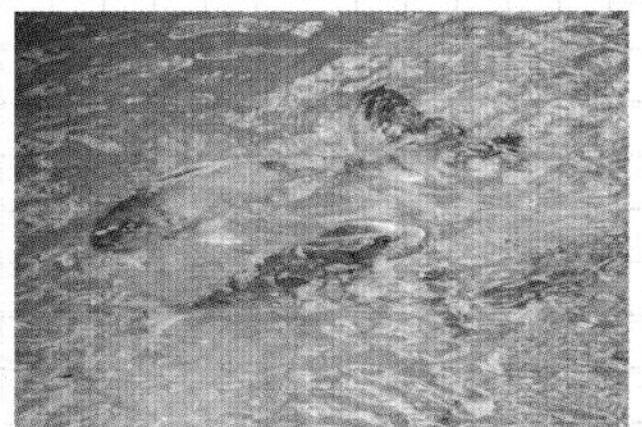

高松城の名物、堀を泳ぐマダイ

今治城の堀

日本三大水城(高松、今治、中津)のひとつで、堀の水は海水と淡水が混ざる汽水

栗林公園南湖付近
生駒家4代目藩主高俊の時代、香東川の付け替えによる古香東川の川跡と豊富な伏流水を用いて南湖周辺が築庭され、現在の栗林公園の原型ができた

第1章｜トピック2

地形の恵みをいかした高松城下のまちづくり

第1章トピック1では「なぜ高松に巨大な海城がつくられたのか」について、当時の社会情勢や軍事的観点からその理由を検討してきましたが、香川の県都・高松の発展を理解するうえで欠かすことのできないトピックがあります。それは「高松では、海城がつくられると同時に大規模な城下町もつくられた」という点です。天下統一を目前に控えた秀吉は、全国各地に城を築くとともに城下町の建設も同時に進めました。高松城もそのひとつです。城下町をつくるためには、築城後の発展も考慮した「場所選び」が極めて重要です。そこで、本トピックでは「なぜ高松の地に400年以上も繁栄するまちをつくることができたのか」というテーマのもと、特に「防災」と「水」という観点からその謎に迫っていきます。

大きな河川のないまち

徳島には吉野川、高知には鏡川、松山には石手川、岡山には旭川、広島には太田川と、近隣の県庁所在地をみても、必ずといっていいほど大きな川が中心市街地（旧城下町エリア）の近くを流れています。では、高松はどうでしょうか（下図）。現在、西側には摺鉢谷(すりばちだに)川、東側には御坊(ごぼ)川が流れていますが、どちらも川の流れは細く、小さい河川です。春日川まで行けば比較的大きな川の流れが存在していますが、高松の旧城下町エリアとは少し距離が離れています。

高松の中心市街地近辺に大きな河川が存在しないということは、全国の同規模都市と比較しても大変珍しい事実なのです。なぜ、高松の中心市街地には大きな河川が通っていないのでしょうか。それを探るために、高松城が築城される前の時代までさかのぼってみましょう。

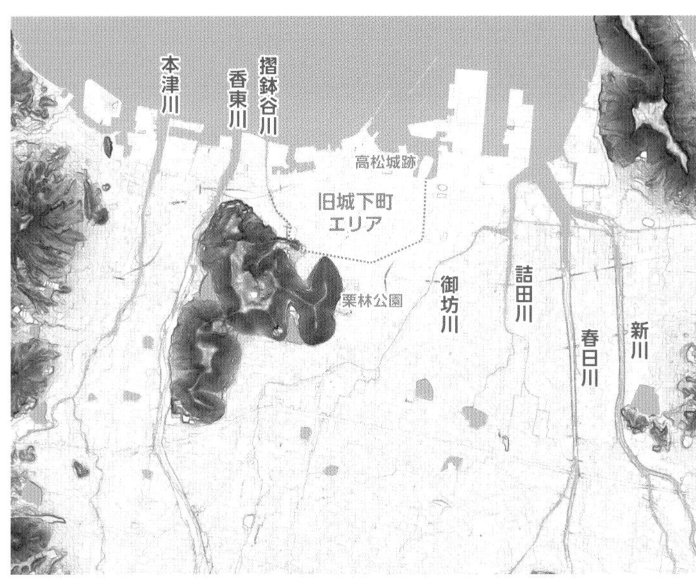

高松市街地における河川の流れ

地理院地図をもとに作成

中心市街地西側に摺鉢谷川、東側に御坊川の流れがあるが、河川としてはどちらも小さい

高松城築城前の河川と地形

1588年、生駒親正による高松城築城の経緯については第1章トピック1で紹介しましたが、築城前、このエリアは「野原」という地名で呼ばれていました。そこには、多くの寺院や小領主の屋敷を抱える中世の町場が形成されており、他所とも盛んに交易する港もありました(※1)。約千年前に編纂された『和名類聚抄』(※2)には、香川郡の郷名（村里の名称）に「笑原」という記載があり、江戸中期に刊行された歴史書『南海通記』によれば、「白砂海中に入ること一筋の矢箆(※3)のごとし、ゆえに笑原と名付ける」と記載されています。このように、築城前の地名は

※1 市村高男・上野進・渋谷啓一・松本和彦編(2009)『中世讃岐と瀬戸内世界 港町の原像：上』岩田書院

※2 平安時代中期(931-938年)につくられた辞書で、古代律令制における国・郡・郷の名称を網羅しており、古代地名の基礎資料となっている

※3 矢の棒の部分を指し、鏃(やじり)と矢羽根を除いた部分。矢柄(やがら)ともいう

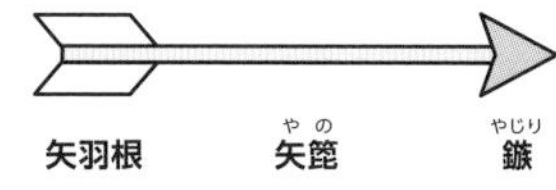

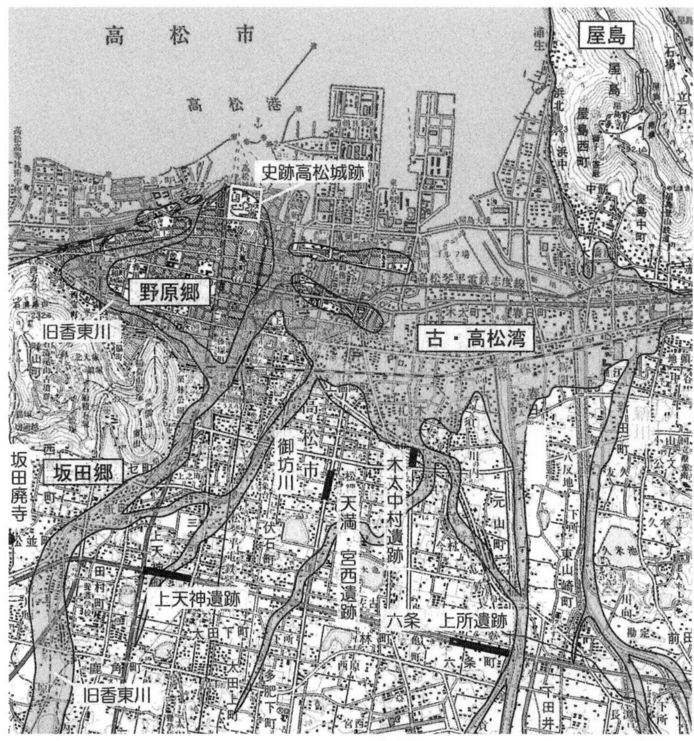

中世後期の高松エリア想定図

古・高松湾と周辺遺跡の位置図［香川県歴史博物館編(2007)『海に開かれた都市～高松－港湾都市900年のあゆみ～』より引用］

高松の旧城下町エリアは香東川の河口域となる野原郷を中心に形成された

高松城築城前の高松エリア復元イメージ

景観復元図（野原15～16世紀）［本図は公益財団法人日本海事科学振興財団（船の科学館）の協力のもと日本財団支援事業「海と船の企画展」で作成された（香川県立ミュージアム提供）］に地名加筆

現在の高松城から屋島まで入り江が深く入り込んでいる。海に向かって矢のように突き出す陸地に高松城が築城された

少なくとも千年以上前から「笶原」として存在しており、その地形は矢の棒のように直線状に伸びていることから「笶原」とされたとしています。なお、「笶原」は「篦原（のはら）」と表記されることもあり、「篦」は訓読みで「へら」とも読み、「へら」は竹等でつくる細長い道具を意味することから、どちらも細長い一筋の地形から地名がつけられたといえます。そして、この一筋の矢のように海に向かって突き出す陸地の地形が、その後に形成される海城町・高松の発展と独自性に多大な影響を与えることになるのです。

前頁の図は高松城築城前、中世後期の高松エリアを復元した想定図とイメージ図です。この頃は屋島が内陸部とはつながっておらず、現在の高松城から屋島までは、海の入り江が深く入り込んでいました。そして、その入り江の海岸線が御坊川付近で急に海側に張り出すような地形となっています。この付近の陸地が「笶原（野原）」と呼ばれていました。

また、讃岐山脈を水源地とする香東川の支流が、紫雲山（しうんざん）の麓（ふもと）付近で東西に分かれて海に注いでいる様子が描かれています。このように、高松城下町がつくられていく土地の周囲には、もともと比較的大きな川が流れていたと考えられています。こうした中世の頃の川の流れは、

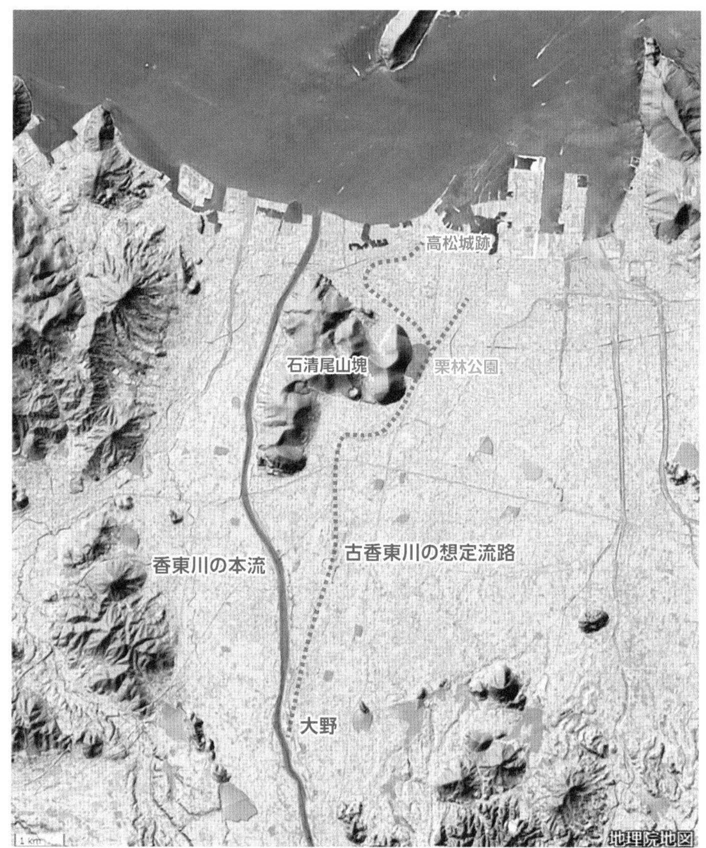

江戸時代前期、香東川付け替え後の流路

地理院地図をもとに作成

香東川を西側流路に付け替えた結果、高松市街地の水害は減少し、川跡には田地が開発される

考古学や地理学、文献史学からも推定されつつあり、高松城を築城した生駒家の時代、讃岐山脈から流れてくる香東川の大きな流れは、前頁図のように香川町大野付近で分岐し、石清尾山塊(※4)を避けるように東西に分かれて海に注いでいたとされています。この時代、ひとたび大雨が続くと香東川はすぐに氾濫し、高松城下は度々洪水に悩まされていたそうです。讃岐の国では「旱天五日に及べば水湿の潤いなく霖雨二日に及べば洪水の恐れあり」と昔からいわれており、日照りが続くと水不足となり、大雨になると川からあふれた濁流が、民家や田畑に被害を与える有様だったとされています。

こうした状況を救ったのが、大禹謨(※5)の碑で有名な**西嶋八兵衛**です。1621年、生駒家3代目藩主である正俊が病死し、11歳の高俊が世を継いだことから、その補佐役として、八兵衛が仕える藤堂家から高松藩に派遣されることになりました。八兵衛は満濃池の大修復をはじめとして、香川県内における数多くのため池築造や修築を手掛けており、「香川ため池の父」と呼ばれています。そして、その八兵衛が主導したとされる大事業に、香東川の付け替え事業(※6)があります。

先述したように、香東川は香川町大野付近で二股に分かれ、紫雲山東側山裾を通って高松城下周囲を流れており、築城当時はしばしば浸水被害をもたらしていました。そこで、八兵衛はこの東側の流れを人工的に堰き止め、香東川の本流を石清尾山塊西側の川筋に一本化し、高松城下町付近を流れていた香東川支流の流量を大幅に制限する事業に取りかかりました。1637年頃にはこの一大治水事業は完成したとされており、東側を流れていた香東川支流(これ以降、古香東川と呼ぶ)の川跡は約10キロにわたる美田となって、土地の活用が進みました。

現在、香川町大野付近の東側河岸を歩くと、河畔林(※7)のなかに突如として玉石護岸の霞堤が姿をあらわし、八兵衛が成したであろう香東川付け替え事業の一端を垣間みることができます(次頁写真)。こうした江戸時代前期の土木事業により、大きな河川のない高松のまちができあがったのです。

栗林公園の誕生と千年の知恵

現在、庭の国宝でもあり、ミシュラン3つ星がつくほど海外からも評価される栗林公園ですが、実は前述した香東川の付け替え事業が、栗林公園の誕生と深く関わっているのです。栗林公園は、1600年代はじめに生駒親正が高松藩として立藩した後、家臣の佐藤道益が当地に居宅の小庭を築いたのがそのはじまりとされています(次頁写真)。その後、11歳で生駒家4代目藩主となった生駒高俊の時代に、栗林公園の南湖一帯(P.34写真)が築庭され、現在の栗林公園の原型がつくられていきました。なお、このとき、高俊は有事の備えとして現 栗林公園

西嶋八兵衛(1596-1680年)
鎌田共済会郷土博物館所蔵

遠州(静岡県)浜松生まれ、藤堂高虎に仕える。1625年から生駒藩の客臣として讃岐に派遣され、満濃池をはじめとして90余りのため池を築造・改修し、讃岐国の治水と利水に多大な功績を残した。

※4 高松城下町の西側に位置する石清尾山、浄願寺山、紫雲山が連なる山の総称

※5「禹王の遠大なるはかりごと」という意味で、黄河の水を治めた夏の禹王の名にあやかり、治水の大業をたたえた碑文

※6 川の流れを人工的に変える改修工事

※7 川辺に繁茂する森林を指し、生物の生息場の保全や水質浄化、洪水時の流速低下や堤防の保護などの役割をもつ

霞堤

霞堤とは河川堤防の形式のひとつで、あらかじめ堤防の間に切れ目を入れた不連続の堤防形式です。洪水時には増水した水を堤防の外側にある周辺の田畑に誘導し、川の水量を減らすことで下流の堤防決壊を防ぐ仕組みとなっています。急流河川の多い日本では理にかなった治水対策といえます。

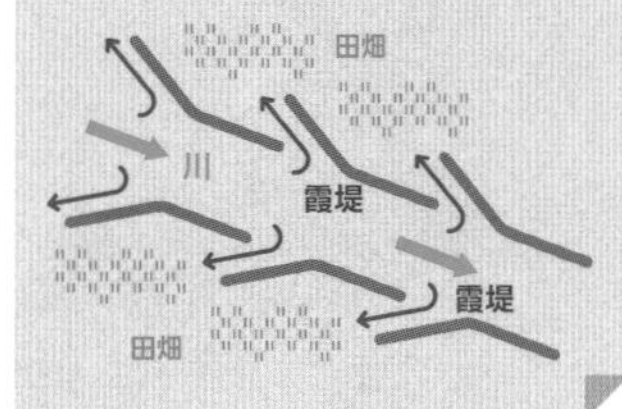

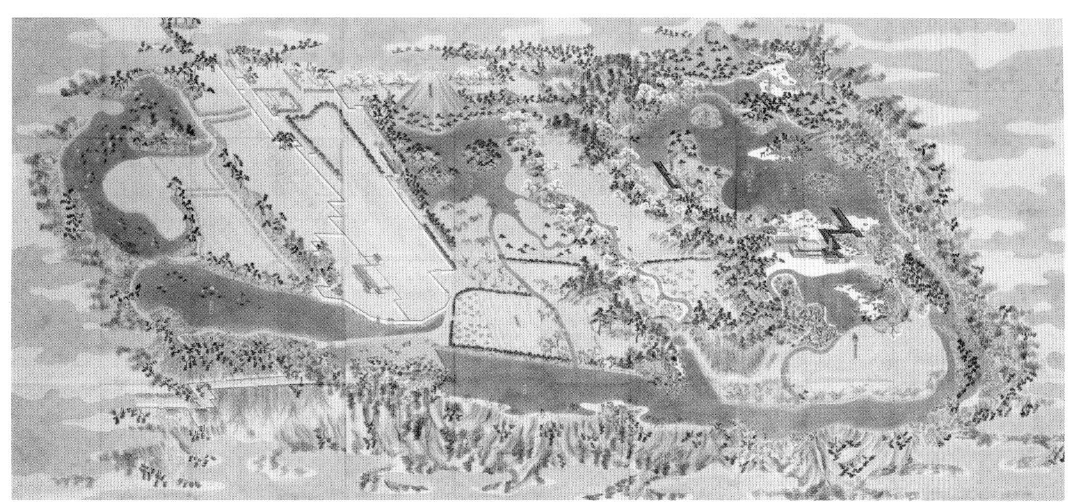

栗林図 高松松平家歴史資料(香川県立ミュージアム所蔵)
松平家5代目藩主頼恭による改修で栗林荘がほぼ完成し、この絵図は改修に合わせて1745年に作成された

付近に栗の木を植え、「御林(おはやし)」と呼ばれる、藩が管理する山林のなかに下屋敷をつくったとされています。その後、生駒家の築庭を引き継ぐように、高松松平家の初代藩主となる松平頼重(よりしげ)(P.46参照)が隠居後の居住地として庭を拡張・整備します。以後、松平家歴代藩主によって当時「栗林荘」と呼ばれた庭園の修築が重ねられ、5代目藩主頼恭(よりたか)の時代にほぼ完成したとされています。

こうした履歴をもつ栗林公園ですが、その原型をつくったとされるのが高俊の時代であったことを考慮しても、八兵衛による香東川付け替え事業が深く関与しているといえます。先述したように、栗林公園が位置する紫雲山東麓はもともと古香東川が流れていたエリアです。そのため、付け替え事業を実施する前は川の水量が多すぎて、この場所に現在のような庭園を築くことはできなかったと考えられます。付け替え事業が実施されたことにより、古香東川の流量は大幅に制限され、高俊が築庭したとされる南湖周辺は、古香東川の伏流水(※8)が湧き出る場所となりました。栗林公園の原型は、この伏流水をいかして池を掘り、掘った土砂で築山してつくられていったのです。

このように、香東川付け替え事業とともに生み出された栗林公園ですが、この庭園には素晴らしい風景を愛でる以外にも、高松城下の発展を支えるうえで欠かせない2つの役割がありました。

江戸時代のまちづくりで与えられた栗林公園の役割

1つ目の役割は、栗林公園内にある大きな池に「ため池」として水を蓄える機能です。ここで、江戸時代後期の城下図をご覧ください(次頁図)。栗林公園から流れ出る水に着目すると、まず、栗林公園から出た

香川町大野付近にある玉石護岸
河畔林のなかに残る玉石護岸。堤防が途中で途切れる霞堤の形式をとっている

※8 地表面より下の極めて浅い位置に存在する地下水。地中の砂や小石でろ過されるため水質が良好で安定している

栗林公園の発祥の地といわれる小普陀
小普陀(しょうぶだ)と呼ばれるこの場所は栗林公園で最も古い石組とされ、1600年代はじめ、生駒藩家臣の佐藤道益が居宅の庭として築庭したとされる

水は霊源寺池に集水され、その後東西に分かれます。西の流れは玉泉寺の前を通り、峰山から宮脇村を流れる川(現 摺鉢谷川)と合流し、海まで流れ出ます。この川は途中で取水され、現在の香川大学が立地する幸町や、昭和町周辺に広がっていた田んぼを潤していたと考えられます。続いて、東は三十郎土手と呼ばれる堀を通って杣場(せんば)川につながり、海まで到達します。東の流れも同様で、両岸付近に広がる田地に水が供給されていたと考えられます。なお、この東の流れは、城下町の内と外を分ける堀の役割も担っていました(P.136参照)。このように、栗林公園内につくられた大きな池で水は適度に温められ、下流域に広がる田地の農業用水となっていたことが城下図から読みとれます。つまり、栗林公園内の池泉は眺めるだけの用途以外に、ため池としての用途も持ち合わせていたことになります。

また、栗林公園の池や下流域の田地は、大雨時における遊水地(※9)としての役割もあったと考えられます。江戸後期の城下図と讃岐国名勝図会の西方寺からの眺めによれば、現 摺鉢谷川両岸には広く田地がとられており、東側は番町にある行泉寺、薬王寺、浄教寺といった寺町を境とするエリアまで、西側は峰山の山裾まで田地となっていました(P.159参照)。川沿いの土地はもともと標高の低い土地が広がっていたため、江戸後期まで田地として利用され続けたわけですが、一方で、一部の土地でも埋め立てすれば居住地の拡張はできたはずです。にも関わらず、江戸期を通じて、このあたりが埋め立てられることはありませんでした。

つまり、あえて開発を抑え、田地も含めた遊水地を城下に取り込むことで、災害に強いまちづくりをしていたと捉えることもできます。

江戸の土地利用

江戸時代のまちづくりでは、城下付近を流れる小さな川であったとしても、居住地の開発を優先して川の流れを抑え込むのではなく、日常時は農業用水として利活用し、増水時には遊水地として機能させていました。城下周辺の自然環境に対して、無理のない土地利用が江戸時代を通じて守られてきたといえます。

※9 洪水で川の水が増えたときに、その水を一時的にためこみ、川の水位を調整する区域のこと

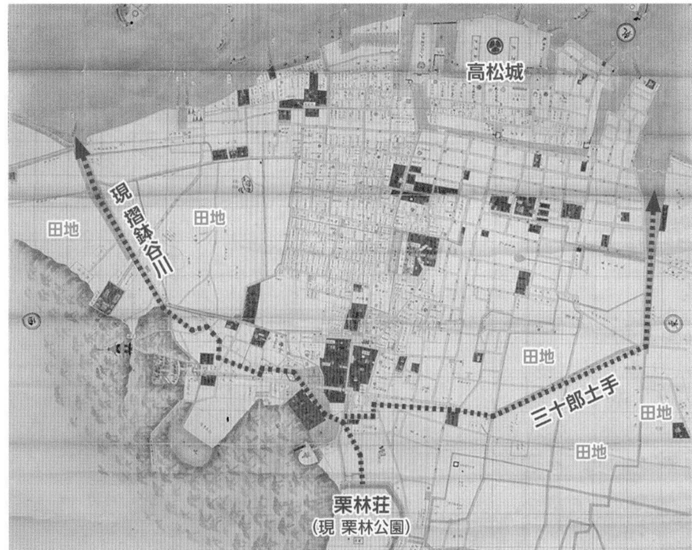

江戸時代後期の城下図 「文化年間高松城下図」(高松市歴史資料館所蔵)に一部加筆
栗林公園から流れ出る水は、下流域に広がる田地の農業用水としても利用されていた

西方寺から城下の眺め
『讃岐国名勝図会』に一部加筆
城下の西を流れる現 摺鉢谷川両岸には、広く田地がとられていた

また、江戸期を通じてたびたび起こっていた飢饉(ききん)への対処としても、田畑の総量管理は各大名にとって重要な政策でもありました。

続いて、栗林公園に託されていた2つ目の役割、それは「巨大な堤防」として高松城下を守ることでした。先行研究(※10)で示された古香東川の流れをみると(P.36図)、紫雲山の南側で徐々に東に向かい、紫雲山東麓付近で東西に分かれています。古香東川を上流からみると、栗林公園はいわば高松城下の入り口部分にあたります。つまり、栗林公園がつくられたこの場所は、高松城下のレジリエント(※11)なまちづくりにとって、極めて重要な場所といえるのです。

※10 香川県歴史博物館編(2007)『海に開かれた都市　高松–港湾都市900年のあゆみ』香川県歴史博物館

※11 災害などのリスクをしなやかに乗り切る力のある状態

生駒親正が矢原に高松城を築城した当時、古香東川の氾濫がたびたび起こっていたことはすでにお伝えしました。仮に当時の古香東川が氾濫した場合、この紫雲山東麓付近は、上流からの水が収束する危険な場所となります。そして、水の流れは紫雲山を通り過ぎた後、高松城下が形成される陸地部へと一気に広がります。いわば徳利の首にあたるような位置に、栗林公園は立地しています。

その後、先述したように1637年頃に香東川の付け替えが実施され、紫雲山東麓のエリアには、後に「栗林荘」と呼ばれる池泉回遊式庭園(※12)が作庭されます。そして高松藩は、治水上特異な立地となるこの場所に庭園をつくると同時に、香東川が氾濫した場合には高松城下に水がいかないよう、水害を防ぐ重要な役割を与えた可能性が指摘されています(※13)。その役割を担ったのが、栗林公園南湖の南側に築山された巨大な土手でした。

※12 池のまわりに園路をめぐらせ、園のなかを歩いて散策しながら鑑賞する日本庭園の様式のひとつで、江戸時代に発達した

※13 長谷川修一(2022)「ブラタモリが解き明かした高松城下の千年のデザイン」『調査月報』No.426、百十四経済研究所、2-11頁

次頁の図は千年に一度の大雨が降った場合の洪水浸水想定区域図です。現在の香東川が氾濫した場合、付け替え事業前に流れていた古香東川の流路に沿って水が流れていきます。そして、その流れは栗林公園南側にある土手に行く手を阻まれ、あふれた水は東に向かって御坊川に流れ込み、海へと流れ出ていきます。つまり、千年に一度の大雨が降った場合でも、栗林公園があるおかげで、高松城下には直接水が流れ込まないシミュレーション結果となってます。高松市民は知らず知らずのうちに、栗林公園によって守られていたことになるのです。

栗林公園は国の名勝であり、年間70万人を超える来客を誇る名園ですが、そこは美しい景色を眺めるだけではなく、高松城下の田んぼを潤すため池でもあり、千年に一度の大雨から高松城下を守る巨大な堤防でもありました。栗林公園は海城町・高松の発展を支える重要な役割を担っていたのです。

庭園と都市防災

千年に一度の洪水を防ぐ防災機能のみならず、農業用水としての機能も持ち合わせ、日常的には地元住民や旅行者に憩いの場を提供している栗林公園。これからのまちづくりを考えるうえで、こうした江戸のまちづくりから学べることは大いにありそうです。

海際に立地する高松で真水が得られた秘訣

さて、香東川の付け替え事業により、高松城下は築城当時からの課題であった水害をある程度克服することができました。しかしその一

方で、大きな河川が近くにないことにより、多くの人々が生活するための「水」が必要となったはずです。海際に立地している高松城下では、海水は得られたとしても、真水を得ることは難しかったと考えられます。実際、海に近い江戸の下町では真水を売り歩く「水売り」や「水屋」と呼ばれる職業が確立していました。果たして、高松城下ではどのようにして真水を得ていたのでしょうか。城下に残る井戸の遺構から探っていきたいと思います。

現在、玉藻公園（旧 高松城内）を散策していると、いくつかの井戸の遺構をみつけることができます（次頁写真）。間近に海が迫る高松城内ですが、江戸時代には数メートルも掘れば真水が湧き出てきたとされています。しかも、その水は枯れることなく、現代においても城内には真水が湧き出ている井戸もあります。なぜ、海に面している高松城内で真水が湧き出たのでしょうか。その理由を、高松城下にある大きな井戸から探っていきたいと思います。

高松城下で比較的大きな水源となっていた井戸として、亀井戸（新井戸）、今井戸、大井戸の3つが挙げられます。これら3つの井戸の位置を示した地図が次頁の図です。3つの井戸の並びをみると、ほぼ一直

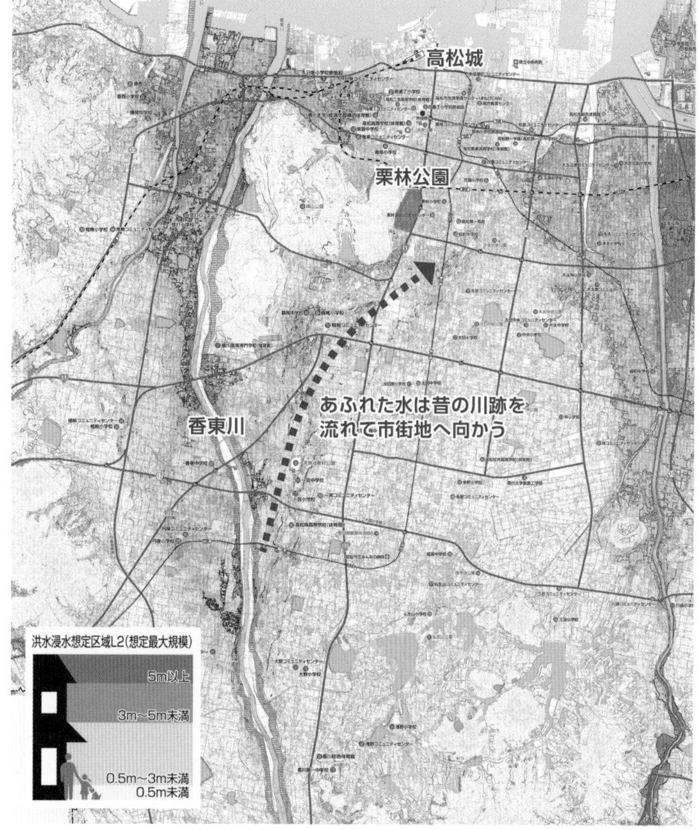

香東川洪水浸水想定区域図
「高松市洪水ハザードマップ（レベル2）」に一部加筆
洪水であふれた水は古香東川の流路を流れて栗林公園南側で止まり、東に流路を変えて御坊川に合流する

栗林公園南湖の南側にある土手
日常時は来園者の目を楽しませ、非常時には城下への水の流入を防ぐ堤防（写真右側の土手）ともなる

高松市街地の井戸配置
地理院地図をもとに作成
亀井戸（新井戸）、今井戸、大井戸、城内井戸が直線状に並ぶ。現存しているのは大井戸と城内井戸のみ

高松城内にある井戸
なかには江戸の頃から場所を変えず、今でも水をたたえる井戸がある

市街地に現存する大井戸
江戸の様子を今に伝える貴重な井戸で、現在でも清水をたたえている

線上に並んでいることが確認できます。

　このように井戸が直線上に並ぶのは、地下では同じ水脈でつながっており、昔の川跡を流れる伏流水を水源にしている可能性が考えられます。そして、この川跡は江戸時代よりももっと前の時代、「笑原」と呼ばれる陸地が形成されるよりも前の時代にまでさかのぼると推定されます。先述したように、「笑原」という郷名は平安時代中期には確認できることから、およそ千年前にはすでに「笑原」の地形は形成されていたと考えられます。よって、その時代よりも前に、先述した3つの井戸をつなぐような道筋で川が流れていた時期があったと考えられます。この川の流れは、古香東川よりもさらに昔の流路になることから、ここでは旧古香東川と呼びたいと思います。

　では、どのようにして「笑原」の地形が形成されたのでしょうか。先行知見(※13)によると、千年以上前のある時代、旧古香東川の流路を覆いかぶさるほどの土石流が川筋に沿って一気に海まで流れ込む災害が起こった結果、海に向かって突き出すような陸地が形成されたと推定しています。なお、この「笑原」の由来については、先述した通り、陸地が海に向かって矢のように突き出していることから「笑原」と称されており、こうした地名の由来からも、前述のような大災害が当時の「笑原」の原型をつくったとする説と符号します。なお、こうした地形変化の痕跡を、現在の詳細な標高地図に見いだすことができます。

特殊な扇状地につくられた高松城下町

　次頁の図をみると、田町商店街や丸亀町商店街(※14)の通り筋が地形的に最も中高となっており、海に向かって少しずつ下がっているの

※14 高松中央商店街の各商店街では「高松丸亀町商店街」のように、正式名称では頭に「高松」がつくが、本書では「高松」は省いて記載する

がみてとれます。高松城下町が建設されたこの土地は、河川の氾濫等で上流から運ばれてきた砂礫（砂や小石）で形成されているため、地形分類では扇状地(※15)となります。通常、扇状地は山裾から扇形を描くように時間をかけて形成されていきますが、この高松城下の地形は、海に向かって逆にとがっていくような形状となっています。これは、先に記した土砂災害による土地形成の結果と推察され、こうした地形は「白砂海中に入ること一筋の矢箆のごとし」とする『南海通記』の表現とも一致します。

※15 山地を流れる河川によって運ばれた砂礫が、谷口を頂点として扇状に堆積した地形。河川が山地から平野や盆地に移る所などにみられる

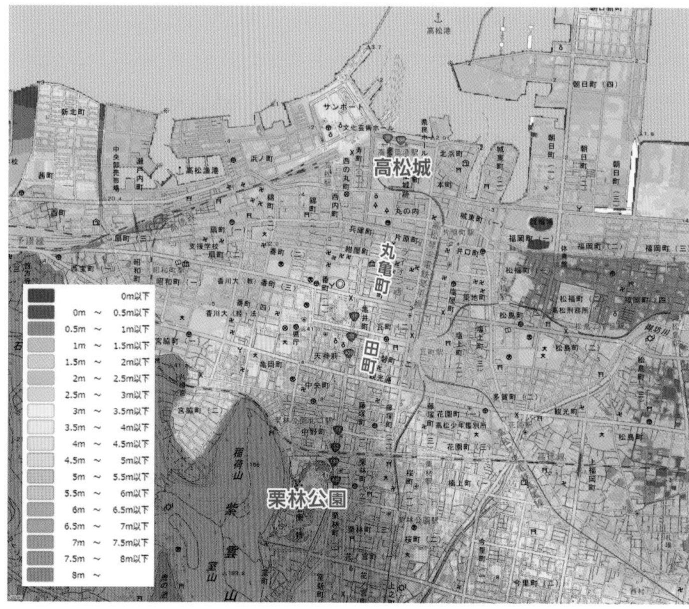

高松市街地の色別標高地図

地理院地図をもとに作成

栗林公園東側から海に向かって突き出すような地形となっており、その尾根筋には丸亀町や田町など、江戸からの町通りが形成されている

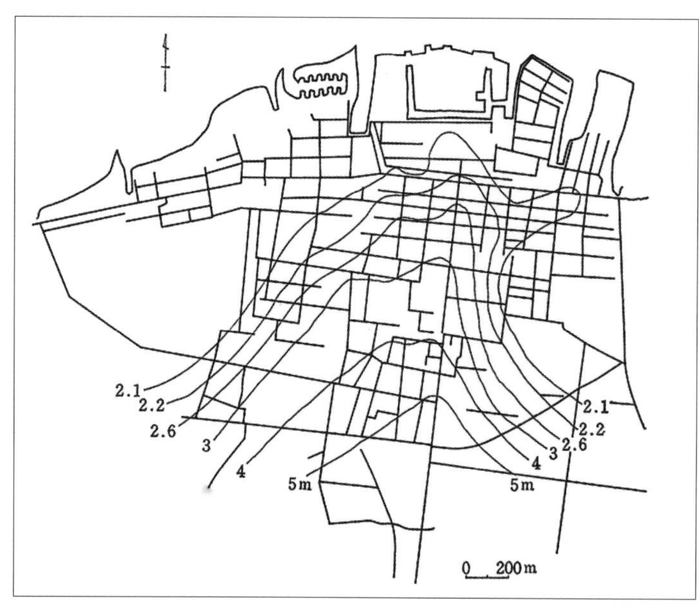

旧城下町エリアの等高線図

『高松百年史上巻』1988年、31頁より引用

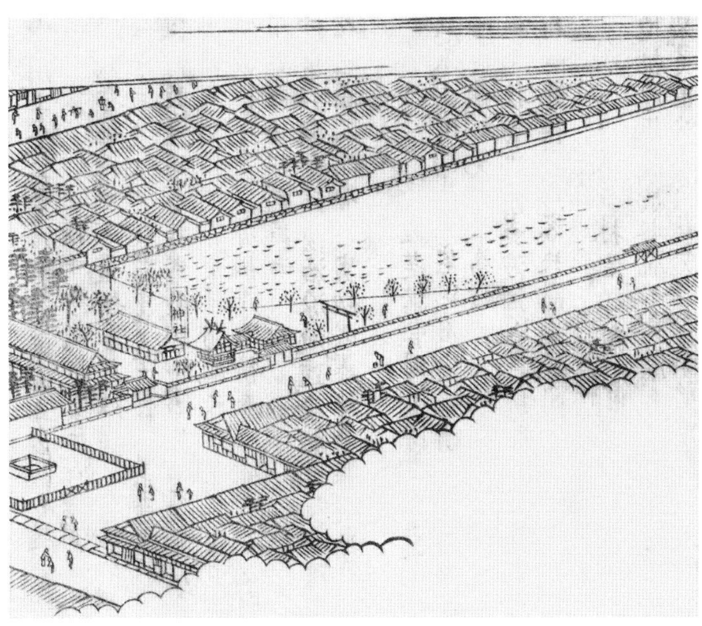

江戸後期の亀井戸の様子
『讃岐国名勝図会』より一部トリミング
これだけ規模の大きな湧水池が城下町内にあることは全国的にも珍しく、香東川の豊富な伏流水によって高松城下町が支えられていることを示す、象徴的な景観となっている

このように、現代においても高松市街地の基層を成す土地は、海に向かって突き出していく扇状地としての地形的特徴をもっています。高松城下町はこうした土地の微高地を中心に発達しており、浸水被害の受けにくい土地を選んでまちが形成されたと考えられます。また、扇状地の地盤は比較的硬いことから、地震による地盤被害を受けにくく、液状化も起こりにくい土地です。また、扇状地は水はけがよく、水は伏流（※16）して地下を流れます。そのため、高松城下ではその地下を流れる伏流水を利用して、各所に井戸がつくられていました。先述した直線的に並ぶ大きな3つの井戸も、そうした伏流水を水源にしていたと考えられます。

※16 地上の流水がある区間だけ地下を流れること。扇状地や火山灰地などに多い

なお、讃岐国名勝図会には江戸時代に大きな水源であった亀井戸が紹介されており、その後の発掘調査から、南北約62メートル、東西約16メートルという非常に大きな水がめが満々と水をたたえていたことがわかっています。また、その水はほとんど枯れたことはなく、むしろ水が湧きすぎて、当時の人々は対応に追われたという記録が残っているほどです。これだけの水量が季節に左右されず一定量流れてくるのは、この水源が単なる湧水ではなく、もともと流れていた川の伏流水であることを示しています。

松平頼重による高松水道の整備

さて、こうした天与の場所に高松城下町が形成されたわけですが、先述した3つの大きな井戸だけでなく、全国的にも極めて早い時期に上水道の整備が実施されました。実施したのは、生駒家が**改易**（かいえき）により

秋田に移された後、讃岐国12万石の藩主として高松にやってきた**松平頼重**です。頼重は水戸黄門で有名な徳川光圀の兄にあたり、幕府のなかでも格式の高い家柄でありました。

頼重は高松松平藩の初代藩主であり、上水道の整備に限らず、城郭の再整備や寺社の再興、ため池の造成や産業の育成など、歴代藩主のなかでも名君として語り継がれる事績を残しています。頼重は、高松藩に就いて3年目となる1644年、高松城下に暗渠(地下に埋設した水路)を築き、各家に清水を配水するという、とても先進的な上水道(後に高松水道と呼ばれる)を整備しました。なお、このときに整備した上水道は、町人地から先行して給水域が整備されました。他の城下町ではしばしば武家地から先行して整備されることを考えると、町人地から上水道が整備された点は、頼重の人徳として後世の人々に語り継がれています。

さて、町人地を主な配水域としていた3つの井戸のうち、最も大きな水源だったのが、先ほども紹介した亀井戸(新井戸)です。その詳しい配水図が『高松新井戸水本並水掛惣絵図』として残っています(下図)。亀井戸の給水範囲は古馬場町、今新町、大工町、御坊町、丸亀町など

大名の改易

改易とは、大名や旗本といった武士から身分を剥奪して、領地や城などを没収することを意味しています。江戸時代初期には幕藩体制の確立のため、旧豊臣系大名を中心に約130家におよぶ大名が改易され、高松藩の生駒家もその一連の改易政策に含まれます。

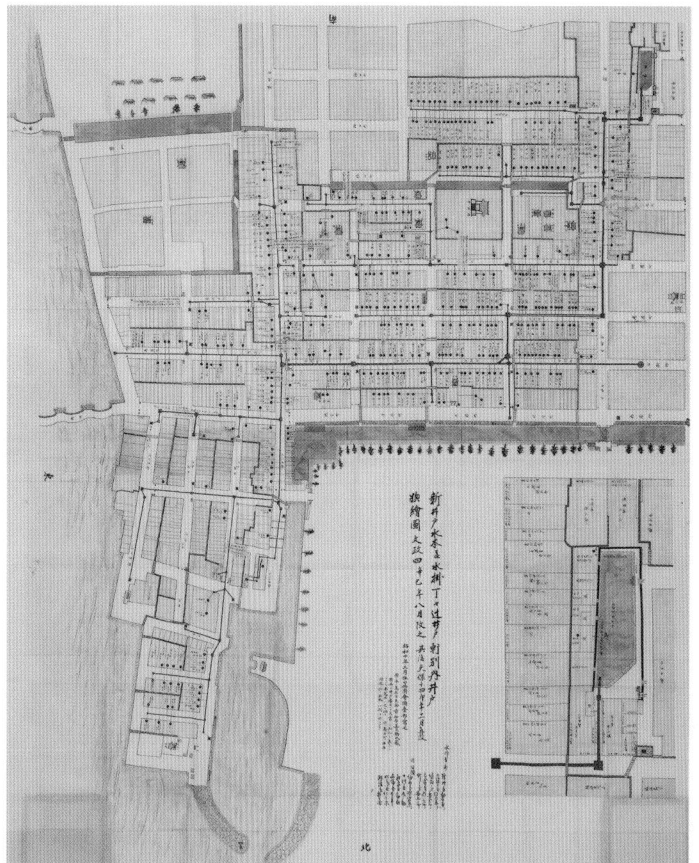

高松新井戸水本並水掛惣絵図

鎌田共済会郷土博物館所蔵

湧水を水源とする上水道としては日本でも最初期であり、江戸の玉川上水よりも9年早く整備され、当時としては最先端の上水道が城下の町人地に引かれた

松平頼重(1622–1695年)

忠学堂木造源英坐像

法然寺所蔵(香川県立ミュージアム提供)

生駒家改易の後、1642年に讃岐国高松藩の藩主として高松に入る。天守や水手御門など城の改築や城下町の拡張、農業振興などを実施し、現代につながる高松の礎をつくった

19町にわたっており、水源から木管(もっかん)等によって暗渠で各街路下を通り、町人地の各敷地内にある内井戸まで清水が引かれていました。内井戸の数は約450個確認でき、地中に埋設された水道管の総延長は約4.8キロにも及びました。なお、高松城下の詳細な地質調査(※17)によると、地表面から深さ約3メートルまで、亀井戸から西側は砂礫層が多く、東側はシルト(泥)層が多くなっています。こうした結果から、亀井戸から西側はある程度掘ればきれいな水が出る可能性が高い土地であったのに対し、東側は表層部がシルト(泥)層で構成されているため、かなり深く掘らなければきれいな水が出なかったと考えられます。そのため亀井戸から東側の町人地では、清水を得ることがもともと難しい土地柄であることから、頼重は町人地を中心に上水道を敷設(ふせつ)していったと考えることもできます。

※17 神吉和夫(1985)「高松水道の研究」『日本土木史研究発表会論文集』5巻、土木学会、41-48頁

江戸初期に整備された高松水道は、湧水を水源とする上水道の整備として、日本における最初期の事例となっており、江戸の玉川上水よりも9年早く整備がなされました。他の城下町では、河川の上流部を水源として上水道を引いてくるケースが多いなかで、高松のように湧水を水源とする上水道はとても珍しい事例といえます。また、水源となる規模の大きな湧水池がまちなかにあること自体も珍しく、「讃岐国名勝図会」に描かれた亀井戸の光景は、香東川の豊富な伏流水が高松城下を支えている象徴的な風景ともいえるのです。頼重によって敷設された高松水道は、戦後の一時期まで一部は現役で利用されており、海城町・高松の発展を支え続けました。

まとめ

高松城下は、海に向かって矢のように突き出す特殊な扇状地に形成されたために、海際に立地しながらも、地下を流れる香東川の伏流水から「水」という大きな恩恵を得ることができました。また、砂礫で構成される扇状地に高松城下が建設されたため、液状化に対するリスクが比較的低く、微高地につくられたまちは浸水被害を受けにくい立地となりました。

また、香東川の付け替え事業によって生み出された栗林公園の南湖周辺では、高松城下を千年に一度の洪水から防ぐ堤防兼築山が築かれ、庭園の池泉はため池としての役割も果たしていました。このように栗林公園は、日常的には市民や旅行者に憩いの場を提供しながらも、非常時には防災機能を備え、さらには農業用水としての機能も持ち合わせる、日常時も非常時も効用の高い都市施設でした。

こうした江戸時代のまちづくりから現代の我々が学ぶべき点は多く、これからの日本の持続可能な地域づくりを考えるうえでも大変示唆に富む考え方が実践されていたといえるでしょう。

第1章 トピック3

全国の海城町との比較

なぜ高松に巨大な海城がつくられたのか、そして、海城町の誕生と発展を支えた高松の特殊な地形について、これまで解説してきました。では、高松と同じような海城町は日本全国にどの程度存在しているのでしょうか。また、高松は全国の海城町のなかでどんな特徴があるのでしょうか。日本の海城町を探る旅に出てみたいと思います。

海城町・唐津
唐津は城郭が直接海に面する平山城があり、近世城下町として発展した海城町のひとつ

「海城町」の定義をめぐって

そもそも、本書でいう「海城町」とはどんなまちなのでしょうか。本書の冒頭(P.3)では「城の目の前に海があり、その周囲に町が広がる、海と城と町が一体となった場所のこと」としましたが、より詳細にみていきたいと思います。

まず「海城」とは、端的にいえば「立地分類上、海のそばに建つ城」といえますが、より具体的な定義については研究者によってさまざまで、明確な定義付けがなされていないのが現状です。一般的に、城の立地から平城、平山城、山城と分類されていますが(P.30参照)、そのなかでも海や湖沼、川に面する城は「水城(みずじろ)」と分類されることもあります。その「水城」のなかで「海城」を特定しようとすると、明確な切り分けが難しいケースがあります。例えば、城のどの部分が海に面していれば「海城」となるのか、堀や運河で城郭まで海水がつながっていれば「海城」といえるのかなど。また、海に面する山頂部に城郭が築かれた場合、城山自体が海に面していることをもって「海城」とするならば、海沿いにつくられた多くの城郭(主に戦国時代末までにつくられた中世城郭)は「海城」となります。

本書では、「海」+「城」の関係のみならず、「海」+「城」+「町」という、いわゆる城下町も含めた概念を「海城町」という言葉で捉えようとしています。つまり、「海城」とともに「城下町」も含めたまちづくりがなされているかどうかが「海城町」を捉えるうえで重要な視点となります。なお、これまでの城郭研究において、城とともに城下町がつくられていくのは、**織豊(しょくほう)時代**、すなわち織田信長による安土城(1576年築城開始)を画期とする近世期以降の城郭(**近世城郭**)となります。そこで、本書で対象とする「海城」は、織豊時代以降、江戸期にかけてつくられた近世期以降の海城(近世海城)とします。

「近世海城」とは

では、本書で対象とする「近世海城」について、よりくわしくみていきたいと思います。まず「海城」の明確な定義が難しいという前提に立ったうえで、本書では以下のような条件で「近世海城」を定義します。

「近世海城」の条件

①近世期以降に築城された城郭が直接海に面している
②江戸時代を通じて独立した藩政による城下町が形成されている

「城郭」とは、一般的に「城または城と曲輪の総称で、外敵を防ぐための防御施設」とされています。ここで、本書でいう「城郭」をより明確にするために、近世以降に築造された城と城下町の基本的な構造

織豊時代と近世城郭

織豊時代とは、織田信長の「織」、豊臣秀吉の「豊」を合わせて「織豊」と呼び、信長と秀吉が中央政権を握っていた時代のこと(別名:安土桃山時代)。また、近世城郭は織豊系城郭とも呼ばれ、信長による安土城や岐阜城の築城がそのはじまりとされています。鉄砲の普及や政治体制の変化とともに、城づくりは徐々に軍事のためだけではなく、権力の象徴へとその目的を変えていきました。建築構造としては、瓦、石垣、天守などが織豊系城郭から顕著にみられ、楽市楽座の普及とともに城下にはまちが形成されました。秀吉による天下統一後、各地の大名は大阪城などを手本に新しい時代の城づくりに着手し、織豊系城郭は近世城郭として全国に伝播していきます。

をみていきたいと思います(下図)。まず、天守が築かれる本丸、二ノ丸、三ノ丸といった主郭があり、それを囲むように内堀が築かれ、大手門等で往来が厳重に管理されます。一般的に、大手門の外側が城下あるいは城下町と呼ばれています。続いて、内堀の外側には有力な武士を中心とする武家屋敷が配置され、その周囲に外堀が築かれ、外堀より内側が城内となります。外堀より外側は城外と呼ばれ、おもに町人地や寺社地で構成されます(※1)。

近世城下町は一般的にこのような構造となっていますが、個別仔細にみていけば、それぞれ独自の構造や例外が出てきます。そのため、すべての城下町に適応できる「城郭」範囲を規定することは難しく、ひとまず本書では「城郭」を「内堀等で囲まれる郭群」(一般的に「主郭」と呼ばれる)として進めていきたいと思います。

さて「近世海城」の条件①ですが、近世期以降に築城された「城郭」、すなわち城の「主郭」が海に面していること、としました。この定義に沿えば、「主郭」が面する水域によって「川城」「湖城」「沼城」など、同じ「水城」であったとしても、立地場所でよりくわしい分類ができます。例えば、川沿いに築城された岡山城、徳島城、高知城などは「川城」となり、彦根城や大津城などは琵琶湖沿岸なので「湖城」となります。

※1 ここで示している近世期以降の城と城下町はあくまでも一般化した定義であり、実際にはさまざまな形態が存在している。例えば、小倉城のように城下町の外周にも堀をめぐらせて外界との区分けを行う「総構(そうがまえ)」と呼ばれる城郭形態もある

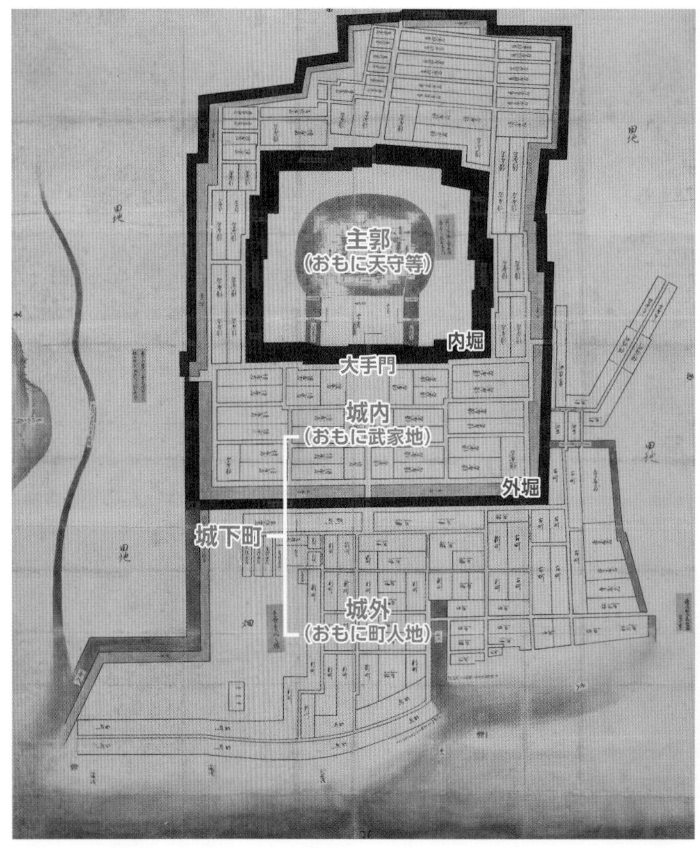

近世城下町の基本的な構造

正保城絵図「讃岐国丸亀絵図」に加筆

丸亀城を例に挙げれば、おもに天守が築かれる本丸等を主郭と呼び、主郭は内堀等で囲まれている。その外側はおもに武家地で構成され、その周囲は外堀等で囲まれている。外堀より外側には町人地や寺社地が広がり、外堀より内側を城内、外側を城外と呼ぶことが多い。なお、城下町の外側を総掘りと呼ばれる堀で囲むこともあり、近世城下町の構造は一様ではない

また、本書で捉える時代範囲については、先述したように織豊時代以降とします。

続いて、「近世海城」の条件②「江戸時代を通じて独立した藩政による城下町が形成されている」について、くわしくみていきましょう。1598年秀吉亡き後、関ヶ原の合戦を経て徳川家康が実権を握るようになります。家康は諸大名の軍事力を抑制することを目的として、1615年に一国一城令を発令し、諸大名の領内にある居城以外のすべての城の破却を命じました。その後に発令された武家諸法度(ぶけしょはっと)によって、諸大名は新規の築城はもとより、増改築についても幕府の許可が必要になります。これにより、江戸時代以前、中世の頃に築城された数多くの城郭は廃城となりました。その結果、諸大名の家臣団や領民は、諸国で新たな中心地となる城下町へ集住することになり、結果的に約180程度の近世城下町が全国に形成され、その後、江戸時代を経て明治を迎えることになります。

本書では、近世期を通じて形成された城下町を対象とすることから、一国一城令を経て残された各国諸大名の城郭を基本的な対象とします。廃城後、独立した藩政として継続されなかったまちは、基本的に対象外としました(P.69コラム参照)。なお、廃城となっても、事実上、藩政として継続している城下町は「海城町」の対象範囲としました。

日本全国でつくられた「近世海城」

では、日本全国に近世海城はどのくらい築城されたのでしょうか。調査方法としては、まず、現在残されている城絵図等を広く収集し、主となる史料群(※2)をもとに対象とすべき全国の近世城下町を可能な限りリストアップします。そのうえで、当時の城絵図等から城郭部分が海に面する「近世海城」を特定していきました。なお、城郭によっては江戸時代の城絵図等では周辺地形が判断できない図版もあるため、現在の城址周辺の地形条件から当時の立地状況を比定していきました。その結果、日本全国で24地区の「近世海城」を特定することができました。結果は次頁の表のとおりです。(なお、「近世海城」の境界線にあたる城下町については、P.69コラム参照)

「近世海城」はすべて西日本の湾内にあり

次頁の表は特定した「近世海城」のリストですが、それぞれ国名、藩名、城名を記載するとともに、城毎に築城開始年、城郭構造(立地分類)、臨海域、天守の有無等を把握し、築城年順に整理しました。なお、築城年に関して、城地によってはもともと中世城郭が築かれていた場所に近世城郭を改修・整備した地区もあり(※3)、本書では織豊時代以降の城郭を対象として扱うことから、表中に記載している築城年は

※2 主となる史料群として、以下が挙げられる
- 原田伴彦、矢守一彦編(1982)『浅野文庫蔵諸国当城之図』新人物往来社
- 矢守一彦編(1981)『浅野文庫蔵諸国古城之図』新人物往来社
- 前田育徳会尊経閣文庫編(2000)『諸国居城図-尊経閣文庫蔵』新人物往来社
- 児玉幸多監(1980-1985)『日本城下町繪圖集-東北篇、関東・甲信越篇、東海・北陸篇、近畿篇、中国・四国篇、九州篇』昭和礼文社
- 「正保城絵図」国立公文書館デジタルアーカイブ
- 「日本古城絵図」国立国会図書館デジタルコレクション

※3 鳥羽、米子、三原、萩、宇和島、臼杵などがその事例にあてはまる

あくまでも織豊期に近世城郭として改修・整備しはじめた西暦年になります。

これら特定された「海城」の位置を日本地図に示したのが次頁の図となります。特筆すべき点は、北（東北地方）から南（鹿児島）まで日本全国の近世城下町を対象に「近世海城」を特定したにもかかわらず、伊勢より西の西日本側にすべての「近世海城」が立地していたという点です。東日本側では、例えば忍城（おしじょう）や古河城、土浦城のように、湖沼を大胆に利用した近世城郭は関東平野に多く存在するものの、城郭が直接海に面する「近世海城」はみつけることができませんでした（※4）。

なぜ「近世海城」は東日本には存在せず、西日本でしかその立地を確認することができなかったのでしょうか。いくつかの視点で考察は可能ですが、ここでは地形的制約と歴史的背景の観点からみていきます。

まず、東日本と西日本を地形の観点から比較した場合、大きく異なるのは（北海道を除いて）東日本はひとつの陸地で構成されています

※4 湖を利用した近世城郭の代表として高島城、彦根城、膳所城などが挙げられる。また、水城の中でも河川に直接面する城郭は全国各地で確認できる

日本全国の近世海城一覧

No.	国	城名	築城年	藩	構造	臨海域	天守	天守高さ※	構図分類
1	丹後国	宮津城	1580	宮津藩	平城	日本海(若狭湾)	未建造	——	同心円
2	丹後国	田辺城	1581	田辺藩	平城	日本海(若狭湾)	未建造	——	並置
3	**讃岐国**	高松城	1588	高松藩	平城	瀬戸内海(備讃瀬戸)	破却	26.6m	同心円
4	豊前国	中津城	1588	中津藩	平城	瀬戸内海(周防灘)	存在不明	不明	同心円
5	志摩国	鳥羽城	1594	鳥羽藩	平山城	太平洋(伊勢湾)	破却	19.5m	出島
6	安芸国	三原城	1595	広島藩	平城	瀬戸内海(三原湾)	未建造	——	並置
7	伊予国	宇和島城	1596	宇和島藩	平山城	瀬戸内海(宇和海)	現存	15.7m	同心円
8	豊後国	杵築城	1597	杵築藩	平山城	瀬戸内海(別府湾)	破却	不明	出島
9	豊後国	府内城	1597	府内藩	平城	瀬戸内海(別府湾)	焼失	16m	同心円
10	豊後国	臼杵城	1597	臼杵藩	平山城	瀬戸内海(臼杵湾)	破却	11.2m	出島
11	肥前国	玖島城	1598	大村藩	平山城	日本海(大村湾)	未建造	——	出島
12	肥前国	平戸城	1599	平戸藩	平山城	日本海(平戸瀬戸)	未建造	——	出島
13	伯耆国	米子城	1600	米子藩	平山城	日本海(中海)	破却	20.3m	並置
14	伊勢国	桑名城	1601	桑名藩	平城	太平洋(伊勢湾)	焼失	不明	同心円
15	若狭国	小浜城	1601	小浜藩	平城	日本海(若狭湾)	破却	18m	並置
16	豊後国	日出城	1601	日出藩	平山城	瀬戸内海(別府湾)	破却	15.5m	同心円
17	肥前国	唐津城	1602	唐津藩	平山城	日本海(唐津湾)	未建造	-	出島
18	長門国	櫛崎城	1602	長府藩	平山城	瀬戸内海(関門海峡)	存在不明	不明	出島
19	伊予国	今治城	1602	今治藩	平城	瀬戸内海(燧灘)	移設	不明	並置
20	豊前国	小倉城	1602	小倉藩	平城	瀬戸内海(関門海峡)	焼失	22.8m	同心円
21	長門国	萩城	1604	萩藩	平山城	日本海(萩湾)	破却	20.7m	出島
22	摂津国	尼崎城	1617	尼崎藩	平城	瀬戸内海(大阪湾)	破却	16.8m	並置
23	石見国	浜田城	1620	浜田藩	平山城	日本海(松原湾)	倒壊	14m	出島
24	播磨国	赤穂城	1648	赤穂藩	平城	瀬戸内海(播磨灘)	未建造	——	出島

※現段階で把握できる江戸時代の天守高さ

日本全国の近世海城分布図

地理院地図をもとに作成

海城24城が面している海域

瀬戸内海沿岸	13城
若狭湾	3城
伊勢湾	2城
その他（唐津湾、萩湾など）	6城

が、西日本は瀬戸内海がその地理的中心にあり、瀬戸内海を媒介として、本州、四国、九州という3つの陸地で構成されているという点です（右図）。その結果、西日本は必然的に船での移動が活発になる地形であり、瀬戸内海は古代から近畿と九州、さらには中国大陸との交流を支える重要な海路となっていました。この交易ルートは古代から中世を経て、江戸期を通じても人と物の交流が盛んでした。一方で、東日本は信長にはじまり、家康によって完成された全国的な街道整備により、東海道や中山道といった五街道を中心とする陸路が発達しました。全国的な海運の変革となった西廻り航路や東廻り航路の開発は、近世城郭の築城期をほぼ終えた17世紀後半であり、近世城郭が数多く築かれた17世紀初期には、東日本を含めた全国の海路をめぐる舟運はいまだ発達していなかったといえます。このように、東日本と西日本における地形環境の違いから端を発する、海上交通の必要性と有史以来の歴史的背景により、西日本に「近世海城」が築かれる必然性が生み出されたと考えることができます。

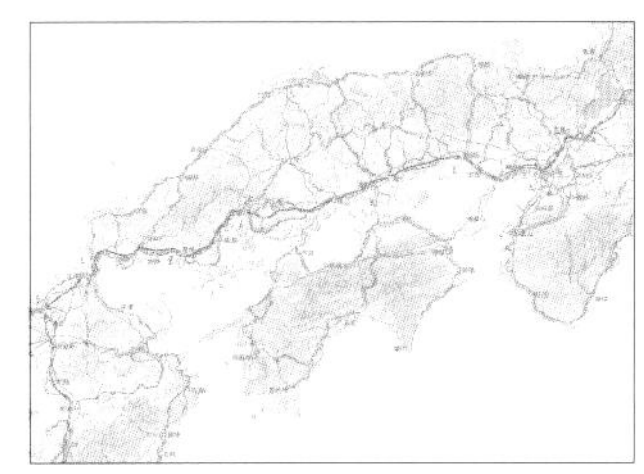

内海が中心に位置する西日本の地形

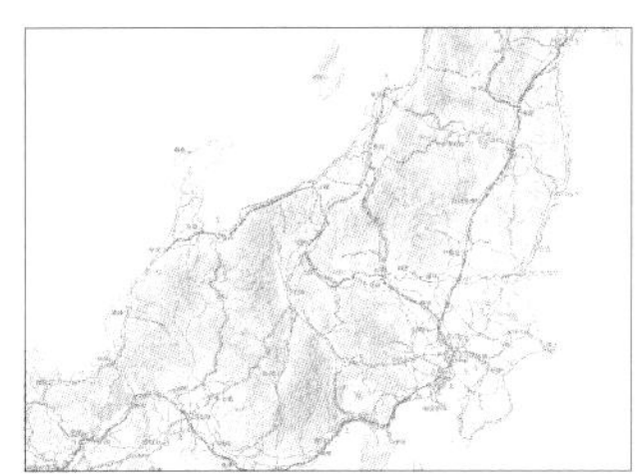

陸地が中心に位置する東日本の地形

また、河川の特徴をみてみると、西日本は短い河川が多く、東日本は長い河川が多くなっています。実際、日本における河川の長さランキングにおいても、トップ10はすべて琵琶湖以東の東日本の河川であり、四万十川、江の川、吉野川が11位以降に挙がってくるものの、その他はほとんど東日本の河川で占められています。近世期以降、陸路が発達した東日本では、沿岸部よりも内陸部の河川沿いに近世城郭が築かれるケースが多く、長い河川をいかした城郭と城下町づくりが発展したといえます。一方、海運が中心となっていた西日本では、内陸部の河川沿いより沿岸部の方が交易の場として発展する傾向にあったため、結果的に海に直接城郭が面する「近世海城」が数多く築かれ、内海をいかした城下町づくりが発達したといえるでしょう。

続いて、「近世海城」が面する臨海域をみてみると(P.52表)、すべて天然の地形によって外海から守られる湾内、もしくは内海という静かな海域に立地していることが確認できます。特に瀬戸内海に面する「近世海城」は、全24城のうち13城と半数以上を占める結果となりました。この結果から、外海に直接面するような「近世海城」は築かれなかったことになりますが、これは毎年のように日本列島にやってくる台風が影響しているといえます。モンスーン気候の日本では、夏になると南からの湿った空気が流れ込み、大雨や暴風、高潮をもたらす台風が列島を縦断します。そのため、何の障壁もない外海の沿岸部で築城したとしても、繰り返しやってくる大波には耐えられなかったと考えられます。よって、本書で抽出した「近世海城」はすべて天然の地形に守られた海域に築城されており、特に瀬戸内海は「近世海城」を築城するには適した海域であったといえます。

日本で最初につくられた「近世海城」

では、日本の歴史上最初の「近世海城」はどんな城だったのでしょうか。それは、1580年、信長が没する2年前に若狭湾で築城された「宮津城」です。近世城郭の誕生は、城郭史のみならず日本史上の大きな転換点となりますが、その転換を成す出来事は、複数年にわたって徐々に進展していきました。同様に、近世海城で最初の事例となる宮津城も突如あらわれたのではなく、宮津城築城前に実施されていた琵琶湖畔における水城建設が深く関わっていました。

明治時代初期の宮津城大手門

宮津市提供

宮津城西側に大手門と大手橋があり、大手川を渡った先には城下町が広がっていた

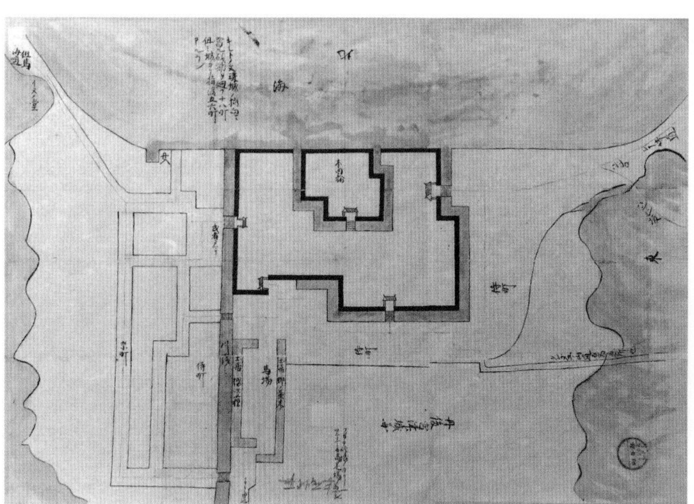

丹後宮津城図

金沢市立玉川図書館所蔵

1580年に築城された細川藤孝時代のものと考えられる城絵図

信長による城郭革命が行われていた1570年代、石垣をもつ本格的な水城としてはじめて築城されたのは、明智光秀による「坂本城」であったと考えられます。坂本城は1571年、信長の命を受けた光秀が琵琶湖畔に築城を開始しました。宣教師ルイス・フロイスによれば、坂本城は安土城につぐ天下第二の城と評されるほど立派な城でした。また、安土城に先立って大小2つの天主(※5)があったとされ、坂本城は近世城郭へと移り変わる時期につくられた革新的な城であったといえます。

※5 坂本城や安土城など、信長ゆかりの城は「天守」を「天主」と表記する

本格的な水城を築くためには、ぬかるんだ水辺に石垣を築く技術が必要となります。坂本城が築城された頃には、水底に胴木と呼ばれる太い木を敷き、その上に土台となる石(根石)を並べ、その上に石垣を積んでいく工法が開発されていました。こうした技術的な革新も伴い、平野部に巨大な水城を築く基盤がつくられていきました。坂本城の後には、長浜城(1574年)や大溝城(1578年)など、信長の時代に琵琶湖畔で数多くの近世水城が築かれました。こうした築城技術の発展を受け、信長は日本海側の水軍の拠点として、琵琶湖からも近い若狭湾に宮津城の築城を指示します。城づくりには坂本城を築城した光秀も関わり、1580年、細川藤考によって、日本初となる「近世海城」の築城がはじまりました(前頁図)。

その後、藤考は1581年頃(※6)から宮津城と同じ若狭湾に面する田辺に築城を開始します。本能寺の変以降、藤考は子の細川忠興に宮津城を譲り、田辺城を居城としますが、1600年関ヶ原の戦いで宮津城は忠興の留守中を攻められ、藤考は両方の城を守るのは不可能と考え、宮津城を焼き払い、田辺城に籠城して戦火をくぐり抜けました。関ケ原以後、細川家は豊前国中津に栄転となり、丹後国は京極高和(後の丸亀藩主)が任され、高和は再び宮津城を復興し、近世城郭として大規模に改修しました。なお、田辺城は1615年の一国一城令によって破却されるも、丹後国の支藩として城下町は保たれ、そのまま明治を迎えます。

※6 田辺城の築城開始年については明確な史料がなく、1581年、1582年、1588年などさまざまな説がある

このように、宮津城と田辺城の築城は、琵琶湖畔での水城建設の経験を経た結果であり、信長政権下における細川家の戦略がその政治的背景にあったといえます。若狭湾で試みられた2つの築城は、「近世海城」の萌芽期を担ったといえます。

宮津城と高松城にみる「近世海城」の誕生

宮津城が築城開始された1580年からわずか2年で信長政権が終わり、その権力は秀吉に引き継がれます。そして、秀吉は天下を安定させるため、城づくりを全国各地に普及させました(P.28参照)。高松城は、まさにこうした政治的背景を受けて築城された近世城郭です。宮津城と高松城では、築城年は8年ほどしか変わりませんが、その背景と

高松城の石垣
生駒時代初期に築かれたと考えられる、海に直接面していた二の丸周囲の石垣。自然石の野面積みで、奥にある武櫓台は地上部で高さ約6メートルある

なる社会情勢は大きく変化しました。また、そうした社会情勢のみならず、自然条件や技術的観点からも、その違いを明確にすることができます。

まず、宮津城が築かれた日本海の若狭湾と高松城が築かれた瀬戸内海では、海の干満差が大きく異なります。宮津湾は干満差の小さい日本海側で、若狭湾の中でも湾奥にあり、潮の干満差は年間平均で50センチ程度(平均満潮位185.7センチー干潮位137.0センチ)となります。一方で、高松は干満差の大きい瀬戸内海に面しており、年間平均で240センチ程度(平均満潮位319.3センチー干潮位80.1センチ)の干満差があります。このように、宮津と高松では海の潮汐環境が大きく異なり、宮津湾では潮の干満差をそこまで考慮せず、海に面した城郭を築城できたと考えられます。また、潮の干満差が小さいということは、宮津湾は内陸の湖とほぼ同じような自然条件で築城できたと考えられ、宮津城築城前に盛んに試みられた琵琶湖畔での水城建設の延長線上に宮津城を位置づけることができます。このことは、田辺城においても同様です。

一方、高松は日本のなかでも干満差の大きい瀬戸内海に面していることから、琵琶湖畔につくられた水城とは築城技術の観点からも大きく異なったと考えられます。その技術的な突破口のひとつとして、高石垣をつくる技術の普及があったと考えられます。本能寺の変以後、日本各地の石垣構築技術が秀吉によって集められ、1580年代後半には高さ5メートルを超える高石垣が各地で築かれるようになりました。こうした高石垣をつくる工法が普及したことで、潮位差の大きい瀬戸内海沿岸であっても、潮の干満に大きな影響を受けない「近世海城」が築城可能になったと考えられます。そして、高松城では縄張を工夫し、外堀を大きく海に開くことで、むしろ潮の干満を利用した海城づくりが行われました。

このように、宮津城と高松城は同じ「近世海城」であっても、その時代背景や築城技術は大きく異なっていました。なお、海城史上、高松城と同年の築城となる中津城も、秀吉政権下で近世海城が普及していく最初期の城郭として挙げられ、秀吉にとって高松と中津は瀬戸内海を治める拠点として特別な立地にあったといえます。宮津城と田辺城は海に面した近世城郭の先陣を切った事例といえますが、その後、日本中に築城されていく本格的な「近世海城」のはじまりを担ったのは、築城年代や技術の点から高松城と中津城であったといえるでしょう。

「近世海城」で最も高い天守をもつ高松城

続いて、第1章トピック1でも紹介した天守の高さをみてみましょう。まず高松城の天守は1884(明治17)年に破却され、現在は天守台を残すのみとなっています(P.22参照)。仮に復元されたとすれば、現存・復元・復興天守のなかでは全国でもトップ10に入る高さとなります。これを近世海城のなかでみていくと、小倉城天守の高さが28.7メートルで最も高い天守となり、高松城は26.6メートルで二番手となります。しかし、現在の小倉城天守は戦後に建造された復興天守(※7)であり(右写真)、最新の調査結果によれば、江戸時代の小倉城天守は高さ22.8メートルであったとされています(※8)。

小倉城は、関ケ原の戦いで活躍した宮津城城主の細川忠興が新たな領主となり、1602年から7年かけて築城したとされています。その後、小倉城天守は1837年の火災によって焼失し、以後天守がない状態で明治維新を迎えます。そして、先述したように1959(昭和34)年、鉄筋コンクリート構造による天守が復興されますが、江戸時代にはなかった破風が追加されるなど、地元の観光振興を期待する声を受けた復興天守となりました。こうした過程で、天守の高さについても史実と異なる復興がなされたのかもしれません。現在の小倉城天守は、戦後の経済成長をひた走る時代に再建された、江戸とは異なるもうひとつの歴史を体現する天守として見直すこともできるでしょう。

さて、あらためて近世海城の天守に着目すれば、24ある近世海城のうちほぼ半数近くの城が、当初から天守が建てられなかった城、もしくは天守の存在自体が不明な城となります。現在収集できる情報の中でいえば、鯱(しゃちほこ)を除く建物高さが20メートルを超える天守は、高松城(26.6メートル)、小倉城(22.8メートル)、萩城(20.7メートル)、米子城(20.3メートル)の4城となります。今後、発掘調査が進むなかで、天守に関する新たな史実が更新される可能性はありますが、近世海城のなかでは、最大の高さを誇る天守が高松城にあったといえます。

※7 復興天守とは、天守の規模や位置はかつての天守とほぼ同じであるが、意匠などに推定部分があり、外観が正確に復元されていない天守をいう。なお、模擬天守は天守があったかどうか不明の城や再建された天守が築城年代の様式とは異なる形式で再建された城を指す。近世海城では、今治城や中津城が模擬天守に分類されている

※8 北九州市立自然史・歴史博物館編(2020)『小倉城と城下町』海鳥社

小倉城復興天守
戦後1959年に鉄筋コンクリート造で復興された小倉城の天守

景観的特徴からみる「近世海城」

さて、近世期における「海城町」として浮かび上がってきた24地区の城郭と城下町は、都市の景観としてどのような特徴をもっているのでしょうか。具体的には「海」と「城」と「町」の配置関係に着目して、景観的な特徴からその構図を分類していきたいと思います。

城絵図史料としては、主に「浅野文庫蔵諸国当城之図」を使用し(※9)、収集した城絵図を横並びで比較するために、次頁以降に整理しました(なお、便宜上、P.64で紹介する「出島型」「並置型」「同心円型」の類型に分けて整理しています)。表には地区毎に城名、構造(P.30参照)、築城年、類型、臨海域、石高を記載しています。なお、石高については城主が移封するたびに石高の増減があることから、江戸時代末時点での表高(P.24参照)を記載しています。また、掲載している城絵図の方位については地区毎に異なっています。

※9 次頁以降、用いた図版は以下のとおり。
・広島市立中央図書館浅野文庫所蔵「諸国当城之図」のうち「志摩 鳥羽」「播磨 赤穂」「石見 浜田」「長門 萩」「豊後 木付」「豊後 臼杵」「肥前 唐津」「肥前 平戸」「丹後 宮津」「丹後 田辺」「若狭 小浜」「摂津 尼崎」「伯耆 米子」「伊予 今治」「豊後 日出」「伊勢 桑名」「備後 三原」「讃岐 高松」「豊前 小倉「豊後 府内」
・広島市立中央図書館浅野文庫所蔵「諸国古城之図」のうち「長門 豊浦」(櫛崎)
・国立国会図書館デジタルコレクション所蔵「日本古城絵図」のうち「大村城図」(玖島)、「豊前国中津之城図」
・伊予史談会所蔵「宇和島御城下屋敷割絵図」

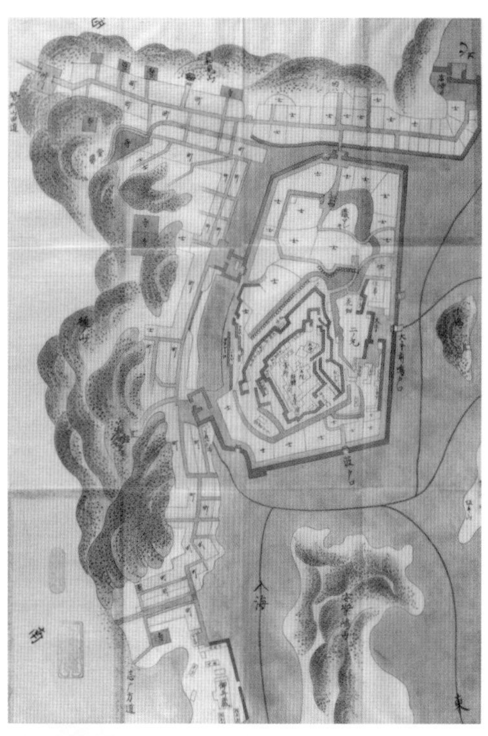

鳥羽城　構造:平山城　築城:1594年　類型:出島型
臨海域:太平洋(伊勢湾)　石高:3万石

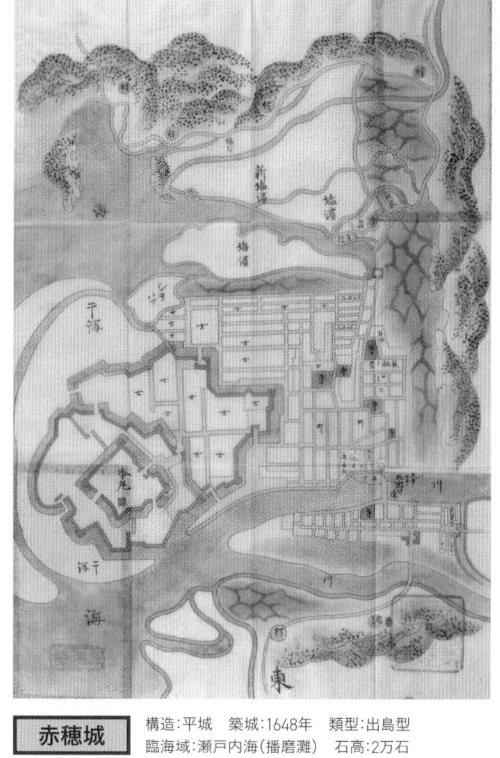

赤穂城　構造:平城　築城:1648年　類型:出島型
臨海域:瀬戸内海(播磨灘)　石高:2万石

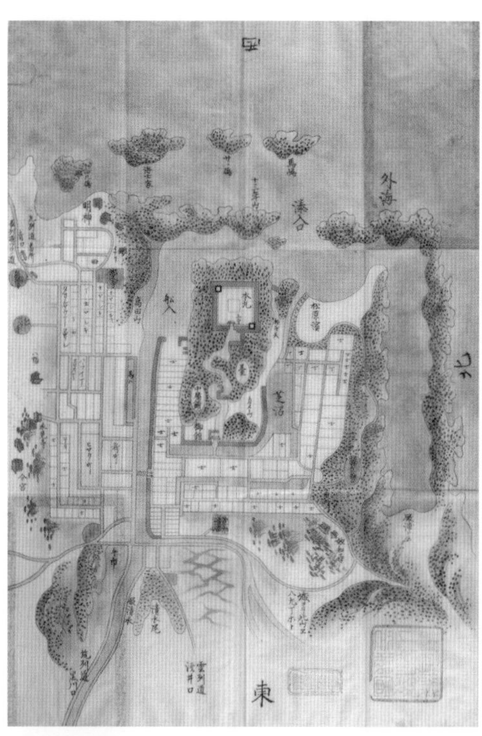

浜田城　構造:平山城　築城:1620年　類型:出島型
臨海域:日本海(松原湾)　石高:6万1千石

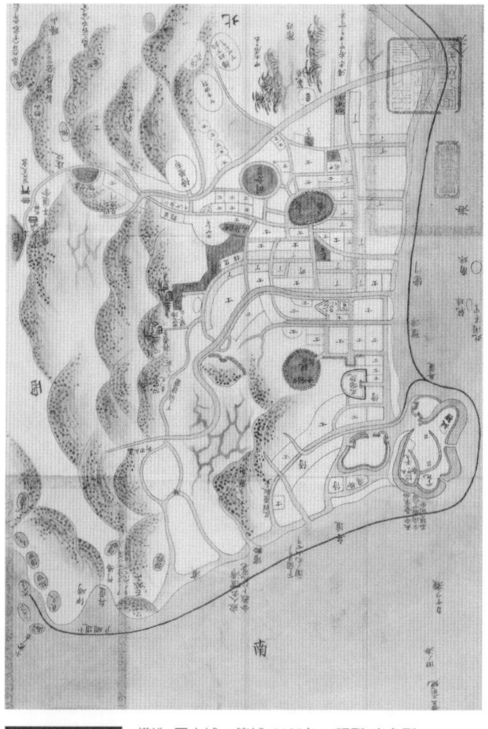

櫛崎城　構造:平山城　築城:1602年　類型:出島型
臨海域:瀬戸内海(関門海峡)　石高:5万石

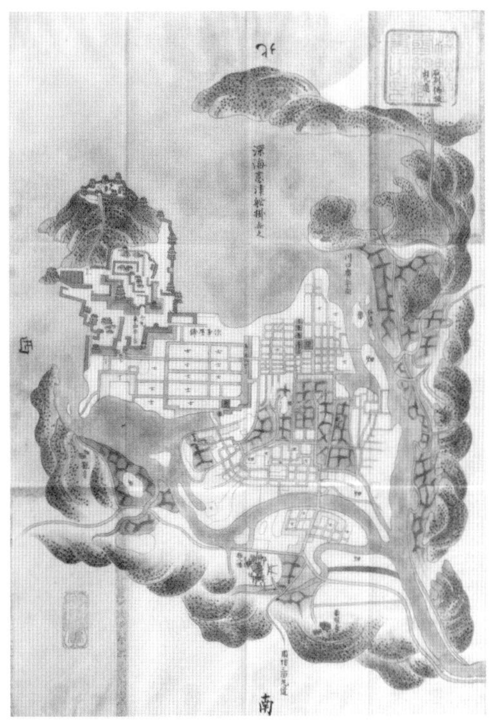

萩城 構造:平山城　築城:1604年　類型:出島型
臨海域:日本海(萩湾)　石高:36万9千石

杵築城 構造:平山城　築城:1597年　類型:出島型
臨海域:瀬戸内海(別府湾)　石高:3万2千石

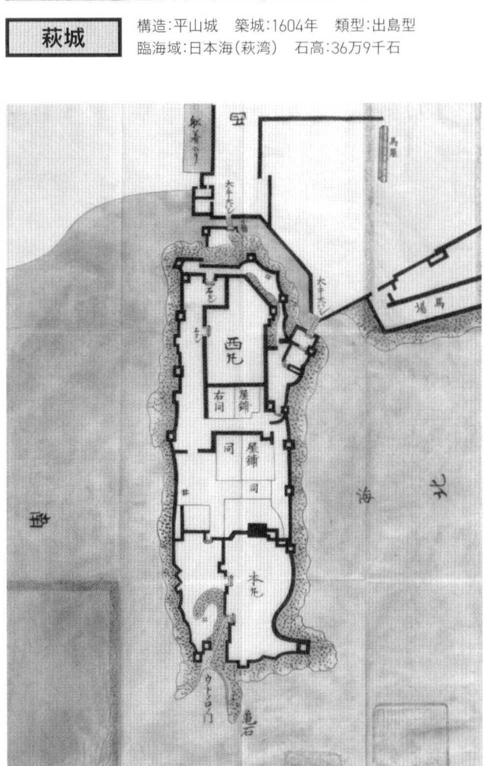

臼杵城 構造:平山城　築城:1597年　類型:出島型
臨海域:瀬戸内海(臼杵湾)　石高:5万石

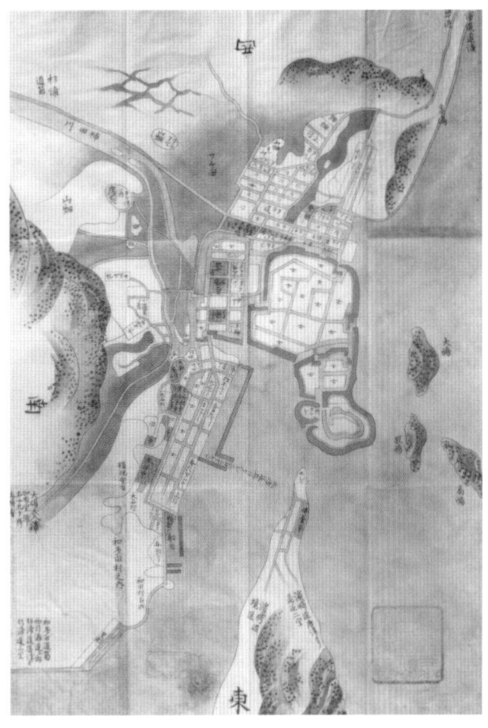

唐津城 構造:平山城　築城:1602年　類型:出島型
臨海域:日本海(唐津湾)　石高:6万石

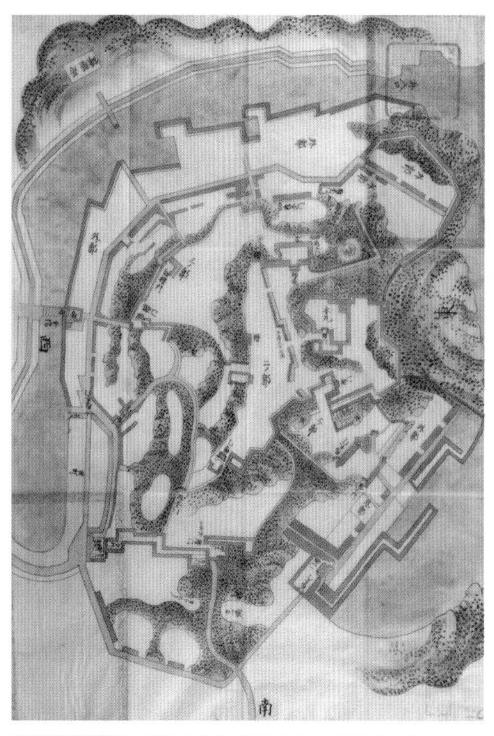

平戸城　構造:平山城　築城:1599年　類型:出島型
臨海域:日本海(平戸瀬戸)　石高:6万3千石

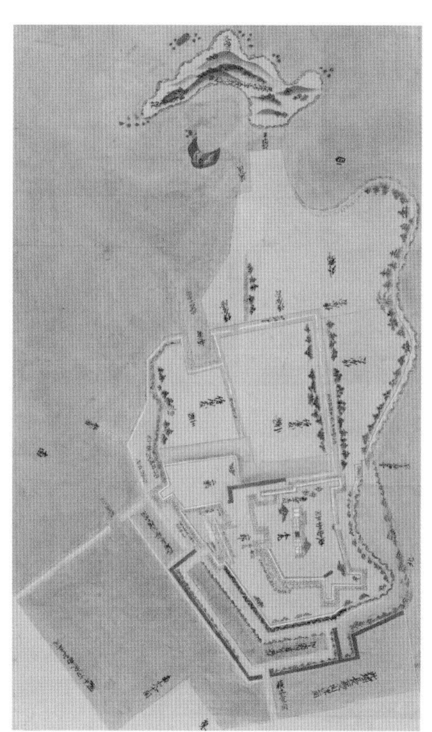

玖島城　構造:平山城　築城:1598年　類型:出島型
臨海域:日本海(大村湾)　石高:2万8千石

宮津城　構造:平城　築城:1580年　類型:並置型
臨海域:日本海(若狭湾)　石高:7万石

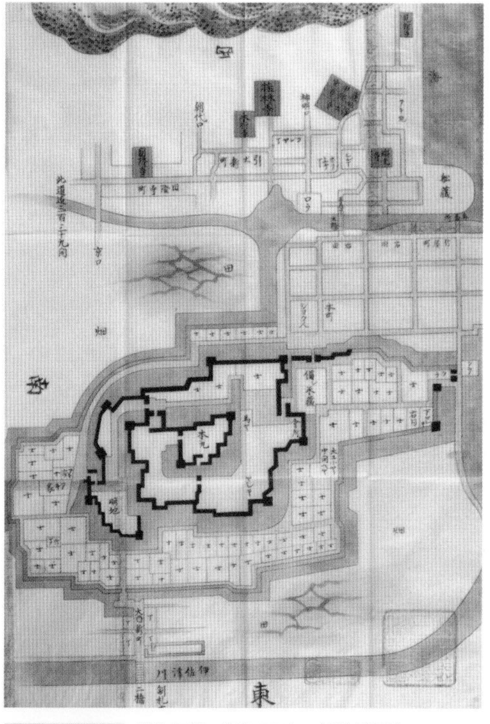

田辺城　構造:平城　築城:1581年　類型:並置型
臨海域:日本海(若狭湾)　石高:3万5千石

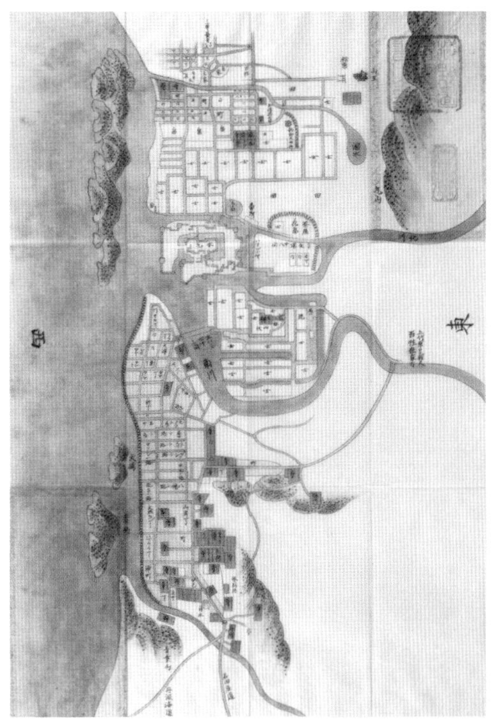

小浜城　構造:平山城　築城:1601年　類型:並置型
臨海域:日本海(松原湾)　石高:10万石

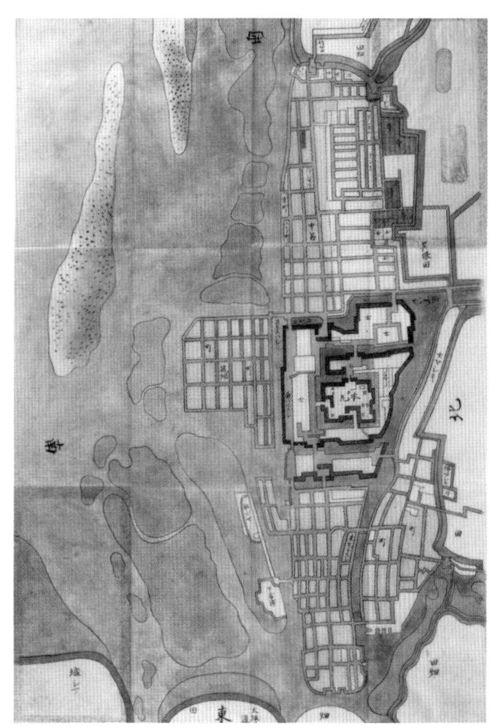

尼崎城　構造:平城　築城:1617年　類型:並置型
臨海域:瀬戸内海(大阪湾)　石高:4万石

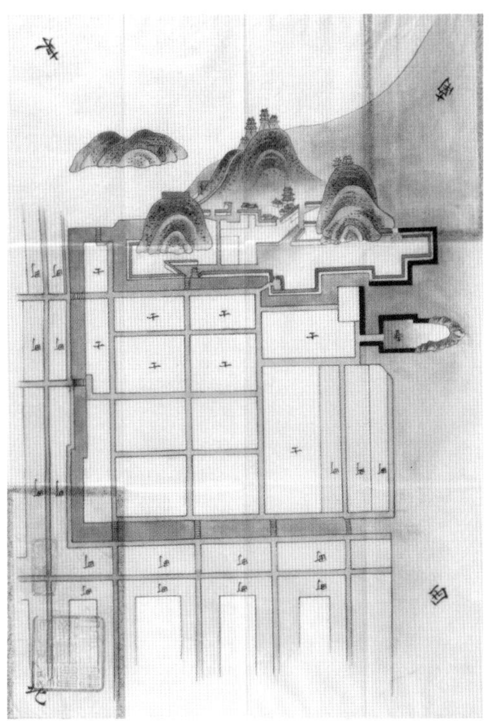

米子城　構造:平山城　築城:1600年　類型:並置型
臨海域:日本海(中海)　石高:――

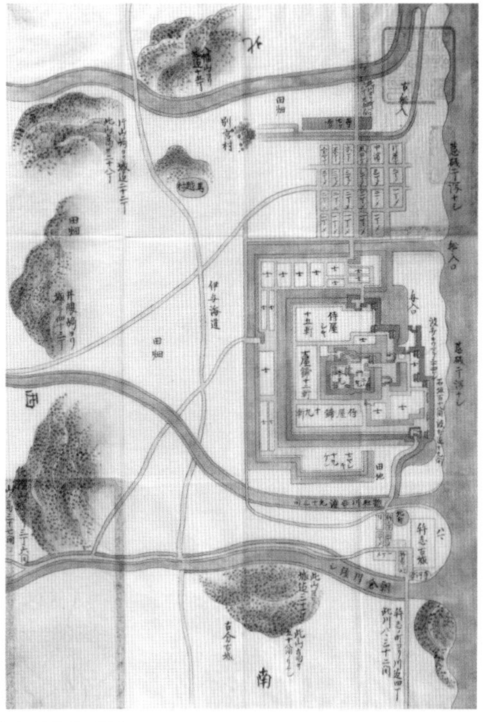

今治城　構造:平城　築城:1602年　類型:並置型
臨海域:瀬戸内海(燧灘)　石高:3万5千石

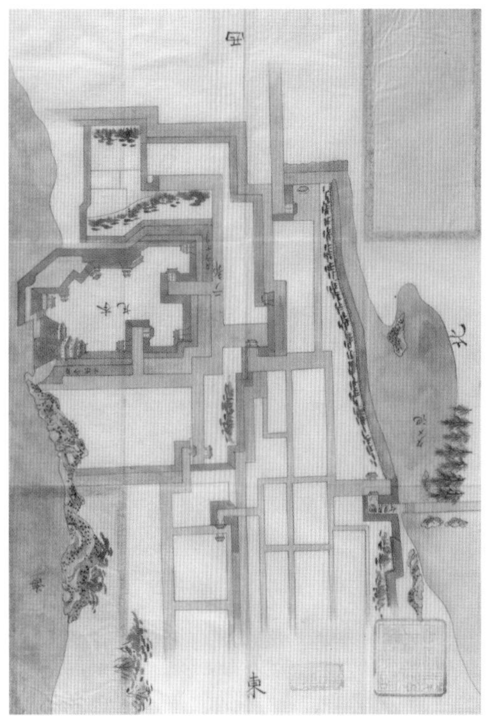

日出城　構造:平山城　築城:1601年　類型:並置型
臨海域:瀬戸内海(別府湾)　石高:2万5千石

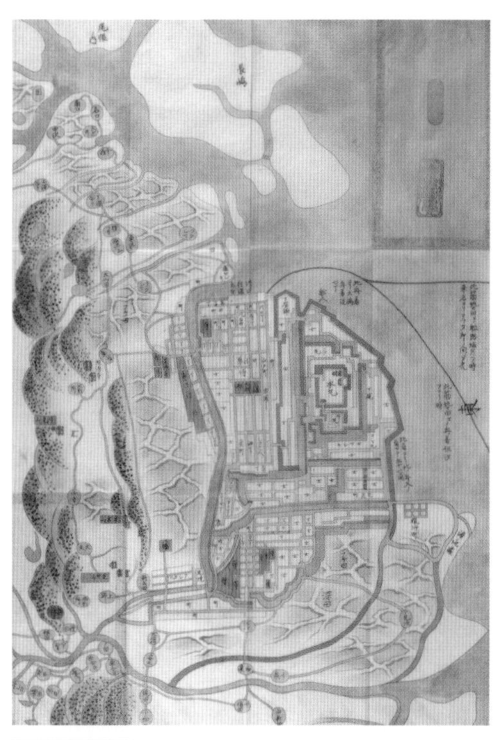

桑名城　構造:平城　築城:1601年　類型:同心円型
臨海域:太平洋(伊勢湾)　石高:11万石

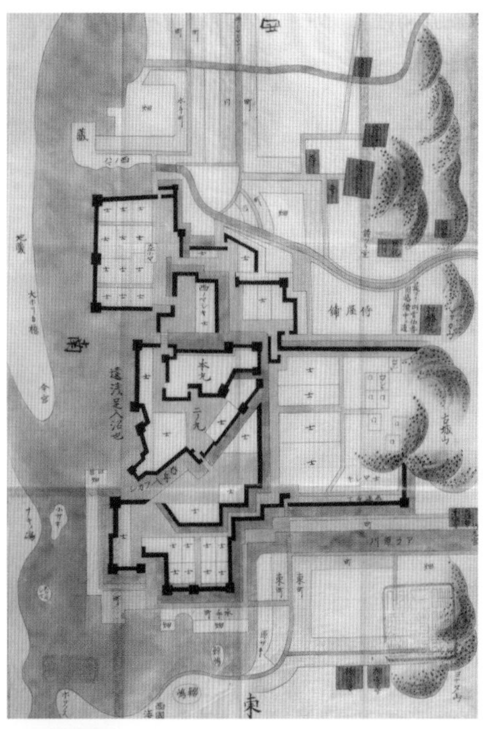

三原城　構造:平城　築城:1595年　類型:同心円型
臨海域:瀬戸内海(三原湾)　石高:3万石

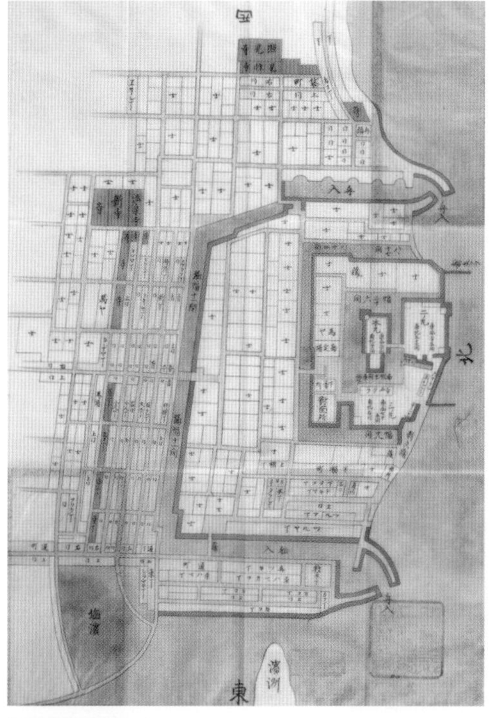

高松城　構造:平城　築城:1588年　類型:同心円型
臨海域:瀬戸内海(備讃瀬戸)　石高:12万石

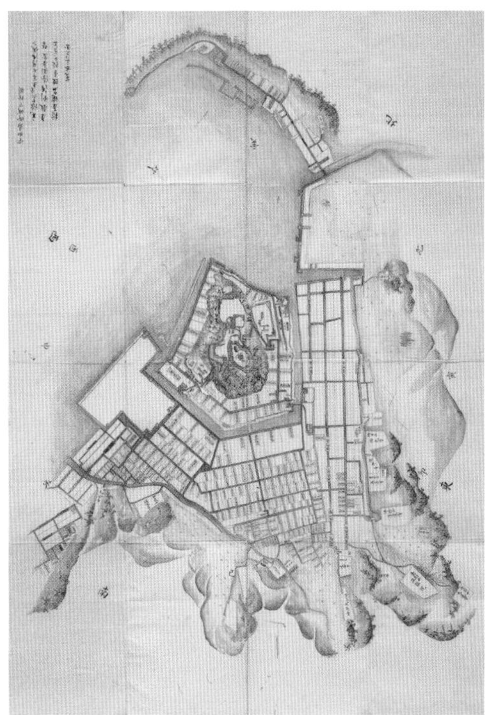

宇和島城　構造:平山城　築城:1596年　類型:同心円型
臨海域:瀬戸内海(宇和海)　石高:10万石

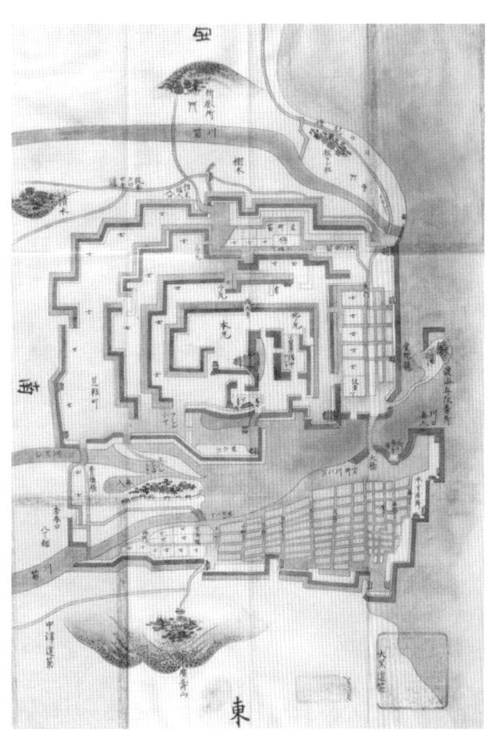

小倉城　構造:平城　築城:1602年　類型:同心円型
臨海域:瀬戸内海(関門海峡)　石高:15万石

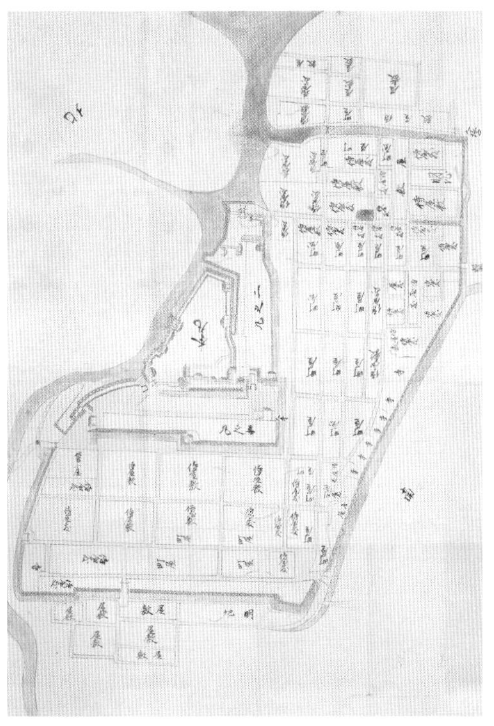

中津城　構造:平城　築城:1588年　類型:同心円型
臨海域:瀬戸内海(周防灘)　石高:10万石

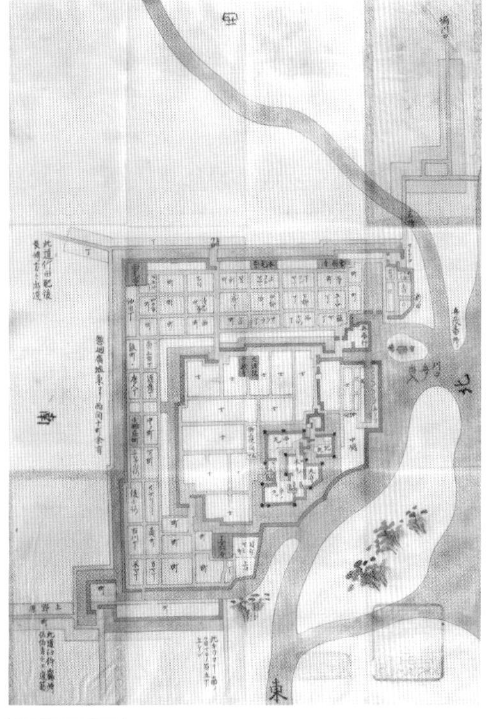

府内城　構造:平城　築城:1597年　類型:同心円型
臨海域:瀬戸内海(別府湾)　石高:2万2千石

構図類型「出島型」「並置型」「同心円型」

城郭とその周囲に形成される城下町、および周辺地形の配置構図を比較・分析した結果、その構図的特徴から「出島型」「並置型」「同心円型」という3つの類型に大きく分類することができました。それぞれ該当する海城町とともに、その配置特徴を分析してまとめました。

24地区の城絵図を比較した結果、まず、海岸線に対して城郭部分が出島のように内陸部と乖離もしくは突出している地区が共通してみつかりました。本書ではこうした構図を「出島型」と名付け、該当する海城町をピックアップした結果、24地区のうち10地区（鳥羽、赤穂、浜田、櫛崎、萩、杵築、臼杵、唐津、平戸、玖島）が該当しました。特色としては、海岸沿いにある小島や丘を利用して築城されたケースが多く、10地区のうち9地区が「平山城」でした。なお、赤穂城が唯一平城で出島型に分類されており、河口部の突出した砂州上に城郭が築かれる独特な構図となっています。

▶ 海ー城ー町の配置に着目した構図類型

出島型

該当する海城町：10地区
鳥羽、赤穂、浜田、櫛崎、萩、杵築、臼杵、唐津、平戸、玖島

配置特徴：海岸線から海側に飛び出る地形に城郭が築城され、陸地側に城下町が形成されるような配置構図。
城郭部分は岬や丘など、海側に飛び出た地形をいかして築城されたケースが多い。10地区のうち、赤穂以外、9地区の城郭が平山城の形式をとっており、海岸近くにある小島や丘を利用して築城されたと考えられる。

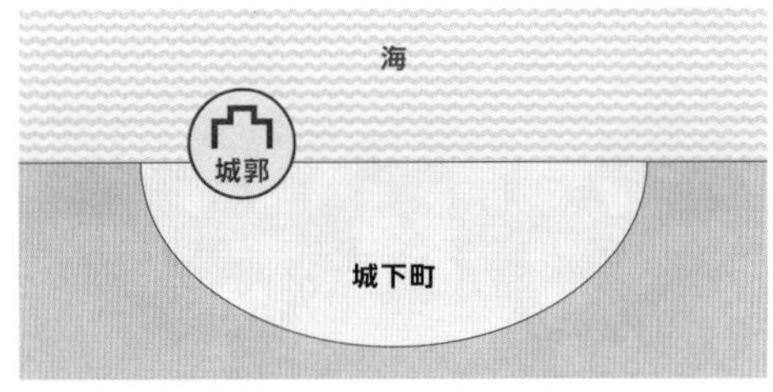

並置型

該当する海城町：7地区
宮津、田辺、小浜、尼崎、米子、今治、日出

配置特徴：城郭は海岸線から飛び出ない地形の陸地側で築城され、城郭と城下町が並置されるような配置構図。
城郭の配置が城下町に対してどちらかに偏り、城郭背後には山や川などの自然防護となるケースが多い。7地区のうち、米子と日出は平山城であり、その他5地区は平城の形式をとっている。

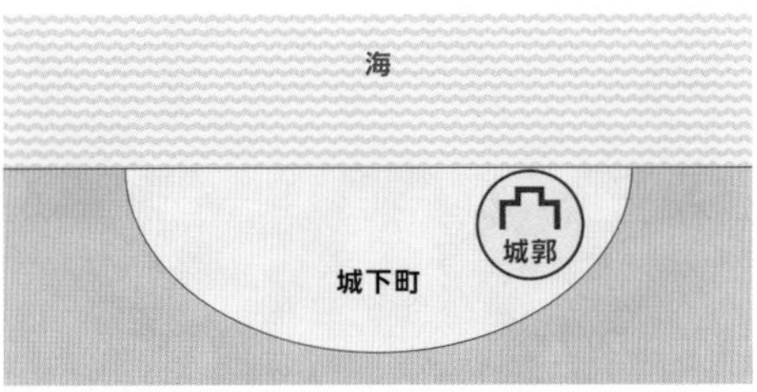

同心円型

該当する海城町：7地区
桑名、三原、高松、宇和島、小倉、中津、府内

配置特徴：城郭は海岸線から飛び出ない地形の陸地側で築城され、城郭を中心に同心円状に城下町が形成される配置構図。
比較的広い平野のある地形がいかされるケースが多い。7地区のうち、宇和島は平山城であり、その他6地区が平城の形式をとっている。多くは海から直接城郭に入れる構造となっている。

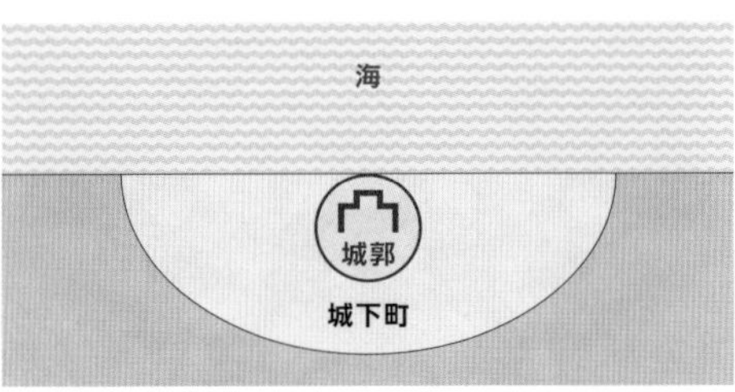

続いて残りの14地区ですが、これらの景観的特徴から城郭と城下町の配置関係に大きく2つの類型を見いだすことができました。まず1つ目が、城郭と城下町が横並びに並置される構図であり、本書ではこうした構図を「並置型（へいち）」と呼びます。該当する海城町を抽出した結果、14地区のうち7地区（宮津、田辺、小浜、尼崎、米子、今治、日出）が該当しました。並置型の場合は城郭が城下町の中心に配置されず、どちらかに偏っています。城郭防御の観点と地形的制約から並置型の構造をとると考えられ、河川や山が背後となる築城場所を選地したといえます。この7地区のうち、米子城と日出城を除く5地区が「平城」であり、それぞれ所与の地形条件をいかして城郭および城下町の建設がなされたといえます。

最後に、3つ目の類型として城郭を中心に城下町が周縁に配置される構図で、本書ではこうした構図を「同心円型」と呼びます。該当する海城町として7地区（桑名、三原、高松、宇和島、小倉、中津、府内）が当てはまりました。宇和島城を除いて6地区が「平城」であり、地形条件としては大小河川が形成した堆積平野を築城場所として選地しています。また、桑名城を除く6地区が瀬戸内海沿岸に築城されており、瀬戸内海の静穏な海象条件が同心円型の構図を可能にしたと考えられます。

「同心円型」の景観比較

それでは、ここであらためて高松と同様の構図類型である「同心円型」に分類された海城町をくわしくみていきましょう。同心円型に分類された海城町は、桑名、三原、高松、宇和島、小倉、中津、府内の7地区です。どの海城も、名城として名高い城郭ばかりです。これら7地区の海城町に関して、海と城と町の配置構造からより詳細に比較分析していきます（P.62、63参照）。

まず、7地区のうち桑名、中津、府内の3地区については、水域に面する城郭部分を一辺とする直角三角形の形状で城郭の掘割がつくられており、縄張の設計に共通性が確認できます。これら3地区はすべて大きな河川の河口部に立地しており、川や潮の流れを利用したL字の堀が特徴です。

続いて、高松と三原の2地区は、海に面する城郭部分を一辺とする矩形（くけい）（すべての角が直角の四角形）の形状で縄張が設計されています。高松も三原も城郭の堀が直接海に対して広く開かれている点に特徴があり、港としての機能を重視した構造であることが城絵図から読みとれます。

残りの小倉、宇和島については、今回比較した海城の中ではそれぞれに独自性が強く、小倉は河川を城内に大胆に流入させた総構（P.50参照）の縄張で、宇和島は中世城郭が築かれていた城山を近世城郭として修築し、麓の平野部は城郭を中心として五角形の縄張となっています。これら2地区の城は、同心円型に分類されながらもそれぞれに独自性の高い構図となっているため、共通項を見いだすのは困難です。

　このように、7地区それぞれに個性ある「海ー城ー町」の配置構図をもっています。では、あらためて海城町・高松の独自性としてはどのような点が挙げられるでしょうか。ここでは高松と近しい構造をもつ三原との比較を通じて、その特徴をみていきたいと思います。

海に対して開かれた高松城と三原城

　前述の通り、高松も三原も海に対して広く開かれた海城である点に最大の特徴があります。縄張り全体に港としての機能をもたせている点に共通点を見いだせますが、相違点もあります。

　三原城は中世の時代、毛利家に仕える小早川隆景(たかかげ)が1567年に三原要害(※10)と呼ばれる水軍の拠点を築いたのがそのはじまりとされています。先述した織豊時代よりも前の時代になることから、城と城下町を一緒につくる形式ではなく、戦に特化した水軍のための城であったと考えられ、三原要害は「中世海城」であったといえます。その後、隆景によって改修が重ねられ、徐々に近世城郭としての体裁を整えていき、1595年から高石垣をもつ天守台などが築かれ、「近世海城」と呼ぶにふさわしい景観を保つようになったと考えられます。正保年間（1644〜48年）に描かれたとされる三原城下図には、隅櫓(すみやぐら)が32、城門が14描かれるなど、極めて大きな城郭規模を誇っていました（下図）。しかし、1615年の一国一城令により三原城に廃城の危機が訪れるも、

※10 地形が険しく守りに有利な場所で、戦略上重要な場所に築かれた要塞

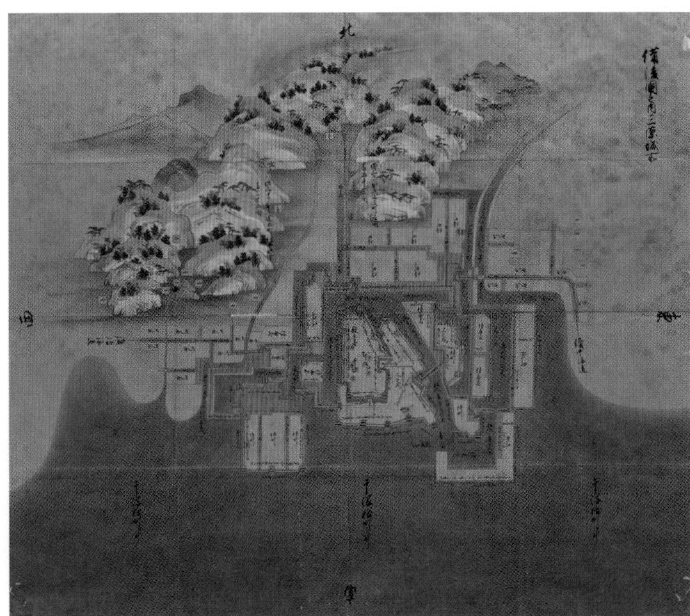

江戸初期の三原城下図

正保城絵図「備後国之内三原城所絵図」

三原城は17世紀中頃、毛利水軍の拠点として整備され、その名を三原要害と呼ばれる。その後、小早川隆景によって近世城郭として改修・整備が行われた。中世海城としてのはじまりから、背後に山が迫り、城下町が発展するための平地が少なかった

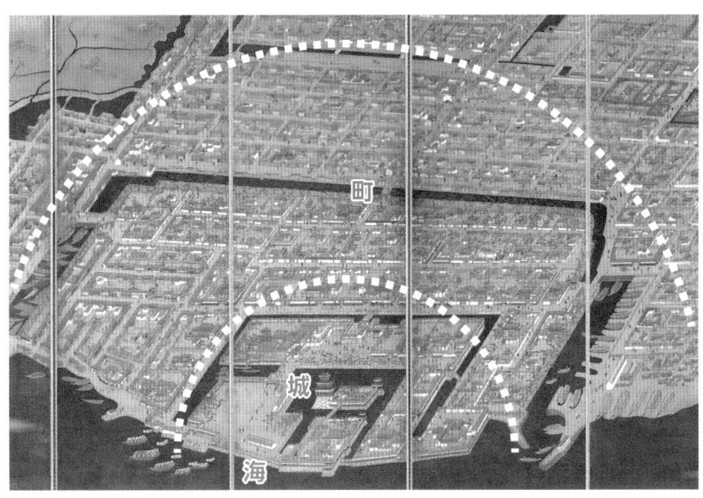

海城町・高松のオリジナリティとなる「海ー城ー町」の景観

高松城下図屛風（高松松平家歴史資料 香川県立ミュージアム所蔵）に加筆

「海」に対して「城」が正面を向き、「海」ー「城」ー「町」が直線的に配置される均整のとれた景観的特徴をもつ。城のまわりに大規模な城下町が発達し、海に対して広く開かれたダイナミックな景観は他の海城町にはない高松のオリジナリティといえる

三原浅野家が3万石で三原城に入り、以降、広島藩の支城としてその命脈が保たれます。

このように、三原城はもともと水軍の要害として選地された地形的要因と、支城に留まらざるを得ない政治的要因から、他の海城町と比べても城下町を拡張することはできませんでした。一方で、高松は地形的にも政治的にも城下町の発展を阻害する要因はなく、「海ー城ー町」というダイナミックな城下町景観を形成することになりました。

全国の海城町との比較から

以上、日本の海城町24地区を対象として都市構造からみる景観的特徴を分析し、全国の海城町との比較を通じて、海城町・高松の構図的特徴やその独自性について考察を進めてきました。まず、高松の景観的特徴として、上の図で示す通り、「海」に対して「城」が正面を向き、「海ー城ー町」が直線的に配置される均整のとれた構図的特徴をもっています。こうした構図は「同心円型」となる他の海城町にも近い特徴はありますが、高松は「海に対して広く開かれた海城」であり、かつ「大規模な城下町として発展している」点にその独自性を見いだせます。つまり、全国の海城町との比較から、「海ー城ー町」という象徴的な軸をもった都市景観は、高松でしか見いだせなかった特徴といえます。

では、どうして日本で唯一といえる海城町の景観が、高松で生み出されたのでしょうか。その答えのひとつは、第1章トピック2で説明した「白砂海中に入ること一筋の矢篦のごとし」と評された、高松城が築かれた特殊な舌状地形（P.44参照）にあるといえます。海に突き出すような矢原地区の地形をいかして、その先端に城郭を築き、その背後にまちがつくられていきました。結果的に「海ー城ー町」という象徴的な軸が形成され、他の海城町にはない景観的特徴を有することになりました。つまり、城下町がつくられた高松の原地形に、海城町としての景観的な独自性を生み出す要因が潜在していたといえるでしょう。

あらためて、他の海城町がつくられた原地形と比較しても、矢のように突き出す高松同様の地形をみつけることはできませんでした。近しい地形として、「出島型」に分類されたなかで唯一「平城」であった赤穂(P.58参照)が挙げられますが、千種川右岸の砂州上に城が築城され、城郭近くには川が大きく貫入しているため、高松とは異なる景観構造であったといえます。結果的に、高松では冒頭の屏風絵(P.20)にみられるような、海に対して極めて親和性の高い象徴的な海城町の景観が形成されました。

第1章最後となる本トピックでは、日本における「海城町」を抽出し、全国的な比較から高松の独自性や特徴を把握していきました。まず、本書で対象とする織豊期以降の海城を「近世海城」と表現し、近世海城の城郭と城下町を合わせて、本書で捉えようとしている「海城町」と定義しました。そのうえで、日本全国にあった近世海城を特定し、結果的に日本全国で24地区の近世海城が有する「海城町」が抽出されました。なお、これらの近世海城はすべて西日本の湾内に立地していることも同時に確認できました。また、抽出された24地区の近世海城で、最初の事例となったのは宮津城でしたが、その後、豊臣政権化で日本全国に近世海城が築城される嚆矢となったのが高松城と中津城でした。高松城は、近世海城のなかで最も高い天守をもち、近世海城の最初期に築城された、海城史上、重要かつ特別な城であることが把握できました。

続いて、抽出された24地区の海城町を対象として、「海—城—町」がどのような配置となっているか調べたところ、「出島型」「並置型」「同心円型」の大きく3つの類型に分けることができました。高松は城を中心として同心円状に城下町が広がる「同心円型」に分類され、こうした構図をとる海城町は全国に7地区存在することがわかりました。なかでも、高松は海に正対する城郭を中心として、城と城下町全体が海に対して開かれた構造をとっており、「海—城—町」という直線的な軸で構成される構図は、全国の海城町のなかでも唯一であることが確認できました。

江戸初期に海からの視点で描かれた「高松城下図屏風」(P.20)は、まさにそうした独自性のある景観的特徴を余すことなく現代に伝えており、他の海城町ではみることができない、高松独自の城下町風景が描かれた屏風絵であったといえます。

Column 2 近世海城こぼれ話

本書で選定した24の「近世海城」を特定していくうえで、海城町の境界域となる城下町がいくつか存在しました。本文でも述べているとおり、「海城」に明確な定義がないことから、「海城」の定義付けによってその対象範囲は変わります。

本書では、城郭部分（主郭群）が直接「海」に面している城を「海城」としました。よって、海と城郭の間に城下町などが立地している場合には「海城」としてピックアップしませんでした。例えば、代表的なところでいうと、小田原城、津城、和歌山城、岸和田城、明石城、広島城、徳島城、丸亀城、福岡城、鹿児島城などがそれにあたり、厳密にいえば江戸城や大阪城も海と城郭の間に城下町が立地しているケースとなります。その他、福山城のように運河等で海から直接城内に出入りできる城もありますが、城郭が直接「海」に面していないことから対象外としました。本書は、海城としての「機能」ではなく「景観」を重視する立場から「海城」を定義しています。

また、本書でいう「近世海城」は、基本的に一国一城令以後も「城」とともに独立した「藩」が継続している「城下町」があることをもうひとつの条件としました。香川県内でいえば、中世から続く引田城は近世城郭として一部改修されるも、一国一城令により廃城となり、独立した「藩」として立藩されなかったことから、本書でいう「近世海城」の対象外としました。その他、同様のケースとして、名島城、越後福島城、紀州田辺城などが挙げられます。福江城は城郭が海に面していた海城ですが、幕末期の1863年に築城され、1868年には明治維新を迎え、その後築城からわずか9年で廃城となります。福江城自体は「海城」ですが、近世期を通じて発展した城下町とはいえないため、本書の対象からは外すことにしました。

その他、例外的な事例として、遠江国の横須賀城が挙げられます。横須賀城は徳川家康が大須賀康高に命じて築城したのがはじまりであり、1578年に戦のための中世城郭として築城されました。その後、1600年に近世城郭として修築され、城下町として発展してきました。築城当時は城郭に面して入江が深く入り込んでおり、入江内には横須賀湊が形成され、海上交通の要衝となっていました。しかし、1707年の宝永地震による地盤隆起によって入江は陸地化し、直接海に面していた横須賀城はその様相を一変することになります。当初は「海城」であったとしても、江戸初期の段階で地震による大規模な地形変化を余儀なくされた珍しいケースといえますが、本書の対象からは外しました。

以上、「近世海城こぼれ話」として、境界域にある各地の城をご紹介しました。

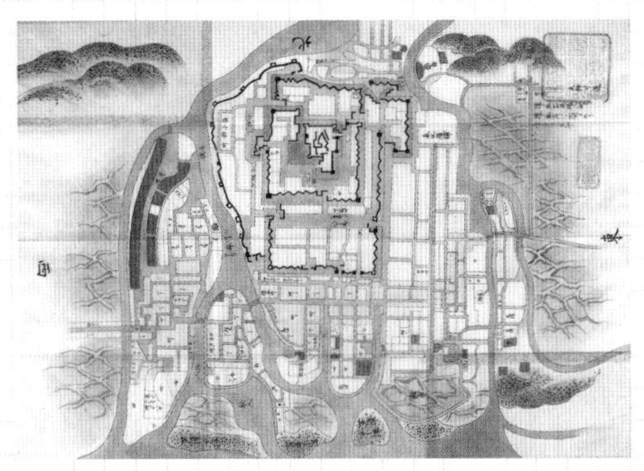

安芸国広島城 広島市立中央図書館浅野文庫所蔵
広島城下町は太田川三角州に建設され、城郭は海と直接面さず、海と城郭の間に武家地や町人地等の城下町が形成されている

遠江国横須賀城 広島市立中央図書館浅野文庫所蔵
1578年遠州灘につながる入江の辺に築城されたものの、1707年の宝永地震によって地盤が隆起し、入江は陸地化した

第2章
海城町の近代化

第2章 ｜ トピック1

明治以降 海城は高松をどう発展させたのか

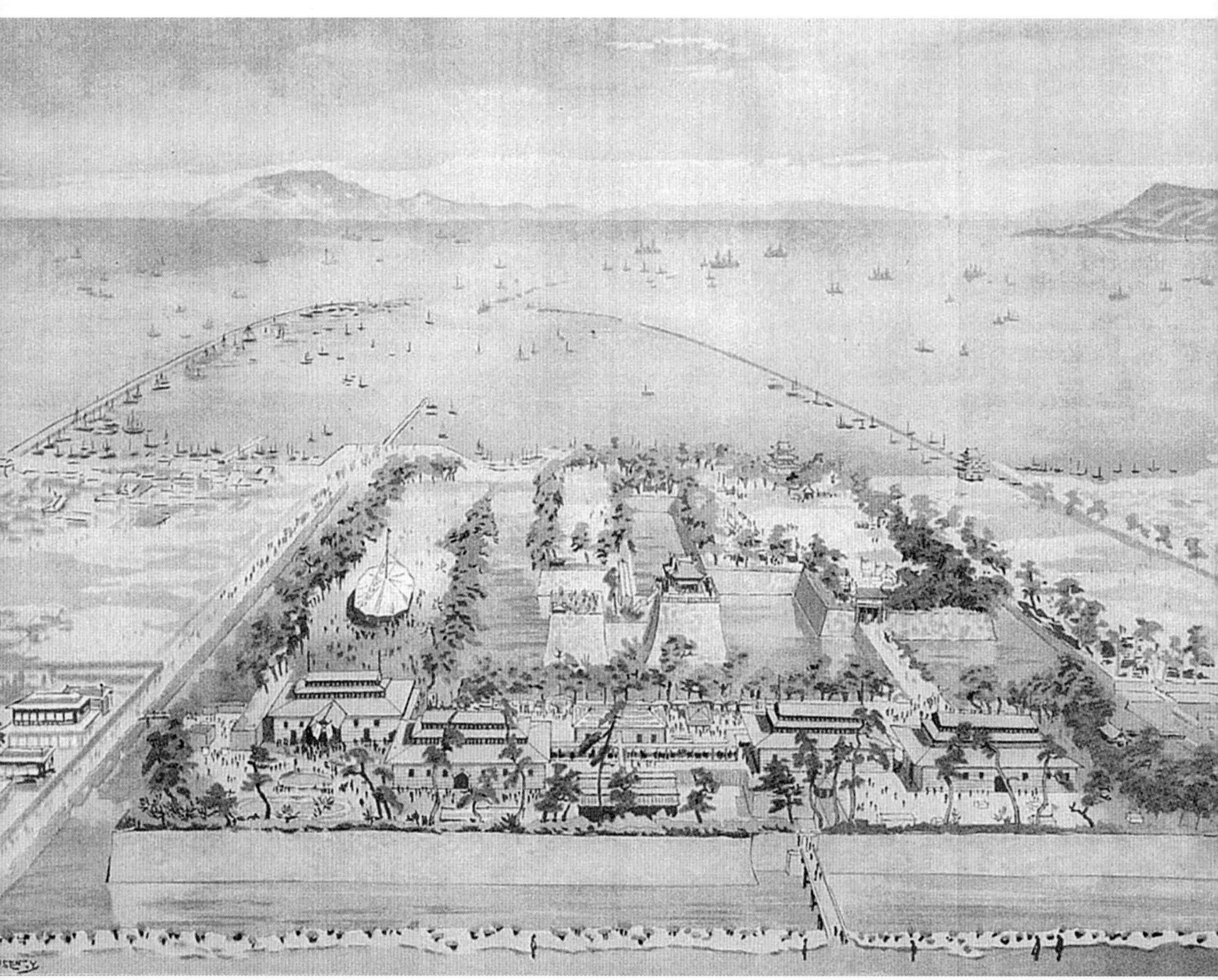

高松港第一期拡張整備後の様子

第八回関西府県連合共進会手引書「表」(香川県立ミュージアム所蔵)

1900(明治33)年に高松城前の海域が防波堤で囲まれる拡張整備が完了し、当時としては規格外の大規模な港がつくられた。このイラストは1902年に開催された関西府県連合共進会の案内書に描かれたもの。共進会とは農産物や工業製品などの展示を中心とした地方版の博覧会のこと

第1章を通じて、日本に数ある海城町のなかでも、高松は「海―城―町」が直線的に並ぶ均整のとれた景観をもつまちであることが把握できました。また、高松城は近世海城のなかで最も高い天守をもつことから、日本史上、海との関係性から極めて個性的な城下町が築かれたといえます。

では、江戸時代を通じて、こうした独自性の高いまちとして形成された高松は、明治以降、どのように変貌していくのでしょうか。特に海城が近代以降に果たした役割に着目し、「海城は高松をどう発展させたのか」というテーマのもと、江戸末期から明治を経て「四国の玄関口」としての地位を確立するまでの経緯をみていきたいと思います。

海のない海城町

現在、近世海城とともに形成されてきた24の海城町の多くは、城郭(城址)と海が遠く離れています。唐津城や平戸城など、近世海城のなかでも平山城に分類される城郭は、現代においても海が近接しているケースが多くみられます。しかし、平城に分類される近世海城は、高松城を除いて城郭と海が100メートル以上離れており、その多くは1キロ以上離れています(下表)。平城の場合、もともと海に面する平地に築城されるため、城郭周辺は埋め立てやすい地形となっています。そのため、明治以降は城郭周辺が埋め立てによって市街化するケースが多く、結果的に城と海は離れていきました。近世期は海に接する海城であっても、築城から400年以上経過した現代では、城の周辺に海はなく、そこがかつて海城であったという歴史を実感しにくい状況となっています。

このように、近世海城の多くは、近代化の過程で海のない(海が近くにない)海城へと変容していきました。しかし、高松は現在でも城の近くに海が広がり、城と海の間に約60メートルの埋立地を挟む程度に留まっています。では、なぜ高松は城と海が近い状態で現在まで至っているのでしょうか。また、高松において、この城と海が近いと

現代の海城における城から海までの距離(2023年時点)

城郭の立地分類	城から海までの距離		
	～100m	100m～1km	1km～
平城	高松	宮津、今治、小浜、三原	桑名、田辺、尼崎、赤穂、小倉、中津、府内
平山城	米子、浜田、長府、萩、杵築、日出、唐津、平戸、玖島	鳥羽、宇和島、臼杵	

※江戸時代に海に面していた城郭壁面(平山城は自然地形)を背として、正面方向に現在の海岸線まで計測した距離

いう事実は、まちの発展にどのような影響を与えてきたのでしょうか。
　結論から述べると、高松の場合、城と海が明治以降においても近接した状態で立地していたことが「四国の玄関口」となる素地をつくり、その後の発展を大いに支えることになりました。その経緯を知るために、海城町・高松が近代都市へと変貌していく過程を探っていきたいと思います。

近代化は海城の港からはじまった

　明治初期の高松は、徳島県に所属したり愛媛県に所属したりと、政治的に不安定な情勢が続いていました(P.167参照)。香川県内でいえば、多度津や丸亀のほうが先に近代化の波に乗っており、高松の近代化は後発となりました。高松には千石船(※1)のような大きな船が寄港できる良港がなく、時代が明治に移っても、近代的な港湾施設はすぐに整備されず、長らく江戸時代の海城の様相を保っていました。その点、多度津や丸亀は金毘羅宮の参詣者を多く受け入れるために、1833年に丸亀新堀湛甫(たんぽ)(※2)、1838年には多度津湛甫など、江戸後期には大きな港の整備が完了しました。
　こうした状況を打破するために立ち上がったのは、旧高松藩士の田中庄八でした。庄八は高松を拠点として大阪、神戸、多度津間の運輸業をはじめ、松平家から藩船・金毘羅丸を譲り受けたことで船問屋を設立します。1880(明治13)年、庄八は高松城東側地先(北浜地区)を自費で埋め立て、100メートルを超える防波堤を築きます。この防波堤は、通称「田中波止」と呼ばれ、各船主と交渉して高松寄港を成し遂げました。しかし、港湾施設としてはまだまだ規模が小さく、田中波止ができたとしても、大きな船は沖合に停泊し、旅客や貨物は艀(はしけ)(※3)

※1 もとは米1000石を積む船のことをいったが、江戸時代になると大型廻船の呼称となった。17世紀後半に瀬戸内海で発達してきた和船で、1本の帆柱と大きな横帆をあげて帆走するのが特色

※2 港、船着場のことで、瀬戸内地方の方言

※3 沖に停泊している船と岸壁の間を行き来して、貨物や人を運ぶ小舟

明治時代の高松城前 『讃岐写真帖』1916年
明治後期に至るまで近代的な港湾整備は進まず、高松城は長らく江戸時代の海城の様相を呈していた。写真は北浜突堤から艮櫓(うしとらやぐら)(左)、月見櫓(右)を眺めたところ

明治時代の多度津湛甫 『讃岐写真帖』1916年
多度津の港は江戸時代後期1838年に竣工し、多くの金毘羅船や北前船が寄港する良港となっていた

で積み降ろさねばなりませんでした。1884年には大阪商船が瀬戸内海航路を開設し、高松も寄港地のひとつとなりますが、18本の路線のうち、10本の路線が多度津の港を利用しており、高松に寄港するのはわずか3本の路線に留まっていました。

明治初期、香川県内において物流と人流の中心はすでに多度津と丸亀に移っており、高松は劣勢の状況が続いていました。1888(明治21)年には分県運動の末、47都道府県中、最後の県として香川県が成立します。その後、1890年に高松市が市制を施行し、県下最初の市が誕生しました。こうした新たな時代に即した行政の体制が定まり、高松市は道路・港湾の整備計画に着手することになります。高松市は1893年に議会の承認を得て、港湾拡張計画の具体的な調査をはじめます。1897年には第一期拡張工事が着工され、高松港内の浚渫(しゅんせつ)(※4)工事がはじまります。そして、1900年には、市民の祝福のうちに港内面積94,800平方メートルという大規模な港が、海城前に開港されることになりました(P.72図)。この第一期拡張工事により、多度津と丸亀に偏っていた海上交通の需要が徐々に高松に移ってくるようになります。

※4 河川や港湾などで水底の土砂等を掘りあげる工事のこと

1903(明治36)年頃の高松船客待合所 高松市歴史資料館所蔵
瀬戸内海航路を開設した大阪商船の待合施設。高松港は多くの人々でにぎわう港となった

高松港内の浚渫工事 高松商運提供
港の水深が浅すぎて大型船が寄港できなかったため、浚渫工事によって港内の土砂を掘り、その土砂で埋立地を造成した

明治後期の高松港 絵葉書
桟橋には蒸気船が着岸し、手前には軍艦が係留されている。大正時代になると船も大型化し、入港船数も年々増加していく

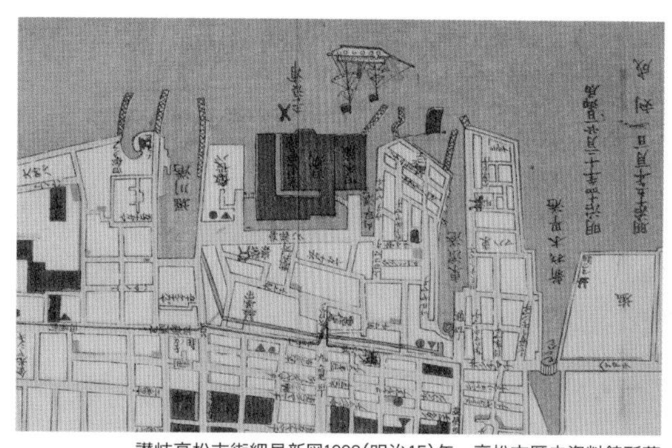

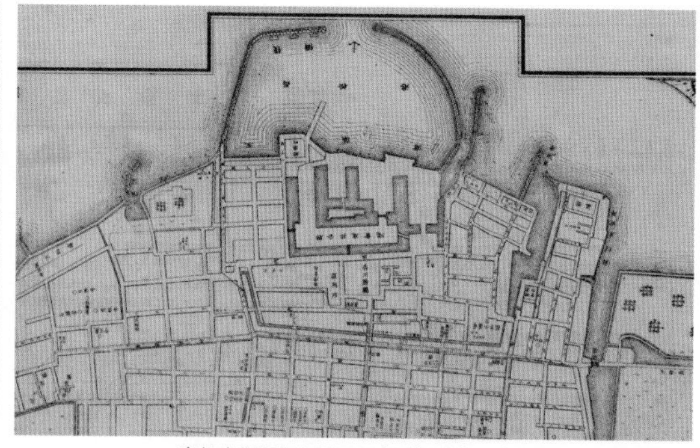

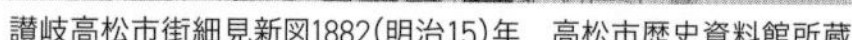

讃岐高松市街細見新図1882(明治15)年　高松市歴史資料館所蔵

高松市街明細全図1905(明治38)年　高松市歴史資料館所蔵

明治期における高松港周辺の変化

1900(明治33)年に高松築港第一次工事が竣工し、高松城地先の海域が囲まれる大規模な港がつくられた。外堀西側にあたる堀川港は、新たな高松港をつくる際に掘られた土砂で埋め立てられ、新港町(現 寿町)となる。翌年1901年から着手された第二次工事により御船蔵(おふなぐら)が埋め立てられ、2代目高松駅の開発用地がつくられていった

その後、日露戦争(1904〜05年)を挟み、船舶の大型化は年々進んでいきました。船の大型化と歩調を合わせるように、高松港の拡張工事も進んでいきます。この間、船舶の出入りも急激に増加し、1901(明治34)年には入港汽船2,920隻、帆船300隻だったのが、1921(大正10)年には入港汽船12,344隻、帆船10,718隻と約7倍も増加しています。1922年には高松港の管理が高松市から香川県に移管され、港湾の拡張工事については国の直轄(ちょっかつ)事業として内務省神戸土木出張所高松港修築事務所が担当することになります。同年には拡張工事が着手され、北側の一文字防波堤をはじめとして大規模な改修が進み、1928(昭和3)年には従来から約2倍の広さとなる新生高松港がお披露目となりました(次頁図)。

四国の玄関口を目指す都市間競争

明治中期から大正にかけて、四国の玄関口を目指す多度津、丸亀、高松の争いは激しさを増していました。時代が江戸から明治に変わり、巨大な船舶と鉄道の出現により、これまでの城下町が担っていた人流と物流の拠点性は徐々に失われていき、新たな時代に即した港湾や鉄道駅の整備が求められるようになりました。

江戸後期から開発が進んできた丸亀や多度津の港湾整備に加えて、内陸部での交通機関として、1887(明治20)年に四国では初となる伊予鉄道が開業し、その後、1889年に丸亀―多度津―琴平間を結ぶ讃岐鉄道が開業しました。讃岐鉄道は全国でも9番目となる比較的早い時期での開業となり、民間投資による私設鉄道が日本全国で敷設されはじめた時期と重なります。開業当初の讃岐鉄道は、多度津港、丸亀港から上陸して金刀比羅宮に向かう参詣客を中心に利用者が増加し、経営状況も好転していきました。

大正末期の高松港整備

内務省港湾調査会では、高松港を「旅客交通と小型船舶による内海運輸の港湾」として計画策定しました。ここで、仮に高松港が貨物の輸送や海外との貿易を主な目的とする港湾として指定されていたとすれば、おそらく現在のような旅客中心でにぎわう港にはならなかったでしょう。国による高松港の性格づけは、海城町・高松の未来に極めて重要な方向を与えたといえます。

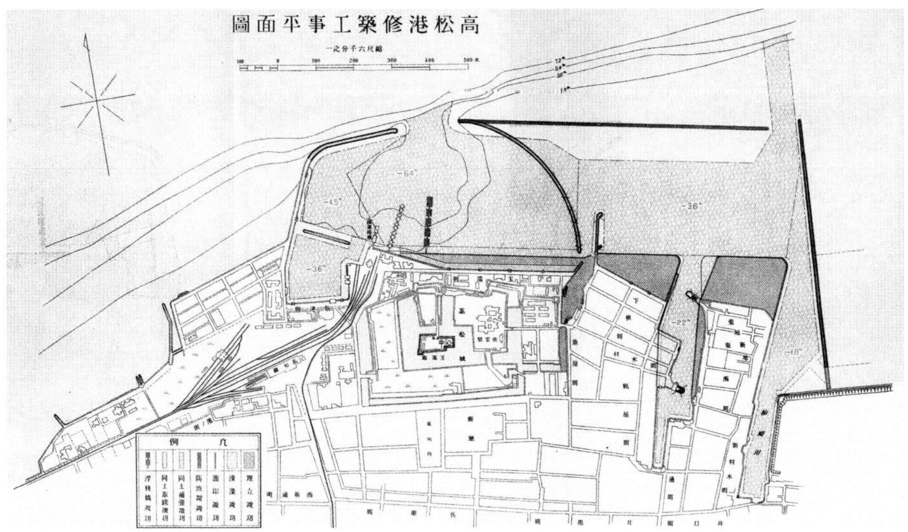

大正末期に実施した高松港修築工事平面図　『直轄工事年報』1928年度 附圖

昭和初期の高松港　絵葉書
1928（昭和3）年に完成した新生高松港。桟橋のたもとには鉄筋コンクリート造による高松港管理事務所が建設されている

昭和初期の高松港周辺　香川県立文書館所蔵
高松港につながる桟橋通り（現 中央通り）にはモダンな建物が建ち並ぶ

当時の讃岐鉄道の構想としては、多度津、丸亀から東は高松を経て徳島へ、西は松山を過ぎて宇和島へ、南は琴平を通って高知へ赴くという、四国全土をつなげる壮大な構想をもっていました。こうした構想のもと、まず手掛けられたのが丸亀―高松間の鉄道整備でした。1897（明治30）年、丸亀―坂出―高松間が開業となり、初代高松駅はまちの中心地から西側に離れた西浜地区（現 扇町付近）に建設されます（次頁図）。先述したように、この当時はいまだ高松港の設備が十分とはいえず、多度津や丸亀のほうが旅客も貨物も多く利用されていました。しかし、高松港の改修が進展していくと、徐々に高松駅の利用が増大していきます。讃岐鉄道としても、多度津―琴平間では距離が短いため収益が上がらず、高松―琴平間を金刀比羅宮参詣者の中心路線とすることで、より収益性を高める狙いをもっていました。そのため、高松港の第一期拡張工事が完成した翌年1901年頃には、

香東川鉄橋を渡る讃岐鉄道（1910年）　四国新聞社提供
丸亀ー高松間の讃岐鉄道が開通。当時は高松から琴平まで約2時間かかった

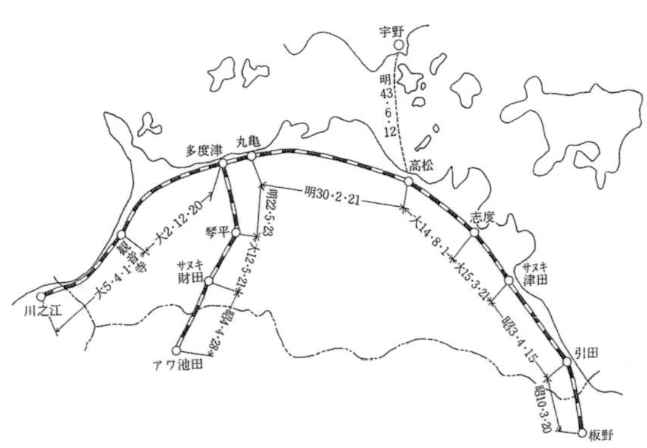

香川県内における鉄道事業の変遷　『香川県史』通史編第六巻、1988年
明治時代に開通したのは、琴平ー多度津ー丸亀ー高松間の鉄道と高松ー宇野間の連絡船のみで、その他は大正・昭和初期まで待つ必要があった

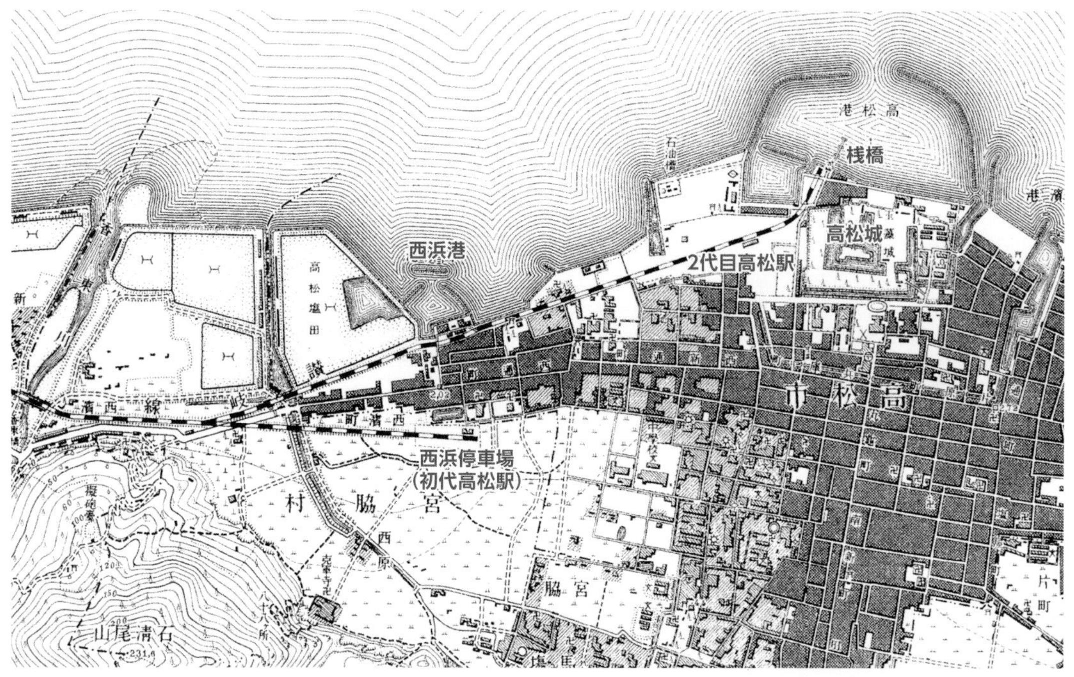

初代高松駅の位置図
旧版地形図1910年に青字加筆
1897（明治30）年に高松初となる鉄道が丸亀まで開通し、初代高松駅は当時の西浜港に近い現 扇町付近につくられた。なお、1910年、宇高連絡船の開通とともに2代目高松駅が建設され、初代高松駅は役割を終える

関東や東北から来る旅客の半数は高松ー琴平間の鉄道を利用するまでになっていました。

このように、多度津港、丸亀港、高松港の盛衰は、港湾機能の強化のみならず、内陸部における鉄道事業の進展にも強く影響を受けていました。一方、讃岐鉄道が開業した時期と同じくして、本州側でも1888（明治21）年に山陽鉄道が開業し、1901年には神戸ー下関間が開通します。山陽鉄道は瀬戸内海を渡る海上交通との競合にさらされ、本州だけではなく四国側も視野に入れた事業展開を早くから計画していました。そこで、四国側の連携先候補として讃岐鉄道が挙がり、1904年には山陽鉄道が讃岐鉄道を吸収する形で合併します。こうし

初代高松駅となる西浜停車場 『大日本繁昌懐中便覧』香川県巻上、1897年
当時のイラストにその様子がうかがえる。汽車の背景には海を航行する船が描かれている

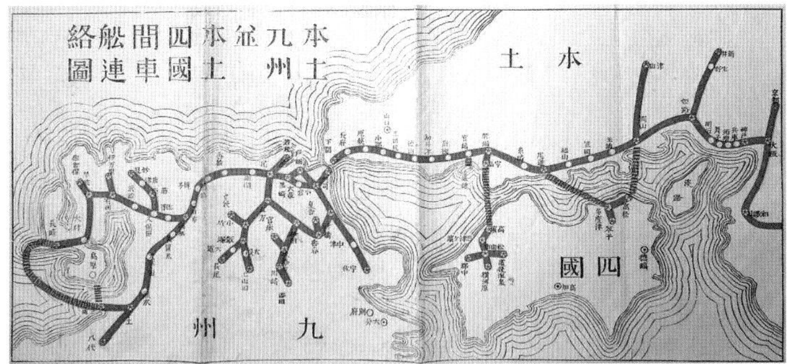

明治37年発行の山陽鉄道・九州鉄道路線図 「汽車汽船旅行案内図」1904年
山陽鉄道が讃岐鉄道と合併した当時の路線図では、本土と四国は高松、多度津、高濱（松山）という3つの玄関口で連絡していた

鉄道駅と城下町

明治・大正期になると、日本全国で急速に鉄道整備が進められます。もともと市街化が進展している城下町では、中心部に鉄道駅と線路を敷設することは用地買収の観点からも難しく、鉄道用地を得やすい城下町の周縁部に鉄道駅を設置するケースが多くありました。初代高松駅も同様の理由で西浜地区につくられたのです。

て、四国側だけではなく本州側との広域交通ネットワークの整備が進むなかで、四国と本州を結ぶ交通ルートの検討が進んでいきました。

山陽・讃岐鉄道の合併当初、四国と本州には岡山ー高松間、尾道ー多度津間、宇品ー高濱（松山）間に定期航路が設置されており、いまだ四国の玄関口は3つのままでした（上図）。山陽鉄道としては、岡山ー宇野間に鉄道を敷設し、岡山ー高松間の往来を少しでも便利にしようとしていた矢先、日露戦争の影響を受け、全国に敷設された鉄道は国によって一元管理されることになりました。こうした政府の決定を受け、1906（明治39）年、山陽鉄道も国有化されます。鉄道路線も航路も国が一元管理することになり、琴平ー高松間は国鉄讃岐線と名称が変更されました。経営主体が民間から政府へと移管され、四国と本州を結ぶルートについては一時不透明な状況となりますが、その後、岡山ー宇野間は1908年に着工され、1910年には営業開始となります。宇野線の開通に合わせて、宇野ー高松間の連絡船も就航しますが、尾道ー多度津間の定期航路は廃止が決定されます。こうして、四国と本州を結ぶルートは宇野ー高松間に一本化され、高松は「四国の玄関口」としての地位を獲得することになったのです。

明治・大正頃の南新町通り 『香川県実業案内』1914年
通り沿いには木造家屋が建ち並び、江戸の風情を残している

大正末期の高松市街地 香川県立文書館所蔵
商店街には石造りの建物も建ちはじめ、車や服装などに新たな文化が垣間みえる

大正初期の宇高連絡船 『讃岐写真帖』1916年
宇高連絡船の開通により、高松は四国の玄関口として発展していくが、その背景には鉄道網による陸路の整備があった

大正・昭和初期の高松市街地 香川県立文書館所蔵
三越から内町周辺を眺める。奥にみえるのが旧県庁舎。宇高連絡船も開通し、明治から大正・昭和のまち並みへと変化している

江戸時代の藩港が新たな時代の鉄道駅へ

さて、高松がいかにして四国の玄関口となったか、主に交通ネットワーク整備の観点からその経緯をみてきましたが、四国側での発着点となる高松駅はどのように整備されていったのでしょうか。

1897(明治30)年、先述したように初代高松駅はまちの中心地から外れた西浜地区につくられました。そのため、船で高松港に訪れた人々が鉄道を利用する場合、人力車等で西浜にある高松駅まで移動しなければなりませんでした。高松が四国の玄関口としての地位を確立するためには、こうした不便な状況を続けるわけにはいきません。そこで、折から進む高松港の浚渫工事に合わせて港周辺が埋め立てられ、当初は困難であった港近くまで高松駅をもってくる方策があらためて検討されました。

そこで候補地に挙がったのが、江戸時代に高松藩の港としてつくられた御船蔵(おふなぐら)の跡地でした(次頁下図)。この御船蔵は、藩の軍船等を建造・修繕するドックとしての役割を持ち、御座船(ござぶね)と呼ばれる藩主専用

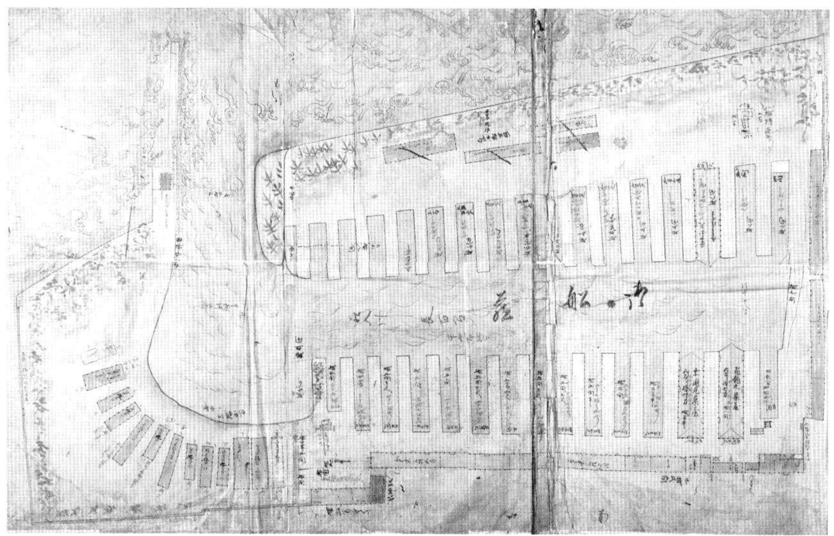

高松藩御船蔵図 愛媛県歴史文化博物館所蔵

港内には櫛状に掘り込まれた船の格納修繕スペースが32ほど用意され、なかには御座船用のスペースが3艘分描かれている

江戸時代の水際線と現在の比較図 地理院地図をもとに作成

現在の高松駅は江戸時代の御船蔵や港の跡地に整備されている。明治時代以降、海城の遺構を活用して鉄道が整備され、四国の玄関口として発展していく

の船も格納していました(前頁上図)。しかし、時代が明治へと移り変わるなかで、御船蔵は一定の役割を終えていました。そこで、新たに港近くに高松駅をつくるための開発用地として御船蔵跡地が活用され、1910(明治43)年、宇高連絡船就航から半月遅れで2代目の高松駅が完成しました(右図)。1906年に各地の鉄道が国有化されてわずか4年、本州と四国の航路は宇野ー高松ルートで一本化され、四国側の発着駅となる高松駅からは、西は松山、南は高知、東は徳島と、四国内の主要都市まで赴くことができるようになりました。このように、四国側で陸上交通の拠点を担う高松駅が港近くに開設されたことで、高松は「四国の玄関口」としてその地位を揺るがないものとしたのです。

江戸・高松の藩港は明治・高松の鉄道駅として、その機能を転用する形で活用されました。かつて海城町として栄えた江戸時代の港湾施設のひとつが、近代化以降、鉄道という新たな交通施設へと華麗な転身を遂げたのです。結果的に高松は「四国の玄関口」として繁栄の時代を迎えます。

こうしてみていくと、高松は時代に取り残されることなく機能を変化させることで、それぞれの時代に対応するまちをつくってきました。1588年に海城によって開かれた「交易の場」は、近代化の時代を経て、現代においても「交易の場」であり続けているといえるでしょう。高松に築城された海城は、400年以上にもわたって港町として発展する素地を高松の地に与えることになりました。

2代目高松駅

2代目高松駅は欧風木造2階建ての建築で、当時の大阪・梅田駅を凌ぐともいわれる巨大な木造建築物でした。ひところは見物客があとをたたず、高松の新名所にもなりましたが、残念ながら1960(昭和35)年に火災のため焼失し、当時の威風は写真や絵葉書からうかがい知ることしかできません。2代目高松駅が現在まで残っていたら、きっと香川・高松のシンボルとなっていたことでしょう。

戦前の2代目高松駅舎 絵葉書

高松はなぜ海城を利用して発展することができたのか

高松は海城の目の前が近代港湾として整備され、さらに鉄道駅がその港湾に隣接してつくられたことで、四国全体の経済をけん引する海城町として発展を続けてきました。では、他の海城町でも高松と同様に、海城跡を活用して発展してきたのでしょうか。

ここでは、まず高松に近しい都市構造をもつ海城町を対象として、第1章トピック3にて分類した「同心円型」で「平城」の6地区(桑名、三原、高松、小倉、中津、府内)を比較対象としました。各地区にて江戸時代の城絵図と現代の地図を比較し、海城の遺構や港湾の位置などを把握したうえで、その結果を表形式で次頁以降にまとめました。

海城町6地区を比較した結果、まず現代において、6地区のうち高松以外の5地区はすべて城と海が1キロ以上離れていることが把握できました。また、海城時代に利用されていた海域が、現代においても港湾施設の海域として利用されている地区は、高松以外に確認することができませんでした。よって、江戸時代に面していた海城周辺の海域をそのまま現代の港湾区域として活用できていることは、極めて独自性が高い高松の特徴といえます。

＝天守台付近

桑　名　城

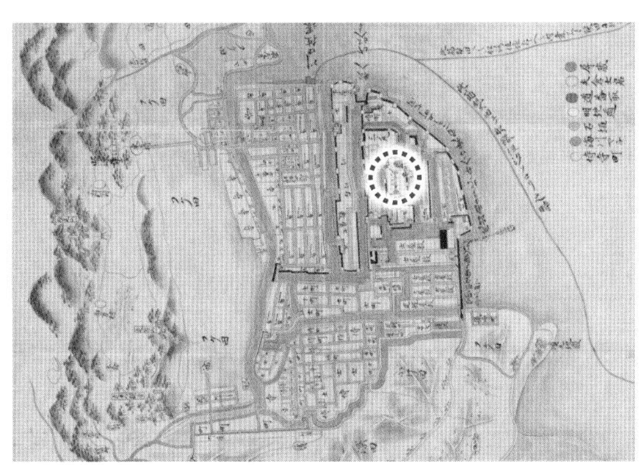

勢州桑名城図　日本古城絵図

現在の桑名城址周辺図　地理院地図

歴史的概要

1601年、関ケ原の戦い後、本多忠勝が桑名に入封し、揖斐川沿いに城下町の建設をはじめる。桑名は東海道唯一の海路「七里の渡し」があり、交通の要衝であった。1617年、松平家が桑名城主となる。1701年に桑名市街地で大火があり、天守が焼失するも現在まで再建されていない。

地理的特徴

揖斐川の河口沿いに城郭が建設され、城内に船着場をつくるなど、本格的な水城が整備された。城郭を中心として同心円に近い城下町の配置となっていた。城郭部分の堀割は、揖斐川の岸辺を底辺とする直角三角形となっており、町割は堀割に準拠して計画されている。

現在の状況

揖斐川河口の土砂堆積と埋め立てにより、市街化が進んでいる。城郭は揖斐川の堤防を挟んで川に面するも、河口までは4.5キロ程度離れている。城下町に整備された多くの堀割は埋め立てられ、城郭周辺の一部にその記憶を留めている。現在は川城との境界にあるといえる。

三　原　城

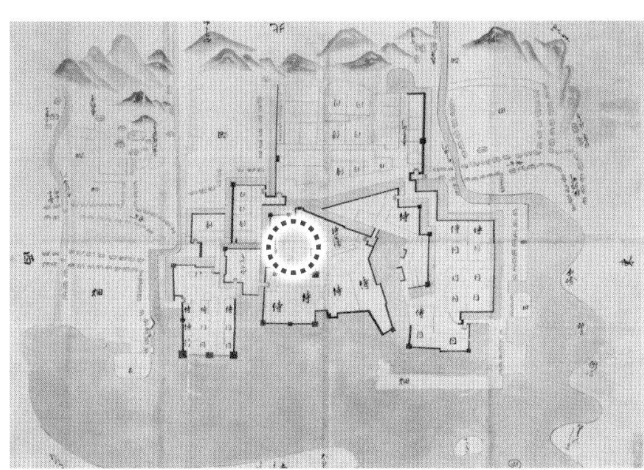
備後三原城図　日本古城絵図

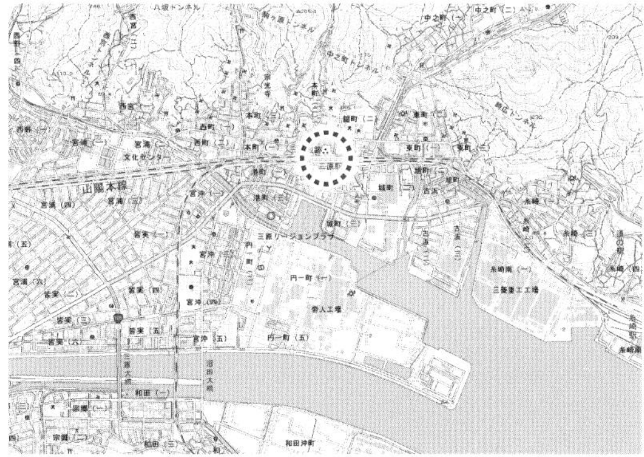

現在の三原城址周辺図　地理院地図

歴史的概要

小早川隆景は自身が築造した水軍の拠点である三原要害を原型として、1580年から10年かけて近世城郭としての整備を行った。関ケ原の戦い後、1600年に福島正則の養子の正之が入城した。1619年、安芸国藩主に浅野忠長が入り、三原城は広島藩の支城として幕末まで利用された。

地理的特徴

沼田川と和久原川の河口にあり、三原湾の小島を利用して縄張が整備された。軍港として整備されたことから、海に面する城郭部分は他の海城と比較しても複雑に設計されている。3万石という規模からすれば、城郭部分は過大なつくりとなっている。

現在の状況

1894年には山陽鉄道の駅舎が天守台に建設され、現在も三原駅として利用されている。三原湾にそそぐ河川の堆積と埋め立てにより、現在は城郭から河口まで1.5キロ程度離れており、堀割のほとんどは埋め立てられ、天守台と内堀にのみ海城の記憶を留めている。

中　津　城

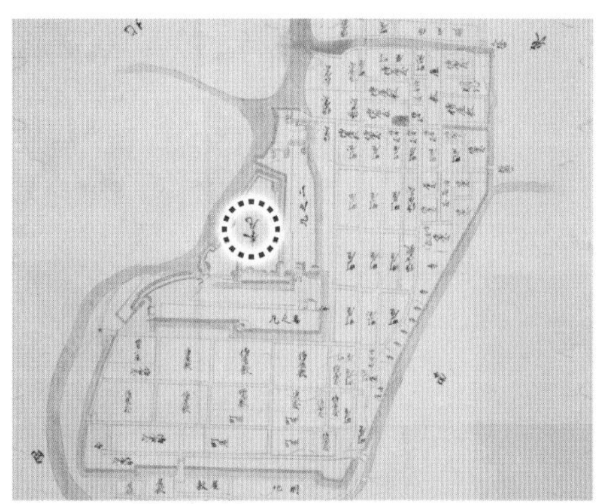

豊前国中津之城図　日本古城絵図

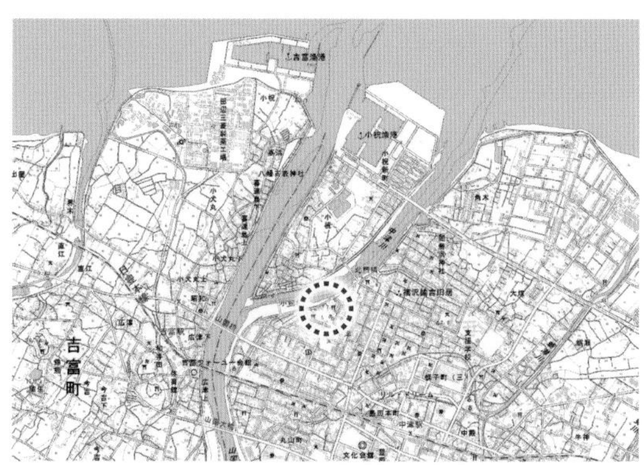

現在の中津城址周辺図　地理院地図

歴史的概要

黒田如水が1588年、中津川河口に築城を開始。1600年、細川忠興が豊前国と豊後国に入国、中津城の修築を手掛ける。その後、縄張は扇形に拡張され、1621年に完成。以後、小笠原家が入封し、単独で中津藩が成立。1717年、奥平昌成が入国し、明治維新まで居城する。

地理的特徴

中津川の河口に位置し、城郭を中心として同心円状に城下町が形成されている。城郭の堀割は川岸を底辺とする直角二等辺三角形で、城下の町割は堀の形状に沿った矩形となっている。江戸中期から後期には中津川の土砂堆積が進んでいる。

現在の状況

明治維新以降、天守も含めて多くの建造物が破却された。1964年に模擬天守が建造され、現在は民間企業に売却されている。明治以降も中津川の土砂堆積は進み、城郭前には中州が大きく発達。現在は城郭から河口まで1.5キロ程度離れているため、海城と川城の境界域にあるといえる。

府　内　城

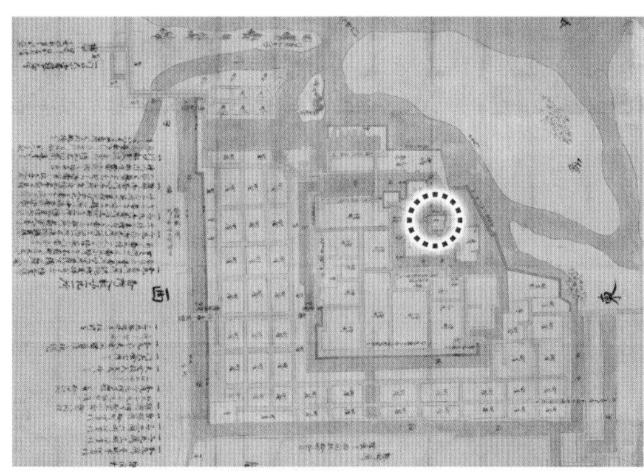

豊後府内城図　日本古城絵図

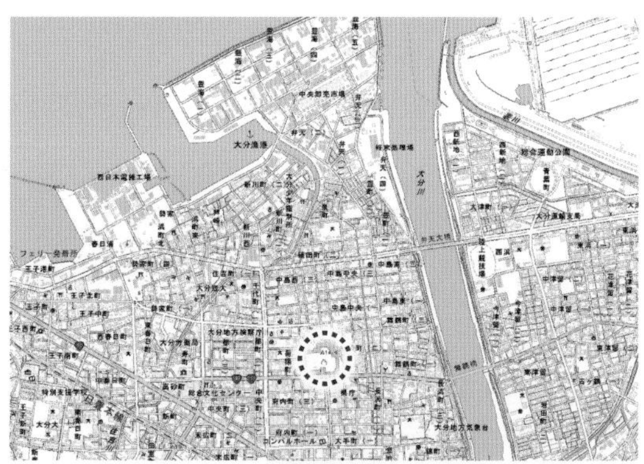

現在の府内城址周辺図　地理院地図

歴史的概要

1597年、福原直高が大分川河口に築城を開始。1601年、竹中重利が府内城と城下町の改修をはじめる。1607年には城郭がほぼ完成。1658年に松平忠昭が入国し、明治まで居城する。1743年の大火により、天守を含む建造物が焼失し、現在まで天守は再建されていない。

地理的特徴

大分市中心部は府内と呼ばれ、もともと船の荷役を行っていた場所に築城されたことから、荷揚城とも呼称される。大分川河口に面する城郭部分を底辺として、堀割は直角二等辺三角形で縄張が設計され、町割は堀の形状に沿っている。こうした縄張は中津城、桑名城とも共通している。

現在の状況

築城当時から府内城地先には芦原が広がり、海に面するとはいえ、大分川の土砂堆積は進行していた。明治以降、県庁所在地となったことから大規模な市街化と埋め立てが進み、現在は城郭内堀の遺構は残っているものの、城郭から河口まで2.5キロ程度離れている。

小　倉　城

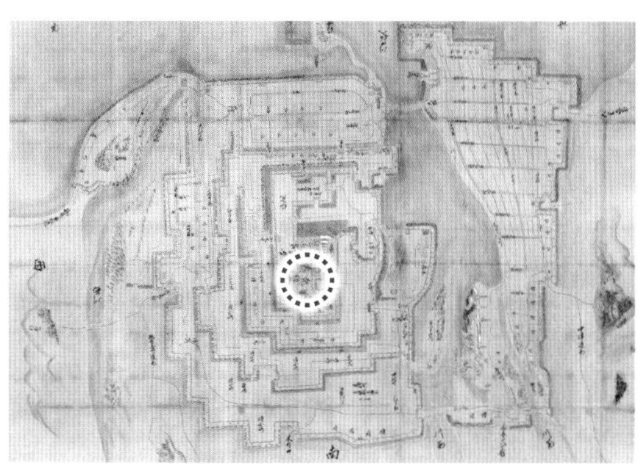

豊前小倉之図　日本古城絵図

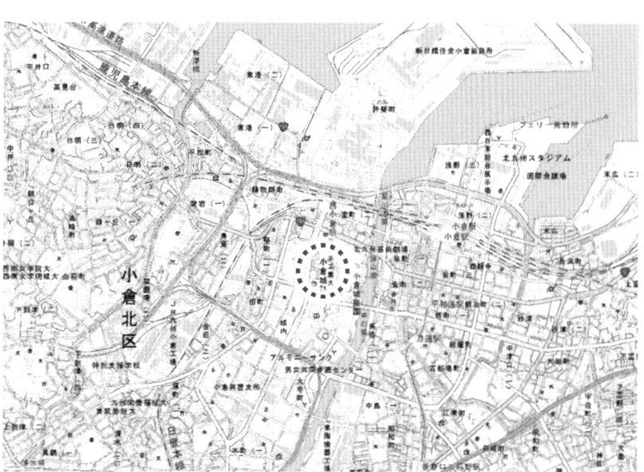

現在の小倉城址周辺図　地理院地図

歴史的概要

1602年、毛利氏の居城であった小倉城を細川忠興が7年かけて近世城郭として改築し居城した。1632年、細川家が肥後国に移り、播磨国明石から小笠原忠真が入国、以後幕末まで小笠原氏の居城となる。1837年に天守が消失、1959年に復興天守として再建された。

地理的特徴

関門海峡に面するこの地は古くから陸海交通の要衝であった。城郭を中心として同心円状に城下町を整備し、城郭だけでなく城下町の外側にも堀割が築かれている。城内には紫川が大きく貫入し、紫川西側を城郭および武家地とし、東側を主に町人地として城下町を整備した。

現在の状況

江戸時代は直接海に面した城郭および城下町が整備されたものの、紫川の土砂堆積により現在は市街化と埋め立てが進行している。城郭から河口まで約2キロ程度離れており、海城と川城の境界域にあるといえる。戦後、1959年に鉄筋コンクリート造の天守を外観復興した。

高　松　城

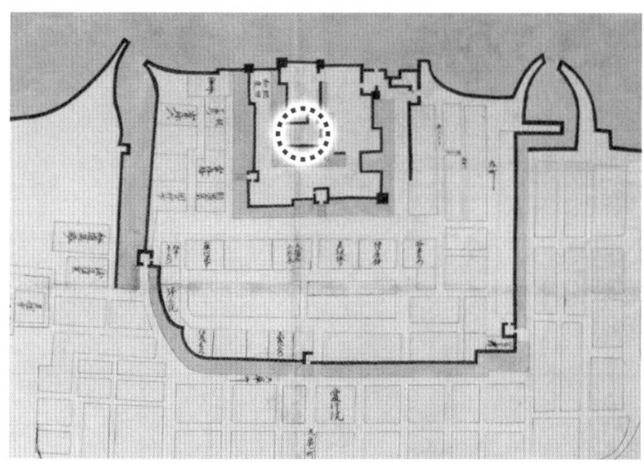

讃州高松城図　日本古城絵図

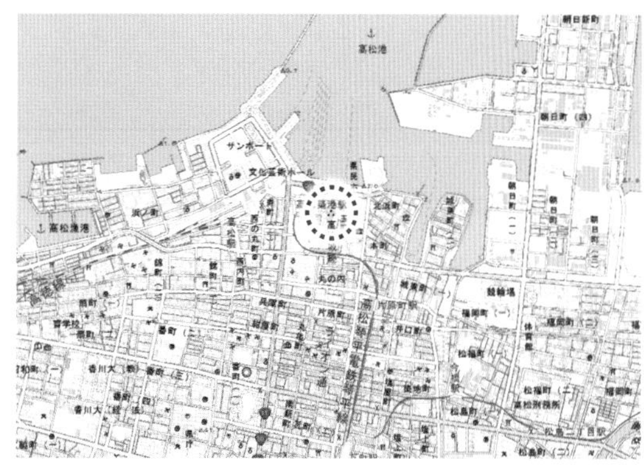

現在の高松城址周辺図　地理院地図

歴史的概要

豊臣秀吉による四国平定後、生駒親正が讃岐国領主となり、1588年に築城が開始される。別名玉藻城とも呼ばれる。1642年に松平頼重が入国する。頼重は全国に先駆けて城下に上水道を整備するなど、城下町の基盤は江戸初期に形成された。以後、幕末まで松平氏の居城となる。

地理的特徴

城郭を中心として扇状に城下町が形成されており、「海ー城ー町」の配置が線対称となる構図が特徴的。1637年、高松城下に流れ込んでいた香東川本流を付け替えたことにより、高松城地先の土砂堆積は抑制され、「海ー城ー町」の配置関係が長期的に保たれた。

現在の状況

天守は明治になって破却されるも、城郭は内堀部分を中心に玉藻公園として保全活用されている。1928年に護岸整備されたものの、城郭から海までの距離は60メートル程度であり、現在においても海と城郭は至近距離にある。また、駅、港、城が近接する全国的にも珍しい配置となっている。

高松以外の地区をみると、桑名と中津は、もともと城が面していた河川の河口部に新たな港湾施設が整備され、三原、小倉、府内（大分）の3地区は、それぞれ海城から離れた新たな臨海部に近代期の港湾施設が整備されています。こうした傾向は全国的にも共通しており、近代港湾を整備するうえで、江戸期に市街化された区域の外側に新たな港湾整備をするほうが、予算的にも技術的にもメリットが多かったと考えられます。

では、なぜ高松では江戸時代の海域を利用することができ、他の海城町では利用できなかったのでしょうか。その点を探るために、ここ

明治以降の地形変化（大分）

◌ ＝天守台付近

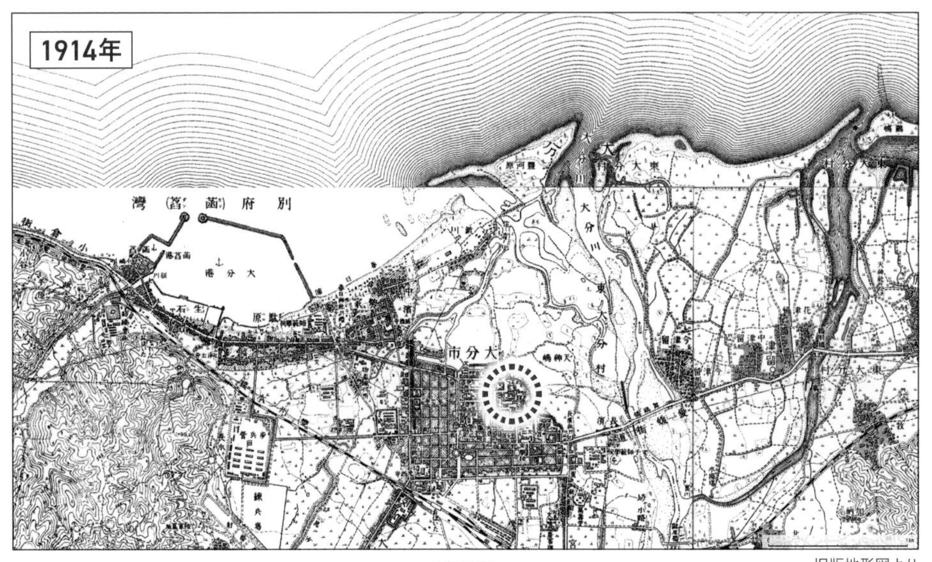

旧版地形図より

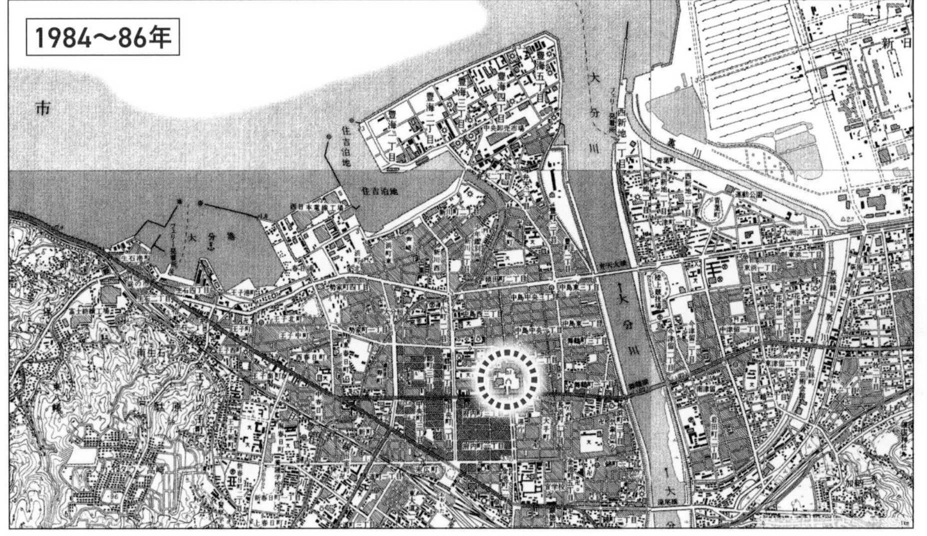

旧版地形図より

では現代においても一定規模の人口を有する大分(府内)、小倉を比較対象として、それぞれの近代化の過程を地形図で確認してみたいと思います。

大分市は人口40万人規模で県庁所在地、小倉を擁する北九州市は人口90万人規模で政令指定都市となっており、高松と同様、現代においては広域都市圏の中枢都市です。図をみると、大分、小倉ともに海城周辺は埋め立てが進んでおり、現在、臨海部と城郭の距離は2キロ以上離れています。それぞれに近代港湾は海城周辺ではなく、埋め立てが進展する新たな臨海部に整備されました。しかし一方で、高松を

明治以降の地形変化(小倉)

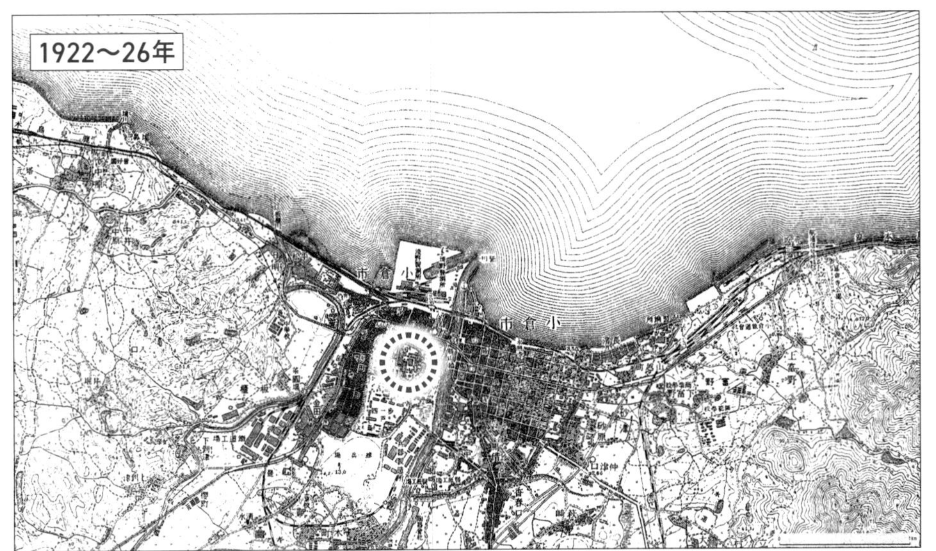

旧版地形図より

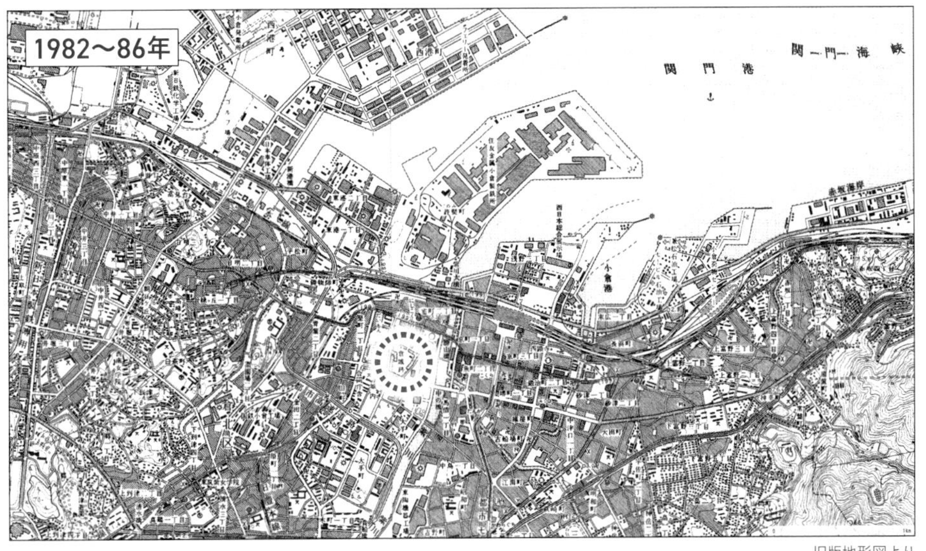

旧版地形図より

みてみると、明治中頃に海城前に近代港湾が整備され、その後もこの海域は埋め立てられず、結果的に現代においても海と城が近い状態のまま周辺開発が進展していきました。

こうした差がなぜ生じたのか、当時の地形図をみれば納得できます。大分も小倉も高松も、それぞれ明治中頃の地形図となりますが、大分、小倉はすでに城周辺が河川等による土砂堆積によって陸地化しているのに対し、高松の場合、城周囲にそこまでの土砂堆積は確認できません。築城から300年弱が経過した明治の時点で、大分、小倉の海城周辺は、土砂堆積の状況からも新たな港湾施設として利用することは

明治以降の地形変化（高松）

旧版地形図より

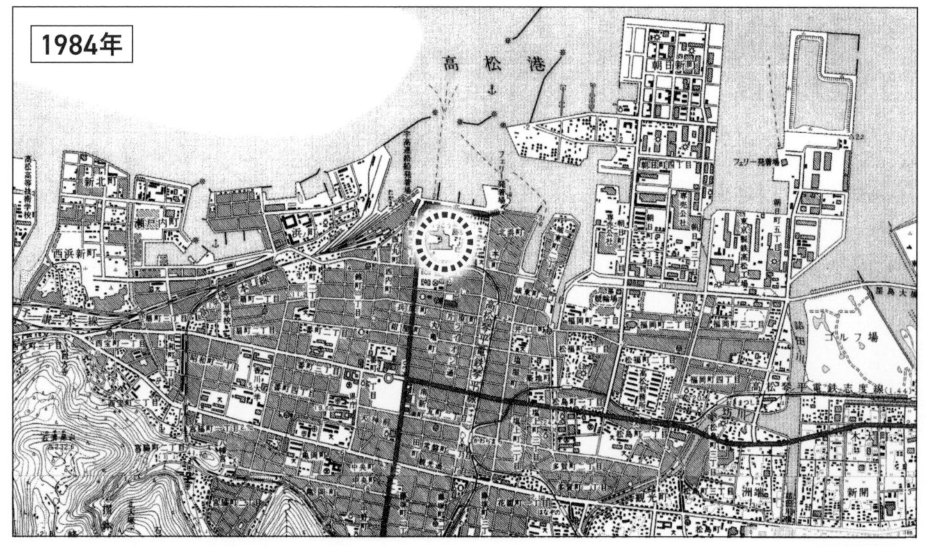

旧版地形図より

難しい状況にあったといえます。そこで、大分、小倉はそれぞれ土砂堆積によって陸地化した地先に、新たな近代港湾の施設を整備しました。一方、高松は明治の時点でもそこまで土砂堆積が進んでおらず、港の水深を深くする浚渫工事は必要とされつつも、海城の目の前の海域をそのまま大規模な港湾施設として活用することが可能だったのです。

このように、築城から300年近く経った近代化の時代に、海城周辺で進行していた土砂堆積の度合いによって、海城跡を近代港湾として活用できるかどうかの差が生じたのです。では、なぜ高松では明治の時点で、他都市と比べても海城周辺の土砂堆積が進展していなかったのでしょうか。その理由は、第1章トピック2で紹介した高松の特殊な地形に隠されています(下図)。

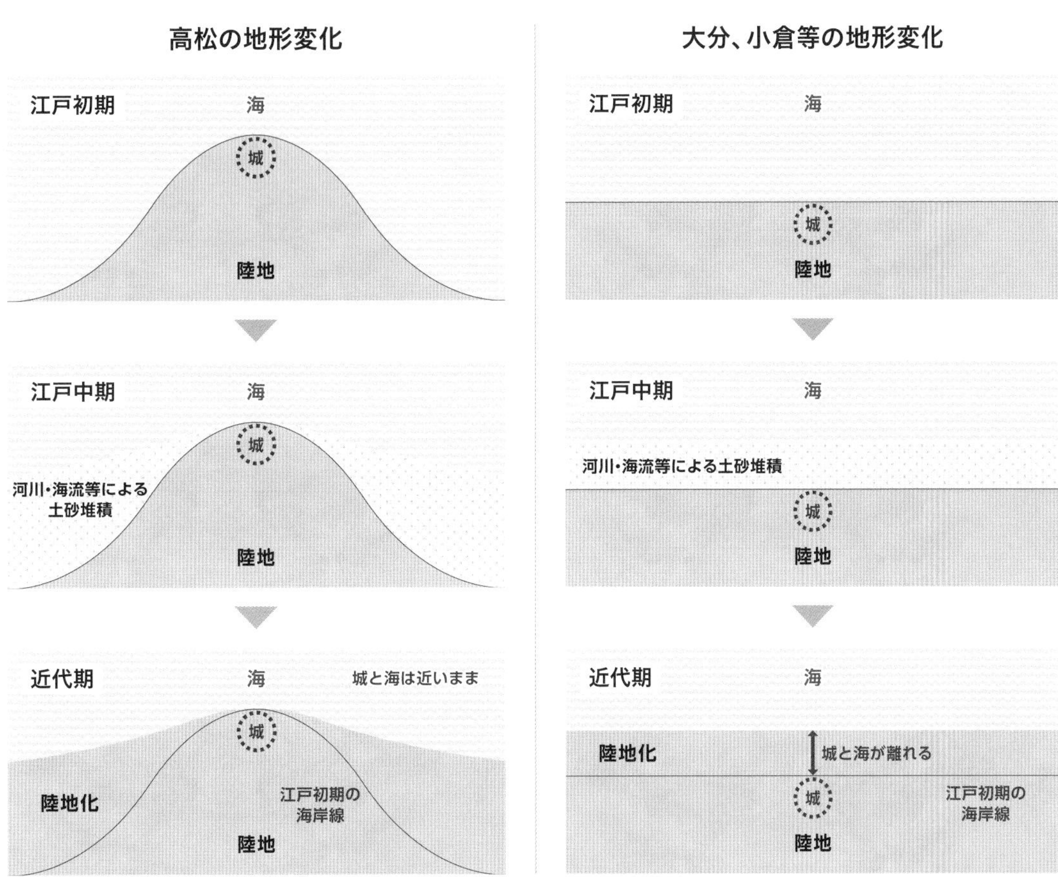

土砂堆積による陸地化の比較模式図

高松の原地形は海に向かって舌状にのびており、河口は舌状地形の根元にあることから、端部は比較的土砂堆積が進まず、結果的に城と海は近い状態を保てている。一方で、大分、小倉他の海城では、原地形が直線状の海岸線であることが多く、河川の状況によって異なるが、一般的には土砂堆積によって城と海は離れる傾向にある。なお、18世紀中頃の高松では、西浜海岸線が一部浸食される被害が報告されており、実際にはより複雑なメカニズムで浸食・堆積作用は起こっている。上図はあくまでもより平易に単純化した模式図として示している

海城を活用できたのは特殊な扇状地のおかげ

高松の海城周辺で他地区のように土砂堆積が進まなかったのは、海に対して矢のように突き出す高松（矢原）の原地形と、江戸初期、香東川の付け替え事業によって流量が制限された古香東川に、その理由を見いだせます。

大分では、一級河川の大分川が300年かけて土砂を運び込みました。小倉でも一級河川の紫川によって、土砂堆積が進展していました。明治中頃の地形図をみれば、300年という時間はこれほどの地形変化を生み出すのに十分な時間であったといえます。

ところが、高松では第1章トピック2で述べたように、香東川の付け替え事業によって古香東川（現 摺鉢谷川）の土砂堆積は一定程度制限されると同時に、矢のように突き出す扇状地の先端には、他都市ほどに土砂堆積が進行しませんでした（前頁図）。よって、明治になっても、高松の海城前は船の航行に利用できる海水面が広がり、浚渫工事をすることで近代港湾として利用し続けることができたのです。高松の特殊な地形が、海城跡を海上交通の拠点として活用することを可能にしたといっていいでしょう。

「海城は高松をどう発展させたのか」本トピックを通じて、現代の私たちが考えている以上に、高松は海城の恩恵を受けてきていることが把握できたと思います。高松の近代化は港からはじまりますが、他の海城町では、海城周辺は市街地化され、城から離れた位置に近代港湾が整備されていきました。高松では江戸時代につくられた海城の港を再利用することで、いち早く四国随一の巨大な港湾施設を整備することが可能となったのです。

そして、明治中頃から四国各地を結ぶ鉄道網がつくられていきますが、巨大な港湾施設のある高松が四国内における陸上交通の結節点として重視され、本州と四国を結ぶ玄関口の誘致合戦に有利な状況をつくっていきました。さらに、江戸時代の藩港が鉄道駅の敷地として活用され、港と鉄道駅が近接することで「四国の玄関口」として高松の地位は揺るがないものとなりました。

現在の高松があるのは、まさに海城のおかげといえるのです。そして、他の海城町ではできなかった海城の遺構を活用可能としたのが、高松の特殊な扇状地と香東川の付け替え事業であったといえます。江戸時代に実施されたまちづくり事業が、「四国の玄関口」といわれるまでになった高松の発展につながったといえるでしょう。

Column 3

壺井 栄がみた風景

香川県小豆島出身の壺井 栄(1899〜1967年)は日本の女性小説家として著名であり、代表作には戦後反戦文学の名作として映画化された『二十四の瞳』があります。栄は小豆島坂手村の醤油樽職人である父のもと、10人兄妹の5女として生まれました。栄が10歳のとき、蔵元の倒産のため父が失職し、家計を助けるため海漕業に転職した父の仕事を手伝っていました。戦後、栄は自身が暮らした小豆島での体験をもとに、多くの作品を残します。そのうちのひとつ『初旅』で、栄は大正頃の高松を以下のように描写しています。

石清尾八幡祭礼でにぎわうライオン館周辺(大正時代頃)
香川県立文書館所蔵

そしてどれだけの時がたったのか、ミネはふうっと自然に眼がさめた。何とないざわめきとほのかなあかるみがどこからか感じられた。(略)

まだ夜が明けたばかりらしく、朝露の中に見渡す限り同じような形の大小の和船が並んでいる。港一ぱいにびっしりと隙間もないまでの船の姿に、ミネはおどろいて声も出ず、ただ眺めるばかりだった。朝飯の煙をあげている船もあれば眠っている姿で動かぬ船もある。(略)

あたりの町々から響いてくる笛や太鼓の音と人々の動きに誘われて二人は次第に人ごみの町へ入っていった。この地方独得の大きなふとん太鼓、真っ赤な髪をふり乱し、白い衣に緋の袴をつけた人形だの、大きな海老をのせた山車や、きれいな浴衣を着て前髪を真中から分けた芸者たちをのせただんじりなどが目まぐるしいまでに立ち並んだ中を、奴の行列がしずしずと大名のお国入りのさまを演じていたりした。どの山車の前に止まるというでもなく、のろのろと歩いている中、おふね、おふねと騒ぐ声にふと見ると艫にどんちょうをかけた船形の山車が、裸の男たちに引かれていた。

「あ、これが東浜町のおふねじゃ」

重吉は云った。海辺に近い町らしく船形山車であることや、今その町の港に自分たちの船が泊っている、ただそれだけの縁で重吉もミネも立ちどまってそれを眺めたりした。行き交う人たちも誰一人知らない者ばかり、こんな賑やかな町を想像したことがあったろうか。こんな大ぜいの人間を夢にでも見たことがあったろうか。道端には玩具や食物の店がどこまでも並んでいる。何を見ても珍らしくないものとては一つもなく、橋の袂でたにしの田楽を売っている老婆の姿までがミネの記憶に畳みこまれていった。じっとしていても自然に前へ進んでゆくほどの雑踏の中で、ミネはしっかりと重吉の袂につかまって歩いていた。

引用:壺井 栄(1956)「初旅」『寄るべなき人々』新潮文庫、16−22頁 一部省略、旧字体は新字体に変更

主人公のミネは高松にいる兄に会いに行くため、父、重吉が操縦する船で夜の小豆島港を出航し、大きな祭が行われている高松に到着します。ここで描かれている祭りは「石清尾八幡宮祭礼」と呼ばれる秋の大祭でした。栄は海漕業に転職した父の仕事に付いていき、生活感あふれる高松の港やまちなかで行われていた祭りを実際に体験していたのかもしれません。

小説のなかに書き残された高松の描写からは、まちを包む祭りのざわめきから人の息づかいまで、当時のまちの様子が肌感覚をもって甦ってくるようです。白黒写真だけではわからない、まちの色合いと奥行きが、文学作品の中に広がっています。

第2章 | トピック2

海城がもたらした高松の栄枯盛衰

戦国末期、瀬戸内海に開かれるようにして築かれた海城は、現代に至るまで高松をどのように導いていくのでしょうか。このトピックでは、四国の玄関口となった海城町・高松の繁栄と衰退、そして再生について、歴史から紐解いていきたいと思います。

石清尾八幡宮祭礼図巻(江戸時代末期、松平頼該筆)　高松松平家歴史資料(香川県立ミュージアム所蔵)

海城町・高松でにぎわう石清尾八幡宮祭礼

香川県小豆島出身の小説家、壺井 栄は著作『初旅』で大正期の高松の様子を描写しています(P.91参照)。そこでは、小豆島から父と娘が高松の祭りに船でやってくる様子が描かれており、その祭りは江戸から続く高松の秋祭り、石清尾八幡宮祭礼(以下、石清尾祭礼)でした。

石清尾祭礼の起源は仏式の放生会とされており、松平頼重が藩主となった年からはじまったと伝えられています。江戸後期には、左近さんと呼ばれて町人から親しまれた松平頼該(P.137参照)が描いた「石清尾八幡宮祭礼図巻」(前頁)が当時の盛況ぶりを現在に伝えており、海城町・高松で最もにぎわう祭りのひとつでした。祭礼行事は、八幡宮による神輿渡御(※1)、氏子町人による飾り船と囃子屋台、おさきらさん(※2)や大名行列練物などの出し物で構成されており、飾り船と大名行列はそれぞれ海上と陸上の参勤交代を模したものとされています。石清尾祭礼では当屋と呼ばれる祭りの幹事役が氏子となる町村から選ばれ、祭礼の出し物を競い合うことで、祭礼行事は年々豪華絢爛な祭りへと発展していきました。江戸後期には宮脇、中ノ村、上ノ村、野方、東浜西浜の5ヶ所から当屋が2ヶ所選ばれていましたが、明治・大正になるにつれて氏子の担当地区が追加され、昭和初期には東が

※1 神社の祭礼の際、その神社の神霊が神輿や船でお旅所等まで練り歩くこと

※2 漢字では、お先良さん(おさきらさん、おしゃきらさん)。当屋から選ばれた童子の呼び名で、神輿の先がけとして御旅所まで先導する役割を担っている

大正頃の石清尾八幡宮祭礼 石清尾八幡宮提供

八幡通りを行くおさきらさん 石清尾八幡宮提供

町中で披露される踊り屋台1924年頃 香川県立文書館所蔵

明治・大正期の飾り船 本水戸さん 石清尾八幡宮提供

松島、沖松島、花園の3町、西は宮脇、栗林、藤塚、中野の4町より当屋が選ばれていました。当時は、祭りのある10月に入ると当屋の家の前には提灯や幕がつられ、丸亀町の呉服屋には祭礼踊り屋台に出演する踊り子の衣装が並び、まち全体が祭りの雰囲気に包まれたそうです。町内の出し物としては飾り船、踊り屋台、囃子屋台、太鼓台、大獅子、奴などであり、毎年10月13日に踊り屋台や囃子屋台などが各町内で地下廻り(じかまわ)りと呼ばれる町囃子を演じ、14日全日と15日午前には各町の出し物が市中をめぐり、その後、15日午後には石清尾八幡宮の神輿渡御に随行します。このうち、飾り船は藩主を乗せて瀬戸内海を航行した御座船(ござぶね)を模したものでした。渡御の行列に奉納される飾り船は北浜材木町、鶴谷町、魚屋町、本町、井口町、東浜の6艘で、秋祭りのシーズンになると、飾り船の勇壮な太鼓の音が鳴り響き、船飾りの豪華絢爛さは石清尾祭礼の花形となっていました。

飾り船の組にも当屋があり、10月12日には「かざりつけ」といって、奉納船に衣装や船幕などの飾りつけがなされ、この夜から寝ずの番がついたそうです。13日の地下廻りの日には、飾り船を玉藻城のお堀端(現在の四国電力本社北側付近)までもってきて、堀の石垣の上から藩主(明治以降は代理の役人)が出てきて検分をしていたようです。藩の軍船に模した飾り船を石清尾八幡宮に奉納する意義があるため、15日の神輿渡御がはじまると、定められた位置に入ってお供をしました。神輿が御旅所(※3)についた後、本水戸さんと呼ばれる東浜町の飾り船だけが渡御の帰りのお供をし、他の船はそれぞれのまちに帰る慣例となっていました。祭礼のなかでも別格の扱いを受けていた本水戸さんは、もともと水戸藩から松平藩に贈られたものを松平藩から東浜町に下げ渡したものだそうです。なお、東浜町は松平初代高松藩主の頼重によって開港されたまちでもあることから、本水戸さんと呼ばれる飾り船に、高松固有の歴史が脈々と受け継がれていることがわかります。

※3 神社の祭礼において神輿が休憩または宿泊する場所のこと

海城との関係の深い飾り船を先頭に、踊り屋台、囃子屋台、太鼓台、大獅子、奴などが町中を練り歩く石清尾祭礼は、まさに海城町として発展してきた高松の歴史文化を体現する祭礼でありました。しかし、第二次大戦中の高松空襲によって数多くの祭り屋台が焼失し、戦後の祭礼は、徐々に活気をなくしていきます。郷土史家の荒井とみ三は以下のように当時を振り返っています。

> 昭和20年の高松空襲は多くの文化財を焼失したが、そのなかに高松の氏神石清尾八幡の祭礼に各町内から奉納されるだんじりその他がある。なかでも、二度と制作不可能な松平藩の大名船を模した飾り船六艘が全部焼失したことは、かえすがえすも惜しいことであった。この気持ちは高松に生まれ育った明治人でないとわかってもらえまい。(※4)

※4 荒井とみ三(1978)『高松今昔記』第一巻、歴史図書社、143-144頁

昭和初期の高松港修築計画と全国産業博覧会

壺井 栄が描写した石清尾祭礼には、多くの人々でにぎわう様子が描かれていますが、この祭りにはどんな人々が訪れていたのでしょうか。氏子として祭礼に関わっている人や高松近郷に住む人なども多く訪れていたことでしょう。しかし、時代が大正ともなれば数多くの船が高松港を往来し、日本各地に鉄道網が張りめぐらされる時期に移行しています。こうした時代背景から考えれば、壺井 栄がみた石清尾祭礼にも多くの旅行者が訪れていたと考えられます。

1910(明治43)年に宇高連絡船が開通し、高松は四国の玄関口としてにぎわいをみせるようになりました(P.80参照)。高松駅に運送される貨物量も年々顕著に増加し、1922(大正11)年には防波堤の築造や高松城地先の海面埋め立てなど、六ヶ年にわたる継続事業として工事がはじまり、1928(昭和3)年に新生高松港が完成します。

築港完成とあわせて、1928年3月20日から5月10日まで、50日間にわたる全国産業博覧会が高松で開催されました。会場には、高松港と隣接する高松城内の西の丸跡が選ばれ、記念道路(現 中央通り)を含むエリアが大胆に利用されました(右図)。当時発行された『高松市主催全国産業博覧会誌』によれば、「夜間の如き、橋梁の両側に装飾せる雪洞の火が清澄(せいちょう)なる水に映じて、得も云はれぬ美観を呈し、観覧人に対し多大なる感興を与えたことは、他に見られない本会場独特の誇りであった」(※5)と記載されており、海城や堀をうまく活用した会場設計がなされていました。会場中央には噴水と花壇が設けられ、子どもの国や演芸館、北海道館などが各所に配置されるなど、現在の遊園地とショッピングモールを合わせたような施設でありました。

当時、全国的にこうした博覧会が流行しており、同年度中には岡山、別府、東京、仙台などでも開催されました。こうしたなかで、高松の博覧会では50日間で48万人もの入場者を記録し、全国各地からの特産品が展示され、会場では曲芸や活動写真、獅子舞、花火大会など無料の催し物が披露されました。夜間の博覧会場にはイルミネーションやネオンが灯り、新たな時代の到来を感じさせる博覧会となりました。

全国産業博覧会自体は短期間のイベントでしたが、全国から多くの人々が訪れたことで、高松、香川、瀬戸内海の知名度が高まり、その後の観光事業や企業進出などに多大な影響を与えました。この博覧会に前後して、1927年には予讃線が松山まで開通、琴電が栗林—琴平間を開通、1929年には屋島登山鉄道、塩江温泉鉄道、1931年には八栗登山鉄道、そして1935年には高松から徳島、高知まで鉄道が開通し、高松を拠点とした広域鉄道網や観光鉄道が一気に開通しました。高松で開催された全国産業博覧会は、折から進む鉄道インフラ整備ともあいまって、香川のみならず四国全体の観光事業を促進する一大契機となったのです。

1925年西の丸跡を記念道路として整備 公益財団法人松平公益会所蔵(香川県立ミュージアム提供)

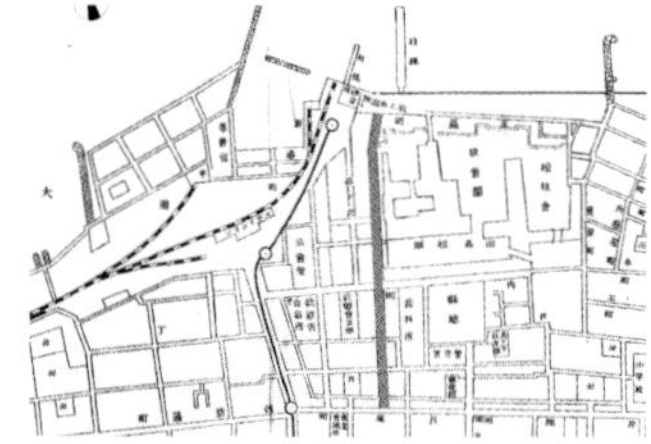

記念道路位置図
「高松市街全図」1927年に一部加筆
図内のオレンジ部分を記念道路として整備、後に中央通りの起点となる

※5 高松市編(1929)『高松市主催全国産業博覧会誌』、高松市、54頁

博覧会場として活用された内堀
全国産業博覧会絵葉書

内堀の水面に映る夜景
全国産業博覧会絵葉書

高松全国産業博覧会の会場図
高松市編（1929）『高松市主催全国産業博覧会誌』

全国産業博覧会の会場には高松城の西の丸跡地が利用され、城内にある天守台や内堀、中堀も含む大胆な会場設計となった。瀬戸内海をバックに、高松港や高松駅にも隣接する、海城を活用した高松独自の会場として人気を博した

全国産業博覧会会場の様子 高松商運提供

場内の様子
『高松市主催全国産業博覧会誌』1929年より

場内の様子 全国産業博覧会絵葉書

観光都市高松の発展と瀬戸内海国立公園

高松にとって大正から昭和初期（1920年代から30年代にかけて）は、全国各地から旅行者がやってくる一大観光ブームの時代となりました。港や商店街にはイルミネーションやすずらん灯（※6）が輝き、市内には劇場、旅館、映画館、カフェーが軒を並べるなど、まち全体がきらびやかな魅力に包まれていました。

観光都市高松の牽引役となったのは、江戸後期から全国的に庶民の信仰を集めた金刀比羅宮を中核として、新たな観光地として人気を博していた屋島と栗林公園でした。1920年に屋島が県立公園に指定されたことで、道路は改修され、展望台、ホテル、給水施設、植樹などが整備されていきます。1922年には史跡名勝天然記念物保存法によって、栗林公園が国の名勝地に指定され、この頃から皇族、貴族、文学者が次々と屋島や栗林公園を訪れ、内外の注目を集めるようになりました。1927年には大阪毎日新聞社と東京日日新聞社主催で日本八景がハガキ投票で募集され、その投票数は当時の日本総人口の約1.5倍にあたる約9,300万通にもおよぶなど、全国的な観光熱は高まる一方でした。屋島は惜しくも日本八景に選定されませんでしたが、日本を代表する25の景勝地に選定され、屋島高松が全国的に知られる

※6 すずらんの花をかたどった装飾灯で、大正末期に京都に設置され、そのデザイン性が話題となり全国的に広まった

屋島・栗林・琴平・塩江など県内主要観光地の鳥瞰図　「香川縣名所鳥瞰圖」1930年

契機となりました。

こうした観光の波に乗るように、昭和初期には高松市街地にも多くの娯楽施設ができており、なかでも内町には「玉藻温泉」「中座」「大衆座」など映画館や劇場が集中していました（次頁図）。百間町には当時では珍しい鉄筋コンクリート造の映画館「ライオン館」や「高松劇場」があり、片原町、花園町、栗林町、東瓦町、兵庫町、田町にもひとつずつ劇場がありました。また、料理屋、バー、カフェーなどの業種も内町、百間町、片原町に集中しており、この3町一帯が戦前高松の盛り場を形成していました。旅館業も盛んで、内町、古新町は古くからの旅館が多く、高松港周辺の西の丸町、西内町、新湊町は新しい旅館街が形成されていました。なかでも、近代設備の整った5階建ての「タマモホテル」が内町に開業し、四国で初となる本格的なホテルとして話題になりました。1931（昭和6）年には地上6階建てとなる三越高松支店が開業し、四国の流行を先導するエリアとして活況を呈します。

そして、1934年には霧島や雲仙とともに瀬戸内海が国立公園第一号に認定され、その指定区域は屋島を含む備讃瀬戸エリアが中心に選出されました。庵治半島から荘内半島に至る海岸線のほとんどが国立公園として指定されたため、香川県民挙げての祝賀行事が開催されて、大いににぎわったようです。この時期、高松への旅行者は増加

三越周辺の内町に形成される娯楽街 「高松住宅明細地図」1932年に加筆

1920年代から30年代にかけて、劇場や寄席、映画館が内町周辺に開設され(図中オレンジ箇所)、料理屋、バー、カフェーなど娯楽飲食街が形成された。この頃にはタマモホテル、三越高松支店も開業している

四国初の近代的ホテルとして開業したタマモホテル 高松市歴史資料館所蔵

現 ライオン通りの由来となったライオン館 『高松市』1922年

の一途をたどり、年間8～9万人程度だった宿泊者数は、国立公園指定後には年間10～11万人になるなど、その効果はてきめんでした。高松郊外の観光地開発も盛んに行われ、「四国の宝塚」を目指した塩江温泉郷や競馬場と遊園地ができた仏生山、桃太郎伝説と結び付けた女木島、奈良須池には岡本遊園がつくられるなど、市民と旅行者によるレジャー熱は冷めやらぬまま、観光開発と近代化はますます進んでいきました。

しかし、こうした娯楽化と歩を合わせるように、高松のまちは戦争を予感させる情勢へと動きはじめていました。第一次世界大戦以後、日本における軍国主義は徐々に頭角を現し、1931(昭和6)年には満州事変が勃発、中国侵略の足がかりとなります。1937年には全面的な日中戦争へと広がり、日本国内も急速に戦時体制へと切り替わります。同年末には、カフェーでのクリスマスや歳末行事は禁止され、翌年には内務省の通達で、ダンスホール、カフェー、喫茶店などの制限ないしは閉鎖、夜間の歌舞音曲の禁止、ネオン制限等の規制強化が打ち出されます。これまで順調に進んでいたかに思える各種観光事業や遊覧計画はすべてストップし、日本は戦争の時代へと突入していきました。

昭和初期の丸亀町商店街　高松市歴史資料館所蔵

左に郵便局、奥に香川県庁を眺める内町周辺　絵葉書

中四国初の出店となった三越高松支店　香川県立文書館所蔵

玉藻座が左手に見える片原町商店街　絵葉書

山裾を通る塩江温泉鉄道　絵葉書

焼野原からはじまる商都高松の復興

第二次世界大戦が激化するなか、市民生活はさまざまな局面で抑圧され、昭和初期を彩ったまちの娯楽や飲食は影をひそめ、食糧をはじめとする物資不足が市民生活に深刻な打撃を与えていました。国家総動員法のもと、日本中に町内会や隣組が網の目のように結成され、戦時国家の下部組織として地域住民を体制化していきました。1944(昭和19)年には、高松市内に15の町内連合会と265の町内会、2,168の隣組が組織されていました。そして、1945年7月4日未明、高松は大規模な空襲を受けます(下図)。市街地の約80パーセントにもおよぶエリアが焼失し、罹災者は当時の市域人口の約75パーセントとなる86,400人、死者1,359人とされ、四国で最も大きな戦災を被りました。幸いにも高松駅や高松港を含む市街地北部の鉄道や港湾施設は被害を免れ、復興の大きな足がかりとなります。

終戦後、高松市は戦災復興委員会を設け、復興都市計画の案づくりに着手します。その頃、国においても戦災復興院を設置し、全国の戦災都市で実施されるべき都市計画の方針を検討していました。そして、終戦間もない1945年12月30日に戦災復興計画基本方針が閣議決定され、その内容は単なる復旧ではない新たな時代の到来を想定したものでした。具体的には、主要幹線道路の幅は大都市で50メートル以上、中小都市でも36メートル以上とし、さらには緑地帯と防火帯を兼ねた幅100メートル道路の建設を促すなど、こうした方針を踏襲して、戦災都市に指定された全国115都市では復興計画が策定されて

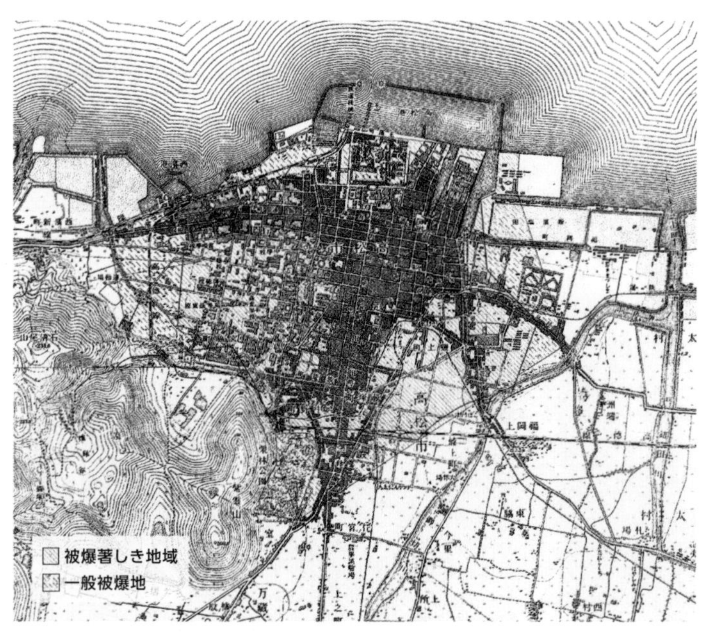

高松市街地の罹災状況 「戦災概況図高松」1945年に凡例加筆

戦災を受けた市街地の様子 市役所より南東方面 『高松空襲戦災誌』1983年

戦災を受けた市街地の様子 内町周辺
高松市歴史資料館所蔵

瓦町駅前にあったコトデンマーケット
高松市歴史資料館所蔵

戦後直後の丸亀町通り(1948年)
高松市歴史資料館所蔵

高松復興都市計画圖

高松復興都市計画図 高松市建設部整地課、1952年

当初案では中央通り幅50メートルで計画されていたが、縮小変更され、1947年に最終案が決定する。この計画図のなかでも、高松城の南に面する内町公園などは実現されなかったが、ほぼこの計画図で区画整理が実施される。戦災復興による区画整理事業は1970年に完了し、現在に至る高松市街地が形成された

整備が進む中央通り 1950年頃

高松市歴史資料館所蔵

植樹帯が完成する中央通り 1950年代後半

高松市歴史資料館所蔵

いきました。高松市においても復興計画の具体的なプランが検討され、戦前に計画された都市計画街路網を下敷きに、築港から南に延びる幅50メートルの中央通りや、瓦町駅から西側（天神前）に向かう幅60メートルの街路など、スケールの大きなプランが当初案として策定されました（P.146参照）。しかしその後、市内の土地所有者による一連の反対運動により、当初案は縮小を余儀なくされ、1947年9月に最終案が決定されました（前頁上図）。高松市は復興計画を実現すべく、旧城下町エリアがすっぽりと入る区域で土地区画整理事業（※7）を実施予定でしたが、1949年、GHQによる緊縮財政を受けてさらに縮小され、主に被戦災地区を3工区に分けて区画整理事業が実施されることになりました。現在の高松市街地を構成する街区と道路は、基本的にこの戦災復興期の区画整理事業によってつくられたといえます。

復興都市計画事業が進みはじめた高松市街地で、最初に復興の後押しとなったのは闇市（※8）でした。高松市街地ではテント張りの露店市場が、築港付近、片原町三越付近、瓦町付近を中心に発生し、1946年1月末には築港54軒、片原町48軒、瓦町82軒の露天商が商売をしていました。戦後直後の物資不足のなかで、こうした闇市に行けば食料品などの生活必需品から酒やたばこなどの娯楽品まで、ありとあらゆるものが揃っているものの、価格が法外に高く設定されており、やが

※7 土地区画整理事業とは、道路や公園などが未整備な区域において、土地の区画を整え、利用の増進を図る事業。具体的には、事業区域内の地権者から少しずつ土地を提供（減歩）してもらい、その土地を道路や公園などの公共用地に充てるほか、一部（保留地）を売却して事業資金の一部に充てる

※8 敗戦後、全国の都市の焼け跡などに自然発生的に形成された自由市場。機能を失った公的な流通機構に代わり、食糧品や生活用品の取引、飲食の提供などを公然と行っていた。非合法でありながら黙認されることが多く、民衆の生活が安定する1949年頃までは、少しずつ性格や実態を変え、全国各地に存続していた

1950年頃のライオン通り 高松市歴史資料館所蔵

映画館南座付近 高松市歴史資料館所蔵

1950年頃の瓦町駅前・常磐街入口 高松市歴史資料館所蔵

1953年常磐街石畳完成式典の様子 高松市歴史資料館所蔵

て取り締まりの対象となっていきます。高松築港付近の闇市はその後「国際自由市場」と呼ばれるマーケットに集約され、片原町付近の闇市は華下天満宮の境内地に共同売り場を設け、適正価格で販売するマーケットとなり、大いににぎわったといいます。

また、戦争で中断となっていた大衆娯楽が早くも復活し、戦後すぐの正月には三越6階に「東宝映画館」、瓦町西に大衆演劇の「常磐座」が興行をはじめていました。瓦町では「いまだ焼け跡の街頭に時ならぬ人の垣をつくった」と当時の新聞で報じられており、戦後すぐに開館した2つの劇場を皮切りに、「玉藻温泉劇場」「電気館」「高松大映」「南座」「ライオン館」など、戦前まであった劇場の再建と新設が相次ぎ、高松のまちは一気に娯楽施設で満たされていきます。戦後高松のにぎわいは、三越を北の核、瓦町を南の核として、その2つを丸亀町、南新町、常磐街のL字商店街で結ぶ2核1モール(※9)の構造で発展し、その後の復興と発展の呼び水となっていきました。特に、戦前は田んぼと空き地ばかりだった瓦町周辺が、戦後の新興繁華街として急速に発展していきます。その発展をけん引したのが「常磐座」主の溝渕寿吉(※10)でした。1950年代に入ると各商店街でアーケードの建設ラッシュがはじまり、戦前のにぎわいを凌駕するほどに高松のまちは様変わりしていきます。

※9 集客力のある2つの拠点（大型店舗や駅など）が両端にあり、その間をつなぐように商店街がある商業上の施設配置。実際のショッピングモールでも多く採用されている

※10 **溝渕寿吉**（1901-1957）1928年高松市に常磐興業を設立。演劇団を結成し、全国を巡業するかたわら映画館「常磐座」を経営。戦後、常磐座を復興し、常磐街隆盛の礎をつくった

1951年頃の丸亀町商店街　高松市歴史資料館所蔵

1950年代の三町ドーム付近　高松市歴史資料館所蔵

1955年頃の丸亀町商店街　高松市歴史資料館所蔵

石畳の商店街として繁盛する常磐街　高松市歴史資料館所蔵

「四国の玄関口」高松の経済発展ふたたび

戦後、高松の復興計画と商店街の再生はいち早く進み、中央省庁の地方機関や銀行、商社など有力企業の地方支社が続々と居を構え、四国の中枢都市として規模を拡大していきます。こうした「四国の玄関口」としての性格は、戦前の地域間競争の末に獲得したものであり、そうした発展を支えた要因のひとつに海城町・高松の地形的特色がありました(第2章トピック1)。やがて訪れる高度経済成長期に、高松は経済と観光の両面で四国をリードしていきます。

「四国の玄関口」としての地の利は観光面にも大きく寄与し、戦前に指定を受けた瀬戸内海国立公園の恩恵も受け、1949年には観光高松大博覧会、1953年には国民体育大会と、大規模なイベントに多くの人々が訪れ、観光誘致は成功を収めます。1955年には高松城跡が国の史跡指定を受け、「玉藻公園」として築城以来はじめて市民に一般開放されることになりました。高松城は明治の廃藩置県で廃城となり、1890(明治23)年に旧藩主松平家の私有財産となるも、戦後は米軍に接収(※11)されます。1952(昭和27)に接収が解除されたため、高松市

※11 国などの権力機関が、個人の所有物を強制的に取り上げること

1954年頃の高松港周辺
高松市歴史資料館所蔵

玉藻公園として市民に開放された高松城跡
高松市歴史資料館所蔵

1960年頃の高松港桟橋に隣接して建設された3代目高松駅
高松市歴史資料館所蔵

鉄道記念物として保存が検討されていた2代目高松駅舎
高松市歴史資料館所蔵

では城跡を市民の公園として活用することを計画。当時の計画では、天守跡に鉄筋3階建てエレベーター付きの天守閣を築造する構想があったようです。1959年には高松港の桟橋に隣接して3代目高松駅が開業し、船と鉄道の連絡が強化されます。また、中央通りの突き当りに駅前広場が整備され、船・鉄道に加えて車との連携も図られるなど、「四国の玄関口」としての機能がますます高められていきました。なお、1910年に宇高連絡船開通とともに建設された2代目高松駅は、鉄道記念物として保存することが検討されはじめた矢先、火災によって焼失しました。建設当時、梅田駅をしのぐともいわれた2代目高松駅舎が仮に残っていたとすれば、香川・高松のみならず日本の近代化遺産として「まちの記憶」を留めてくれていたことでしょう。

1956年、高松市は膨張する人口と市街化の拡大を受けて、香西町や仏生山町など周辺町村と合併し、市域人口は147,282人から215,007人、面積は約3倍に広がります(※12)。この間、折からの戦後復興の波に乗り、全国規模の企業が続々と高松に支社や支店を開設します。なかでも、戦前に比べて金融機関の高松進出が目立っており、都市銀行や地方銀行のみならず、大手の証券会社、保険会社も支社や支店を置き、シンボルロードとしてつくられた中央通り沿いには大企業のビルが建ち並びました(下写真)。官公庁の出先機関や裁判所なども同様に高松での立地が進み、特に四国電力本店の誘致に際しては松山市との間で誘致合戦がおこり、最終的には徳島、高知との地理的環境も踏まえて高松での本店設置となりました。なお、誘致先として戦災復興で計画された内町公園の敷地(戦前は県庁舎の敷地)が利用されました(P.147参照)。こうして、戦後10年という短い間に、香川高松は四国の中枢都市として、社会経済的な位置づけが定まっていったのです。

※12 高松市編(1989)『高松百年史下巻』高松市、203頁

高度経済成長期に入る高松市街地
高松市歴史資料館所蔵

観光都市・高松と高度経済成長期

観光都市としての高松は、新たに開放された玉藻公園、築港エリアを玄関として、栗林公園、屋島をめぐり、足を延ばして琴平、小豆島が人気観光地として定着していきました。旅行者の受け入れ先となる旅館やホテルも徐々に増え、1964(昭和39)年には外国人旅行者を迎え入れられる高松国際ホテルの建設などが進みました。次頁のグラフは1950年代以降の香川県旅行者数の推移を示しています。香川県の旅行者数(四大観光地合計数)をみてみると、1950年代には400〜500万人台を推移しますが、1960年代に入ってから琴平、屋島の旅行者数が一気に増大し、700万人台へと突入します。1960年には大阪—高松空港間に定期航空路が開設され、1961年には「動く国道」としてマイカーを船に乗せられる宇高国道フェリーの航行が開始、屋島ではドライブウェイが開通するなど、観光は一気に広域化するとともに、車観光の時代を迎えます。1960年代は池田内閣による所得倍増計画が掲げられ、日本は高度経済成長期の時代へと移り変わっていました。こうした社会状況を背景として、香川県の旅行者数も堅調に増え、山陽新幹線(新大阪—岡山間)が開通する1972年にはピークとなる1,081万人を記録しており、この時期はまさに香川観光の黄金期となりました。1970年代は田中角栄による日本列島改造論がブームとなっており、日本中に新幹線や高速道路が張りめぐらされていきました。

こうした好景気にわく香川観光の余波を受け、高松港周辺は観光やビジネスで訪れる人々で大いににぎわい、四国の玄関都市としての繁栄を謳歌する時代となります。1970年代、この時期のまちなか

高松市街図屏風 高松市歴史資料館所蔵
原画は1949年に観光高松大博覧会の開催に合わせて制作された。作者は吉田初三郎の弟子にあたる寺本左近。高松港が拠点となり、屋島や小豆島、高松市街地が描かれている

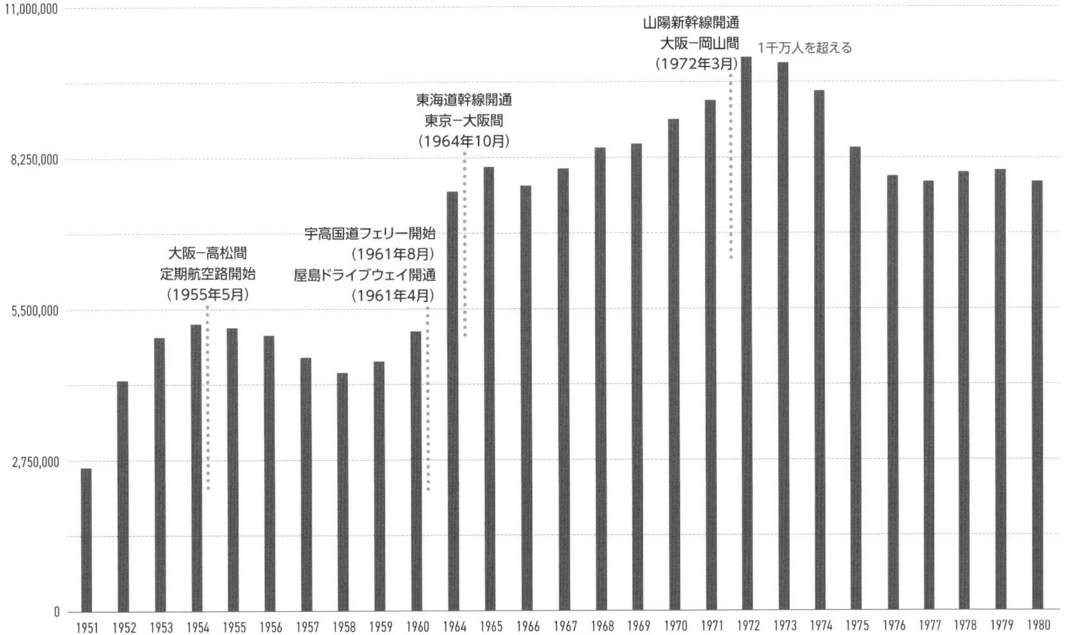

香川県における旅行者数推移30年(1951〜1980年)　※旅行者数は県内四大観光地合計数(香川県統計年鑑をもとに作成)

1949年復興の呼び水として観光高松大博覧会を開催、その後、50年代に入って年間400〜500万人で推移するが、60年代に入ってから急激に増加の一途をたどり、山陽新幹線開通と重なる1972年には1千万人を超える旅行者数となる

交通量が増す高松駅前　高松市歴史資料館所蔵

マイカーを乗せられる宇高国道フェリー　高松市歴史資料館所蔵

モータリゼーションが進む1960年代
高松市歴史資料館所蔵

自動車時代に対応する屋島ドライブウェイ　高松市歴史資料館所蔵

観光需要に対応する高松国際ホテル
高松市歴史資料館所蔵

における大きな話題として、県外資本による本格的な大型小売店舗の進出が挙げられます。戦後からはじまる流通革命を受け、高松でも1960年代から地元資本による店舗の大型化が進展するなかで、1967年には大手スーパーの「ダイエー」が、売り場面積約2,800平方メートルで常磐街にオープンします。翌年には、これまで唯一の大型店舗であった「三越」が旧店舗の2.5倍の広さとなる約1万平方メートルの売り場面積で新装オープンします。その後、1972年には「ジャスコ」が売り場面積約5,700平方メートルで常磐街に出店し、高松のまちなかは北の三越と南の常磐街という2つの核となるエリアを軸に、大いににぎわいました。次頁の写真は1970〜80年代頃の常磐街や瓦町駅、三町ドーム、高松駅周辺の様子を写しており、まちなかに多くの人々が集まっている様子が見てとれます。

戦後、高松港の利用者数は増加の一途をたどります。下表のとおり、高松港は1970年代をピークに年間1千万人を超えるまでになり、1980年代末まで日本で最も乗降人員数の多い港となりました。また、四国と本州を結ぶ高松港と宇野港は、1980年までそれぞれ乗降人員数で全国1位と2位を占めており、日本のなかで最も利用されていた航路であったといえます。当時の高松港は現在の位置とほぼ変わらないものの、まちなか商店街との連続性は現在の港周辺と異なり、海と港と町のにぎわいが混然一体となるような場所となっていました。当時はインターネットによる宿泊予約や地図表示がなかった時代、市内じゅうの旅館関係者が高松港に集まり、各旅館の旗を振って連絡船から高松に降り立った人々を迎え入れていた時期もあったそうです。「四国の玄関口」というポジションを背景として、四国中の若者が高松のまちなかに集まり、高松は中四国の拠点都市として、経済的にも文化的にも先導的なまちになっていました。

▶日本の港湾における船舶乗降人員数ランキング 港湾統計をもとに作成

順位	1960年		1965年		1970年		1975年		1980年		1985年		1990年	
1位	**高松**	6,678,933	**高松**	9,127,997	**高松**	10,887,808	**高松**	11,169,542	**高松**	9,169,901	**高松**	8,708,101	神戸	8,142,087
2位	宇野	5,038,396	宇野	7,191,828	宇野	7,831,875	宇野	9,529,094	宇野	7,507,720	神戸	7,865,068	鹿児島	7,026,284
3位	厳島	3,387,028	松山	4,434,363	函館	4,814,776	神戸	6,881,205	神戸	6,942,288	宇野	5,740,491	明石	5,090,516
4位	青森	2,927,634	厳島	4,316,934	青森	4,766,181	尾道糸崎	6,387,244	尾道糸崎	4,729,887	明石	4,898,435	広島	4,068,405
5位	函館	2,922,806	青森	4,109,528	尾道糸崎	4,471,120	広島	4,932,955	広島	4,404,704	鹿児島	4,278,509	大阪	3,535,733

戦後から80年代後半まで高松港は乗降人員数で首位をキープしており、70年代往時には1,100万を超える人々が高松港を乗降していた。60年頃は青森ー函館を結ぶ連絡船が5位以内に入っていたが、85年、90年には広島、鹿児島の利用者が増加していった。特に、神戸は1975年に3位になって以来、急激に乗降人員数が増加している。瀬戸大橋開通(1988年)以後となる1990年には神戸が1位となり、連絡船廃止の影響から、高松は5位以内にも入らなくなっている

1970年代の常磐街にて高松祭りの様子　高松市歴史資料館所蔵

1970年の瓦町駅前広場　高松市歴史資料館所蔵

1970年代の常磐街にて日常の様子　高松市歴史資料館所蔵

1974年の三町ドーム付近　高松市歴史資料館所蔵

1980年代の高松駅前　高松市歴史資料館所蔵

巨大プロジェクトによる都市の広域化

海城が開いたまち・高松は、戦後、四国の経済発展をけん引する役割を担い、高松港周辺は海と陸をつなぐ交通の要衝として繁栄を極めました。しかし、そうしたにぎわいも束の間、1980年代に入ると日本全国で高速道路網や航空ネットワークが拡充し、大規模な開発が実施され、高松・四国周辺でも巨大プロジェクトが実現していきます。具体的には、1988(昭和63)年に開通した瀬戸大橋、1989年に利用開始された新高松空港、1992年に高松西方面が開通した高松自動車道など、広域交通ネットワーク網が一気に整備されました。こうした交通網の広域化は、これまで「四国の玄関口」であった高松の地政学的位置づけを大きく変える出来事となりました。まず、JR瀬戸大橋線の開通により、これまで岡山から高松経由で四国に入っていたルートが、岡山から高松を経由せず、松山、高知など四国の主要都市に直接アクセスできるルートへと変化しました。つまり、鉄道路線からいえば「四国の玄関口」は高松から岡山に変わったとみることもできます。

瀬戸大橋開通前の高松港・高松駅周辺 高松市歴史資料館所蔵

宇高連絡船の最終便(1988年)
高松市歴史資料館所蔵

建設中の瀬戸大橋(1986年) 高松市歴史資料館所蔵

瀬戸大橋線の開通セレモニー(1988年) 高松市歴史資料館所蔵

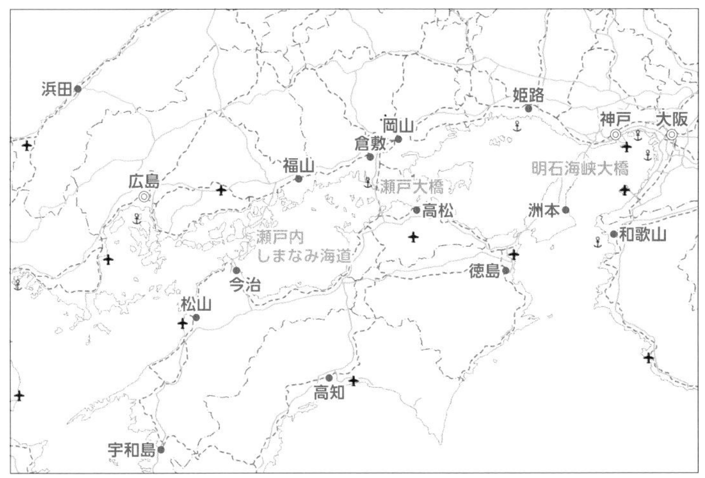

本州四国連絡橋に伴う広域交通ネットワークの整備
地理院地図より作成
(緑線:高速道路網 赤点線:JR路線網)

JR瀬戸大橋線の開通により、これまで岡山から宇高連絡船で高松に入り、松山、高知などに向かっていたルートが、岡山駅が起点となって高松駅、松山駅、高知駅に向かうルートへと変わった。鉄道路線からみれば、岡山が「四国の玄関口」となり、高松は「四国の玄関口」から「目的地」のひとつへと変化したことになる。また、本州四国連絡橋の整備により本州と四国は3本の橋で結ばれ、四国の主要都市は高速道路網で本州とつながった

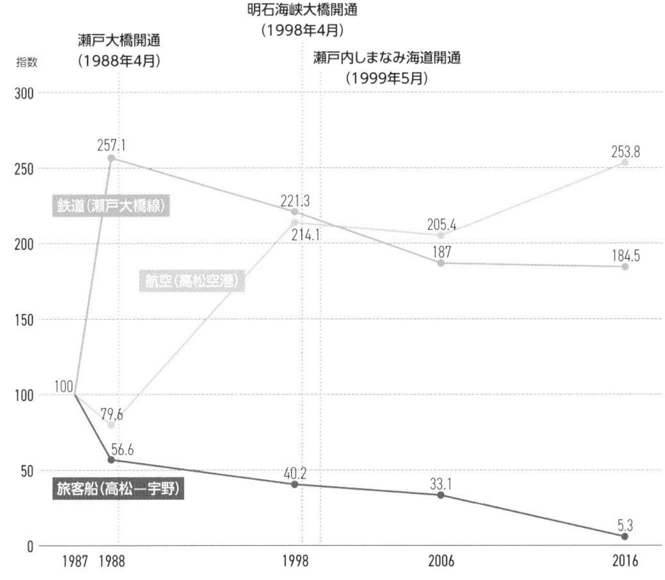

本州四国連絡橋に伴う交通機関別の旅客数推移
国土交通省四国運輸局(2017)「四国における運輸の動き30年」より作成

瀬戸大橋開通前年の1987年度の旅客数を100として、その後約30年間にわたる各交通機関別の旅客数推移を示したグラフである。全体的な傾向として、瀬戸大橋開通後、鉄道と航空は約2倍程度増加しており、フェリー等の旅客船乗降人員数は1/10以下まで減少している。なお、1998年に明石海峡大橋、1999年には瀬戸内しまなみ海道が開通しており、陸路の広域ネットワーク化が進んだことで、高松ー宇野間の旅客船乗降人員数に大きな影響を与えたと考えられる

また、1998年には明石海峡大橋が開通、1999年には瀬戸内しまなみ海道が開通し、本州と四国は3本の橋で結ばれ、四国は本州側の高速道路ネットワークに組み込まれていきます(上図)。地方空港の整備も着々と進み、瀬戸大橋開通前までは船舶による海の交通手段が主だったのに対し、開通後は陸と空の交通手段が一気に広まり、人や物の流れは大きなインパクトをもって変化していきました。上のグラフで示す交通機関別の旅客数推移は、そうした変化を数字の上で示しており、本州四国連絡橋による広域交通網整備により、高松の拠点性、特に海上交通の拠点性は大きく揺らぐことになりました。もはや高松を「四国の玄関口」と呼ぶにはふさわしくない状況となり、海城町の様相もこの10年ほどで大きく変化していきました。

新高松空港オープン
高松市歴史資料館所蔵

サンポート高松の開発と進展する郊外化

サンポート開発前（1989年）の高松市街地
高松市歴史資料館所蔵

サンポート開発後（2012年）の高松市街地
高松市提供

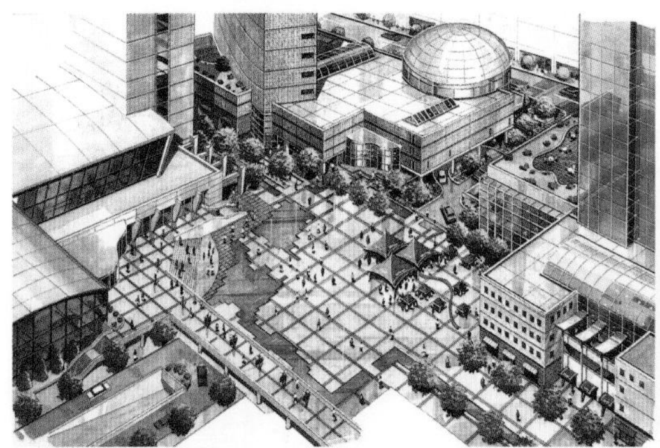

サンポート高松開発当時のイメージパース　香川県（1996）「サンポート高松」より

1988年にJR瀬戸大橋線が開通したことにより、高松と宇野をつないでいた連絡船とホーバークラフトは廃止となります。高松港の視点からみれば、人流と物流の機能が一気に低下したことになります。さきほど示した旅客数推移のグラフ（P.113）においても、瀬戸大橋開通前後の約30年間で高松港の旅客数（高松―宇野間）は20分の1程度まで減少しており、これまで高松港をにぎわしていた人々の流れが大きく変わったことを雄弁に語っています。

こうした社会情勢を受けて、高松港周辺では瀬戸大橋開通前から港湾区域の大規模な再開発が計画されており、高松駅舎や駅前広場も含めた都市施設の再編事業が瀬戸大橋開通と同時に着手されました。宇高連絡船が発着していた旧高松駅北側の水面は埋め立てられ、2万トン級の岸壁を擁する日本有数の旅客船専用港湾施設が2001年に利用開始されます。後に、これらの施設を総称して「サンポート高松」とし、シンボルタワーや旅客ターミナルビルの開発など、海からの玄関口は一新されました（前頁写真）。

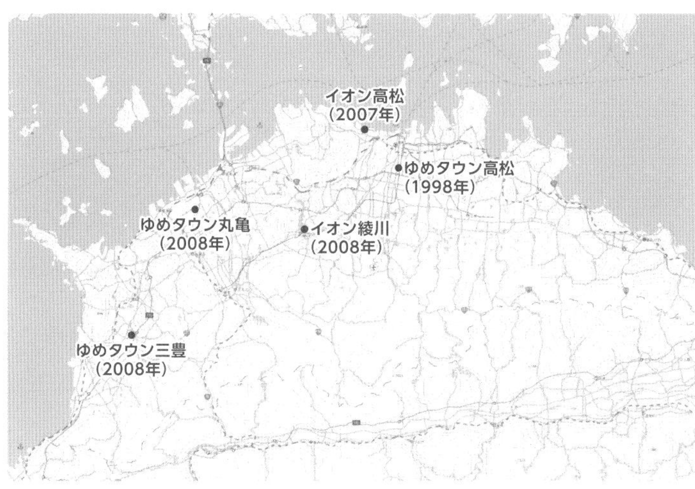

香川県内における
超大型小売店舗の開発状況
地理院地図より作成
本州四国連絡橋の開通により、本州の大資本が四国市場に参入し、1998年のゆめタウン高松を皮切りに、店舗面積2万4千平方メートルを超える郊外型ショッピングセンターが2008年までに5つ開業した。香川県は日本でも有数の郊外型大規模小売店舗の集積地となった

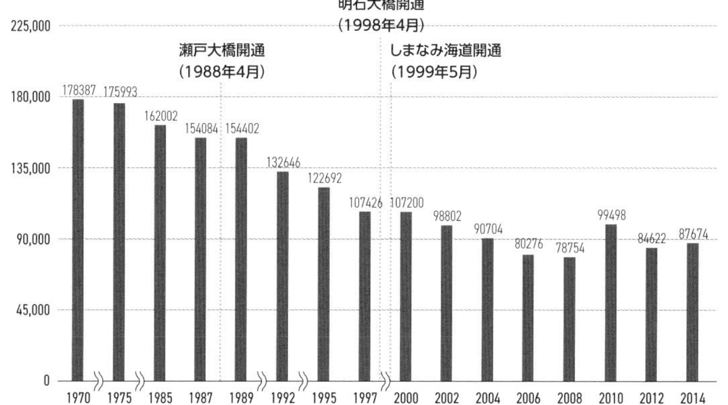

高松中央商店街通行量調査結果
高松商工会議所調査資料より作成
1970年代をピークとして2000年代半ばまで減少傾向にあり、往時は通行量合計17万8千人だったのが、2008年には7万8千人と約4割ほどに減少している。2008年以降は通行量の減少が止まり、やや回復基調にある

人や物の流れが大きく変わるなかで、唯一の「四国の玄関口」ではなくなった高松ではありますが、「四国の玄関口」としての高松のイメージは長らく人々の心のなかで息づいているように思えます。しかし、本州四国連絡橋開通の影響は、人や物の移動ルートの変更のみに留まりませんでした。本州とつながったことで、巨大資本の四国流入が堰をきったようにはじまり、そのひとつの例として挙げられるのが、郊外で開発される大規模小売店舗の出店です。香川県は平坦で可住面積も大きく、道路率(※13)も高いことから、大規模小売店舗にとっては絶好のマーケットとなりました。1998(平成10)年には旧城下町から南に2キロほど離れた三条町に、当時四国最大規模となる「ゆめタウン高松」がオープンし、徳島県西部や愛媛県東部も商圏に入るほど大勢の人々でにぎわいました。その後、2000年代に入り、大規模小売店舗開発の規制緩和が全国的に行われ、香川県による都市計画の線引き廃止(※14)も相まって、2007年には高松市西部に「イオンモール高松」、2008年には香川県中部に「イオンモール綾川」、同年に「ゆめタウン丸亀」と「ゆめタウン三豊」がそれぞれオープンしました(前頁上図)。

※13 区域の面積に占める道路の割合

※14 都市計画制度の中で市街化区域と市街化調整区域を分ける線を決めることを指し、線引きを廃止することで市街化調整区域でも一定基準による開発が可能となる

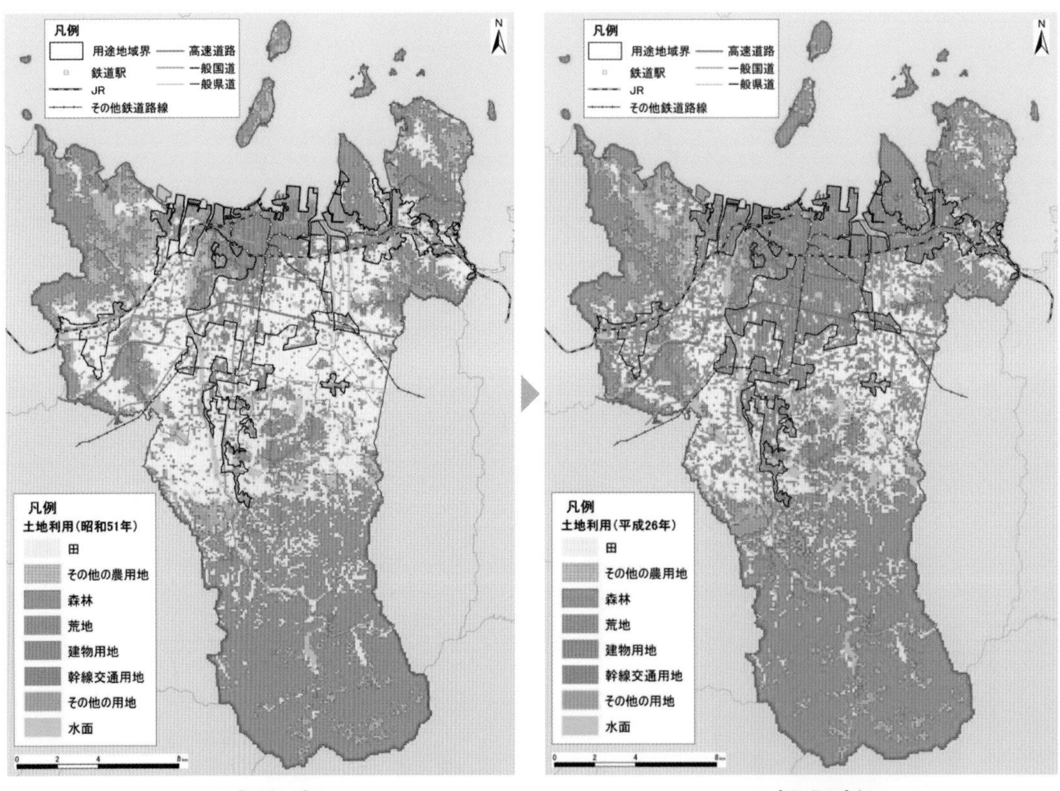

高松市域における土地利用の変化 「高松市立地適正化計画」2020年より

1976年から40年弱が経過した2014年の土地利用変化をみると、建物用地が南郊部全体に広がり、そのぶん田地が減少していることがわかる。40年弱で大規模に郊外化が進展している様子が読みとれる

香川県は全国有数となる超大型小売店舗（店舗面積2万平方メートル以上）の集積地となり、幹線道路沿いにはロードサイドショップが建ち並び、郊外化が一気に進展していきました。

そして、まちなかのにぎわいは年を経るごとに衰退の一途をたどります。1970年以降における高松中央商店街通行量調査（9地点合計通行量、10月休日）の結果ををみると（P.115グラフ）、まちなかとなる中央商店街の歩行者数は、1970年代をピークとして2000年半ばまで一貫して減少傾向にあり、2008年には往時の半分以下にまで減少します。これまで高松の中央商店街で買い物をしていた人々は、自動車に乗って便利な郊外ショッピングセンターで買い物をし、やがて地価の安い郊外にマイホームを建てるようになりました。前頁の図は、1976年と2014年における高松市内の土地利用の変化を示しています。1970年代からの約40年弱で、建物用地は市街地周辺南部の郊外に拡大して

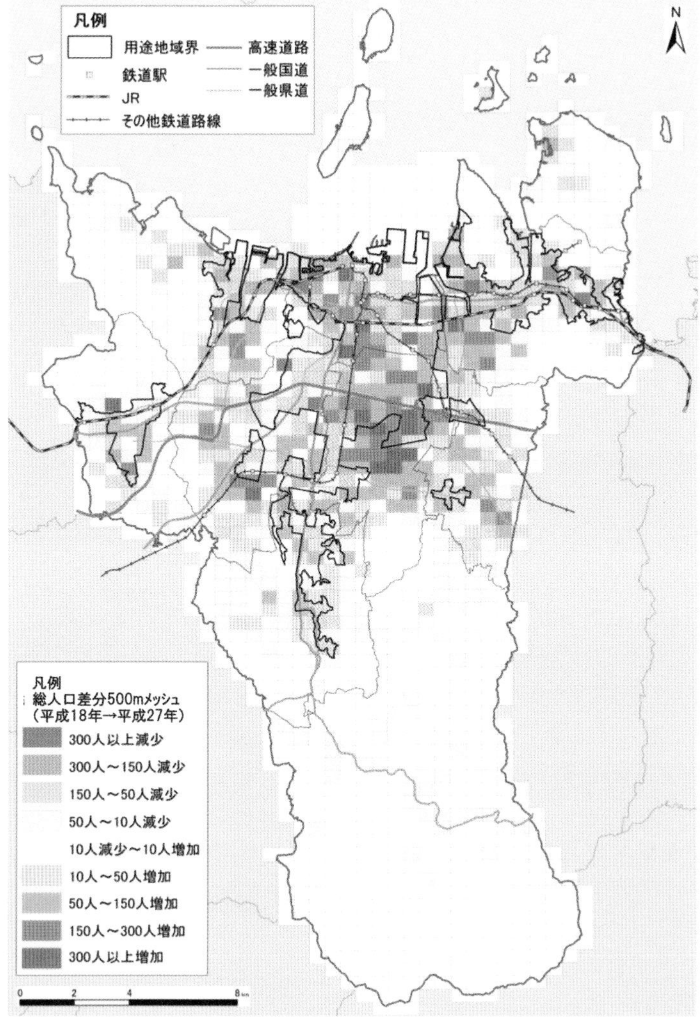

開発が進む高松市郊外（2018年）
高松市提供

高松市域における人口増減図
2006（平成18）年→2015（平成27）年
「高松市住民記録GISデータによる人口動態分析結果」2017年より

国勢調査地域メッシュ統計から人口増減の度合いを色分けして示している。人口増加したエリアは、主に市街地周縁部に見いだせ、特に松縄町や林町など、区画整理事業によって基盤整備がなされた地区を中心に人口増加が集中している。一方、人口減少しているエリアは中心市街地や中山間地エリアに見いだせる

いる様子がわかります。また、前頁の図は2006年から2015年にかけて、500メートルメッシュの区域でどれだけ人口増減があったかを色分けして示した図となります。こちらをみても、人口増加を示す赤いエリアは郊外地に多く、特に区画整理事業が実施された市街地南東部に顕著に見いだせます。一方で、まちなかは人口減少を示す青いエリアが多く、中心市街地の空洞化と郊外化が進展していることが読みとれます。

2004(平成16)年、さまざまな複合施設で構成されるサンポート高松がオープンします。しかし、バブル崩壊後の断続的な不況も相まって、想定された民間投資の開発は進みませんでした。また、中心市街地の衰退は歯止めがきかず、1980年代まで多くの人々でにぎわったまちなかはあっという間にシャッター商店街と化していきました。いわゆる「地方都市の衰退」が、海城町にもやってきたのです。なお、こうした状況は高松市街地だけでなく、丸亀や坂出、東かがわ、観音寺など、これまである程度の人口集積を誇っていた市街地も、一気に衰退の一途をたどることになります。

まちなかの衰退と高松丸亀町商店街の再生

そんな折、高松の中央商店街のなかでも城下町の起点を担った丸亀町商店街では、全国的にも注目される再生プロジェクトが実施されます。かつて1,000人以上が暮らしていた丸亀町商店街では、1990年代には75人にまで住民の数が減少しました。衰退のどん底にいた商店街では、多くの地権者、商店主らが集まり、商店街再生に向けた前向きな取り組みがはじまります。これまで長らくニーズに合った再開発を阻害してきた土地問題に対して、土地の所有と利用を分離すべく、300人以上いる地権者から土地の借地権を一本化し、新設されたまちづくり会社によって再開発事業を実施・運営する仕組みを日本ではじめて実現しました。狙いとしては、商店街の再生だけではなく居住者の回復にあり、まちなか居住を促進するため、再開発ビルの上層階をマンションとしました。新たな商店街の用途としては、物販や飲食のみならず、医療や福祉など、居住者にとって必要な機能を取り込む事業コンセプトとしています。また、全長約470メートルとなる丸亀町商店街をA～Gまで7街区に区分し、リスクを分散してそれぞれの事業に取りかかる時期をずらす、小規模連鎖型再開発事業として実施していきました(右図)。

1993(平成5)年にはA街区の再開発事業準備組合が設立され、2006年には大きなガラスドームがシンボルとなる「丸亀町壱番街」(A街区)が竣工しました。その後、B、C街区の再開発事業が実施され、2012年には「丸亀町グリーン」(G街区)が竣工します。この頃には、丸亀町商店街の歩行者数も壱番街整備前から約3倍弱まで持ち直し、

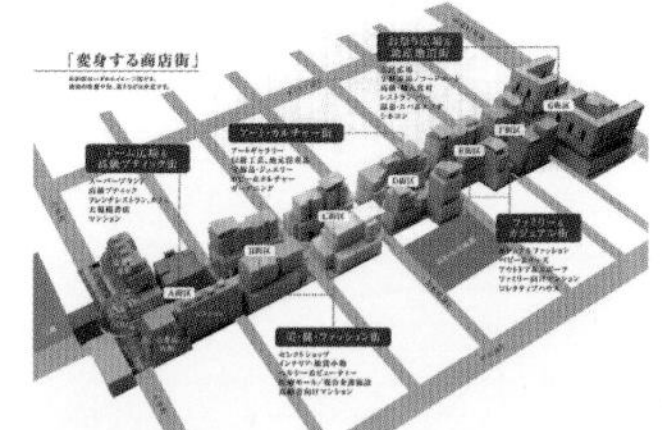

街区単位による小規模連鎖型再開発のイメージ図
高松丸亀町商店街振興組合提供

丸亀町商店街は南北約470メートルの路線型商店街であり、この商店街をA～Gの7街区に分け、街区ごとにコンセプトをもたせながら商店街全体をエリアマネジメントしている

居住人口は約1,000人程度まで回復しました。丸亀町商店街は日本における商店街の再生モデルとして長い期間注目を集めており、A街区の再開発事業準備組合が設立されて30年以上が経過した現在でも、時間をかけながら小規模連鎖による再開発事業が進行しています。

A街区整備前 高松丸亀町商店街振興組合提供

A街区整備後

ドーム広場整備前 高松丸亀町商店街振興組合提供

ドーム広場整備後

C街区整備前 高松丸亀町商店街振興組合提供

C街区整備後

多島海に新たな魅力をもたらす瀬戸内国際芸術祭

瀬戸大橋開通後、これまで四国の主要な都市に向かうための玄関口であった高松港の位置づけが大きく変わりました。高松港の乗降人員数は大きく減少し、海城前の港がもち続けた「交易の場」としての磁力は弱まったようにもみえます。高松の近代化は高松港からはじまり、高松港は海路と陸路の一大結節点として輝きを放ちました。昭和初期には全国産業博覧会が開催され、高松港と中央通りは祝祭の場となり、高松の発展を象徴する場所になりました。戦後のある時期までは、高松港と駅前広場周辺には闇市が建ち並び、管理という点からいえば不衛生で不平等な環境だったかもしれませんが、猥雑な空間はエネルギッシュなにぎわいを生み、そのエネルギーはまちなかへと接続していました。一方で、時代が進むにつれて管理・監督の目は強まり、あるべき都市環境に向けて、港や駅前、海城周辺の不法な建物は撤去され、瀬戸大橋開通とともに高松港頭地区開発事業が着手されます。竣工した地区はサンポート高松と呼ばれ、港周辺は安全安心で衛生的な都市環境となりました。しかし、高松港と駅前広場は道路によって分断され、かつてのエネルギーあふれるにぎわいは鳴りを潜め、まちなかとの接続も弱まったように思えます。

瀬戸内国際芸術祭初回となる2010年のポスター

瀬戸内国際芸術祭は「海の復権」をテーマとして、2010年から3年毎に開催されている。備讃瀬戸エリアの7つの離島を会場に、アート作品を島の所々に展示する現代アートのイベントである

大巻伸嗣「Liminal Air - core -」 Photo: Keizo Kioku

木村崇人「カモメの駐車場」

2019高松港 Photo: Shintaro Miyawaki

2019男木島（最終日） Photo: Shintaro Miyawaki

こうした状況のなか、備讃瀬戸の離島と結ばれる高松港の新たな魅力を引き出す取り組みが2010（平成22）年からはじまります。それが、3年に1度開催される瀬戸内国際芸術祭（以下、瀬戸芸）です。瀬戸芸は高松港を拠点とする備讃瀬戸エリアの離島を主な会場として、美術館等の建物内に限定されず、場所や土地との関連性をもったアート作品を屋外にも展示するサイトスペシフィックな現代アートのイベントです。2000年代当時、香川県では過疎高齢化が進む離島の振興と全国的にも注目を集めた豊島の産業廃棄物不法投棄問題を抱えており、そこに先んじてアートによる地域振興に取り組んでいたベネッセアートサイト直島での取り組みが重なり、2008年に瀬戸内国際芸術祭実行委員会が設立されます。第1回となる瀬戸芸では「海の復権」をコンセプトとして、会期は7月19日から10月31日までの105日間、直島、豊島、女木島、男木島、小豆島、大島、犬島および高松港周辺が会場となりました。18の国と地域から75組のアーティストが参加し、16のイベントが開催され、当初の来場者の見込みは30万人でしたが、最終的にはその3倍以上となる約93万8千人が来場する取り組みへと発展しました。瀬戸芸はその後もブラッシュアップされ、3年に1度、世界中から100万人を超える人々が訪れる取り組みへと成長しています。それは下のグラフのように高松港の乗降人員数にも表れており、2010年以降、3年ごとに約30万人ほど平均的な乗降人員数が増えていることがわかります。なお、こうした定量的な成果のみならず、旅行者は作品鑑賞だけでなく、アーティストや住民との出会い、島への愛着から満足度を高めています。また、会場である島の住民は瀬戸芸を肯定的に受け入れる人も多く（※15）、地域の活気や移住者の増加など活性化の視点からも評価されています。

※15 原直行（2021）「住民による瀬戸内国際芸術祭の評価」『香川大学経済論叢』93(4)、63-105頁

瀬戸大橋開通前、本州と四国をつなぐ「四国の玄関口」であった高松港は、現在、備讃瀬戸の多島海をめぐるターミナル港としてその役割を変化させてきました。1934年に日本初の国立公園に指定された

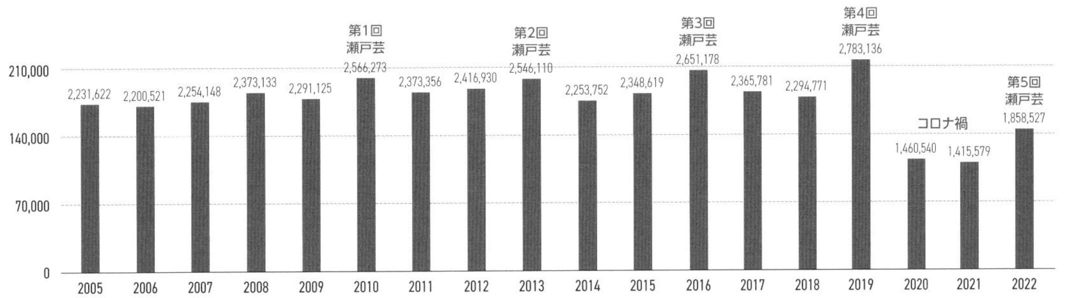

高松港における船舶乗降人員数の推移（内航利用） 港湾統計より作成

2005年以降、高松港の乗降人員数は増加傾向にある。2010年から瀬戸芸が3年毎に開催されるが、開催年には乗降人員数が大幅に増加している。2019年には278万人となり、一定規模以上の港湾では日本で第2位の乗降人員数をほこる

瀬戸内海に対して、瀬戸芸は多島海をめぐることができる地理的環境を存分にいかした取り組みといえるでしょう。高松港の乗降人員数も2005年以降増加傾向にあり、2019年には278万人となり、一定規模以上の港湾(甲種)(※16)でいえば、全国でも鹿児島港に次ぐ第2位の乗降人員数を誇っています。瀬戸大橋開通後、高松港は一時期は全国で5本の指にも入らない乗降人員数となっていましたが、全国的な広域交通網の整備が一段落した近年、再び日本を代表する旅客港へと発展しています。海城が開いた「交易の場」としての可能性は、引き続き、海城町・高松に新たな活路を与えてくれることでしょう。

※16 甲種港湾とは、日本の港湾法で定められた国際戦略港湾、国際拠点港湾、重要港湾を指し、外国貿易船の入港実績が毎年あることや、国内の貿易船入港実績が50万総トン以上あることなどの条件をクリアした港湾である

海に向かって突き出した扇状地の先端に巨大な海城を開いたことで、海と陸の交通結節点として栄えた海城町・高松は、近代以降も海城前の海域は港として活用され、大型化する船舶と陸路で発達する鉄道をつなぐ「四国の玄関口」として四国地方の発展をけん引してきました。

「四国の玄関口」となった高松は、近代化とともに本格化する観光ブームに乗り、瀬戸内海国立公園の指定も相まって、日本を代表する観光都市として人気を博しました。まちなかには劇場や映画館、飲食店が軒を連ね、街灯が夜のまちを飾りました。その後、戦争でまちのにぎわいは一時ストップするも、戦災復興を経て、高松は再び「四国の玄関口」としての地位を確立します。復興都市計画で道路や公園が再編され、高度経済成長とともに支店経済が高松の発展を支えました。まちなかには戦前以上のにぎわいがよみがえり、多くの旅行者と若者が集まる文化発信地にもなりました。しかし、1988年、瀬戸大橋の開通により広域交通網が形成されると、高松港からの人流は劇的に減少していきます。郊外には大規模小売店舗が開発され、まちなかを歩く人々も徐々に姿を消していきました。高松の中心市街地が著しく衰退していくなかで、丸亀町商店街の再生事業やサンポート高松の開発など、再生に向けた新たな動きも出てきています。近年では、3年に一度の瀬戸芸が開催され、高松港を結節点として備讃瀬戸エリアの島々に多くの人々が訪れています。

このように、海城町・高松はその時々の社会状況を受けて、繁栄、衰退、再生という局面を歩んできました。本州四国連絡橋等による交通の広域化により、一時海からの人流は弱まったものの、日本有数の利用者を誇る高松港は健在で、近年では海との関係性がアートによって強められています。海城によって開かれた「交易の場」としての磁力は、400年の時を超えた現代においても引き継がれているといえるでしょう。

ヘザー・B・スワン＋ノンダ・カサリディス「海を夢見る人々の場所」 Photo: Keizo Kioku

三宅之功「はじまりの刻」 Photo: Keizo Kioku

第3章　海城町の都市デザイン

海城によって開かれた香川の県都・高松。戦国の世が終わり、新たな太平の時代を導くように高松城は築城されました。江戸時代を通じて、高松の城下町は海と陸の結節点として発展していきます。明治時代に入ると、高松は広大な港と鉄道網の整備によって四国の玄関口となり、商都として繁栄しました。その後、戦災で市街地の約8割が焼野原となり、復興都市計画事業によって、自動車交通に対応する機能的な都市空間が整備されました。しかし、私たちが普段生活しているだけでは気づかない日常の都市空間のなかに、海城町・高松の記憶が息づいています。

これまで第1章、第2章では、主に歴史・地理・経済的な視点から海城町・高松の成り立ちと発展をひも解いてきましたが、本章では都市デザインの観点から「まちの空間形成」に着目していきます。トピック1では、江戸時代における「まちの空間形成」に着目し、そこに込められた都市デザインの意図を読み解いていきます。続いて、明治時代以降の都市計画事業に着目して、現在に至るまち並みの形成過程を把握します。トピック2では、これまで紹介した海城町・高松を実際に歩きながら、まちの成り立ちや記憶をみつけていきたいと思います。道路や社寺の位置、道の曲がりや周囲の山など、現在のまち並みのなかに見え隠れする城下町の記憶を、一緒に探しに行きましょう。

2018年度高松市街地空撮
高松市提供

第3章｜トピック1

現代につながる高松城下の都市設計

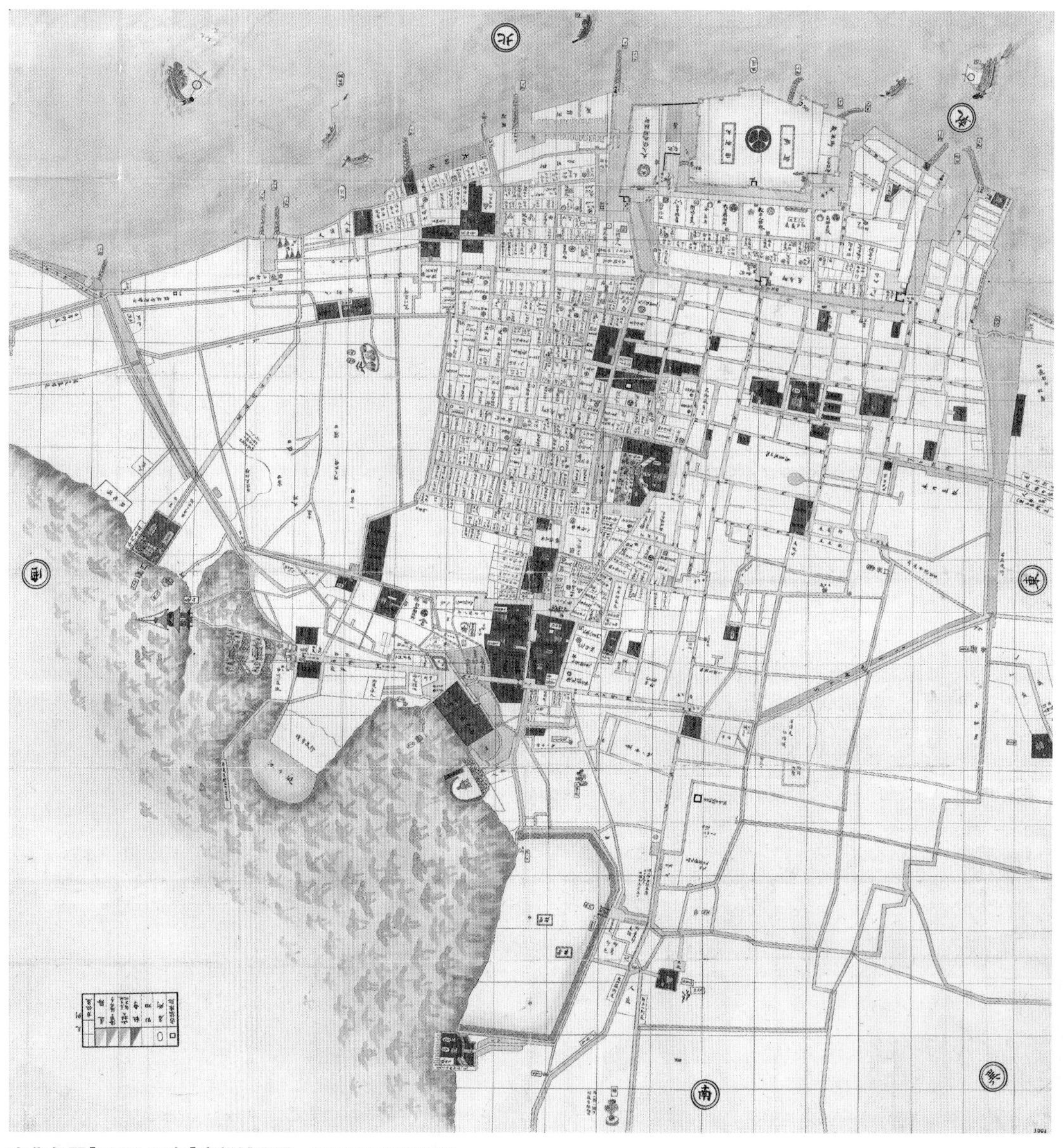

文化年間［1804-18年］高松城下図　高松市歴史資料館所蔵

1.江戸時代における城下町の形成と発展

高松城は豊臣政権下で最初期に築かれた海城でした。当時の高松藩主・生駒親正は、どのような意図をもって高松にまちを開いたのでしょうか。また、その後徳川の時代に入り、高松藩主となった松平頼重は、そこからさらにどのようなまちづくりに取り組んだのでしょうか。現代に残された城絵図や史料を用いて都市構造を読み解きつつ、江戸時代における高松のまちの形成と発展過程をみていきます。

呪術と科学からみる高松城下の隠れた構造

現代の都市づくりと江戸の都市づくり、共通する考え方も多くありますが、最も大きな違いは都市づくりの思考基盤となる人々の価値観や物事の見方です。現代では、科学的に物事をみる価値観が一般的であり、都市づくりにおいても機能性、合理性が重視されています(※1)。しかし、江戸の都市づくりでは、合理性のみならず非科学的な価値観も重視されていました。例えば、城の天守から北東の方角が鬼門であり、鬼門封じのために寺社を配置するといったケースで、江戸城でいえば寛永寺の建立などが有名です。高松城でも、生駒親正が築城にあたり、北東の方角にある庵治半島竹居岬の岩窟内に観音菩薩を祀ったとされています。こうした呪術的、もしくは風水的な環境の見方はほぼすべての城づくりに大なり小なり影響を与えており、現代の科学的な価値観からは理解しにくい判断基準が、そのベースに存在していました。

※1 現代の都市づくりは、機能性、合理性を重視するあまり人間疎外の都市づくりとなっている点がしばしば批判されている

天守の位置決めと周囲の山との関係性
地理院地図に加筆
女木島山頂(鷲ヶ峰)と竜王山山頂を結ぶライン上に、天守台と縢(ちきり)神社が並ぶ

天守位置決めの鍵は女木島と竜王山にあり

高松城においても、天守や門の位置決め、寺社の配置や方向などに呪術的な設計意図があったと考えられます。ここでは、天守の位置決めに着目して、隠れた構造を見いだしていきたいと思います。まず、先学(※2)において、城のなかでも最も重要な天守については、周辺の山や川など自然物の位置や、古くから崇敬を集める寺社の位置など、周辺事物との関係性から位置決めがなされたとされています。特に、これら周辺事物と「一直線上の配置」をとるようにして天守の位置決めがなされたケースが数多く指摘されています。

高松城において「一直線上の配置」を見いだすとすれば、前頁図のように女木島の鷲ヶ峰山頂と竜王山山頂を結ぶラインが天守の位置と重なります。また、このライン上には、松平家の菩提所づくりに合わ

※2 高見敞志(2009)『城と城下町―築城術の系譜』技報堂出版

鷲ヶ峰(女木島)山上に輝く北極星
女木島の鷲ヶ峰と竜王山の山頂を結ぶ「一直線上の配置」が高松城天守の位置決めに影響を与えた可能性がある。また、そのラインはほぼ南北軸と重なり、天守からは北辰信仰のもととなる北極星が鷲ヶ峰山上に眺められたであろう

天守台から女木島の眺め
Map data ©2022 Google
天守からは女木島の鷲ヶ峰山頂と北極星が一直線上にみえていた

せて頼重が遷座(※3)した滕神社の位置も重なります。こうした「一直線上の配置」は偶然の可能性も払拭できませんが、天守や菩提所など重要な施設の位置決めに周辺山頂との位置関係が利用されるケースはむしろ一般的といえます。鷲ヶ峰の麓には女木島の中心的な神社である住吉神社があり、周辺には古くから集落が形成されています。女木島の最高点はタカト山ですが、鷲ヶ峰は形が秀麗な独立峰であり、山の呼び名からも神格化された山であると考えられます。また、竜王山は讃岐国のなかで最も高い山であり、鷲ヶ峰と竜王山は周辺の山のなかでも特別な位置づけがなされていた可能性があります。なお、この「鷲ヶ峰一天守一竜王山ライン」は、方角上の南北軸ともほぼ重なっています。実際には0.2度ほど真北から東にずれていますが、この0.2度のずれを誤差とみるか、偶然南北軸に近似したとみるか、判断が分かれるところです。なお、**北辰信仰**のもととなる北極星は真北から約1度以内の範囲でずれており、夜の天守からは女木島鷲ヶ峰山頂と北極星がほぼ一直線上にみえていたことでしょう。

※3 神仏の座所を他の場所に移転すること

北辰信仰

北辰信仰とは、北辰(北極星)を神格化した妙見菩薩への信仰のこと。道教が生まれた古代中国の思想では北極星が宇宙の中心・根源とされ、日本においては平安時代に現世利益を願う妙見信仰として広まります。中世には武士の軍神として、近世には諸願成就の仏として民衆の信仰を集めました。戦国大名にとって、北は特別な方角であったと考えられます。

城下町を構成する聖なるL字

続いて、生駒家、松平家がともに厚遇した高松の氏神である石清尾八幡宮と天守との位置関係をみていきます。まず、江戸後期の城下図をみると、城と城下町との接点となる常盤橋から丸亀町を直線的に南下し、南新町を抜けて田町に至り、石清尾八幡宮から東に延びる直線的な参道と直角に交わる構造をとっています。この石清尾八幡宮から常磐橋に至るL字の街路は、遅くとも江戸中期以降の高松城下町を

大正時代の石清尾八幡宮参道(現 八幡通り) 香川県立文書館所蔵

田町から西に向かう石清尾八幡宮の参道は江戸時代から幅の広い道であった

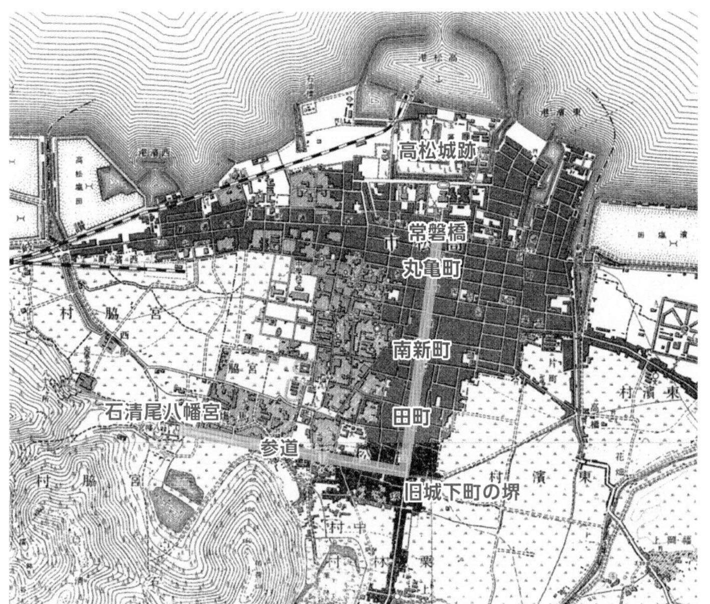

城と石清尾八幡宮を結ぶL字の街路構造

旧版地形図1910年に加筆

城下町の基点となる常磐橋から南に延びる町通りと石清尾八幡宮から東に延びる参道は田町付近で直角に交わり、城下町の骨格を成すL字の街路を構成している。この街路軸の傾きは高松平野に残される条里制の傾きと一致しており、生駒氏は城下町をつくるうえで、この地にもともとある道筋をいかして町割りを計画したといえる

構成する街路の骨格となっていました。例えば、このL字街路の南北一東西軸は、城下町を構成する街路全体の基本的な方向性と一致しています。また、地形的にも尾根筋となる南北の町通りは、田町の町境で石清尾八幡宮から延びる参道が直角にぶつかり、その直角の曲がり角から南は城下町の外側となります。このように、L字街路は、高松城下町の基軸を成すとともに、城下町の領域を区切る街路となっていたのです。

なお、このL字街路の軸は南北軸から約9度東に傾いており、この傾きは築城前からこの地に敷かれていた**条里制**(じょうりせい)の南北軸と重なることがわかっています。つまり、生駒氏は高松城下町を発展させるうえで、すでに笑原地区に形成されていた条里制の道筋をいかして、城下町の街路構造を形づくっていったと考えられます。ただし、城と石清尾八幡宮をつなぐL字街路が築城前に形成されていたかどうかは定かではありません。いずれにしても、築城前から信仰を集める石清尾八幡宮を、高松藩の新しい氏神として迎え入れるために、生駒氏(もしくは松平氏)が新たな城下の設計をするうえで、石清尾八幡宮を城下の街路骨格のなかに組み入れたと考えることができます。つまり、城下の既存街路としてすでにあった条里制の町割をいかし、城と石清尾八幡宮を結ぶL字街路を基軸とすることで、城と社寺の関係性を強め、城下のシンボルをつくるとともに、信仰の力を用いてまちの秩序維持を図る、そんな城下のデザインがなされたと考えられます。なお、その証拠として、このL字街路は石清尾八幡祭礼の際には多くの飾り船や囃子屋台が練り歩いていた通りであり、城と石清尾八幡宮をつなぐ、まさに信仰の道でもあったといえるでしょう(第2章トピック2参照)。

条里制

条里制とは、古代から中世後期にかけて、日本において行われた土地区画(管理)制度のこと。古代の長さの単位である、1町(約109メートル)四方の区画を1坪とし、坪を横に6個並べて1里、縦に6個並べて1条とした土地区画制度です。

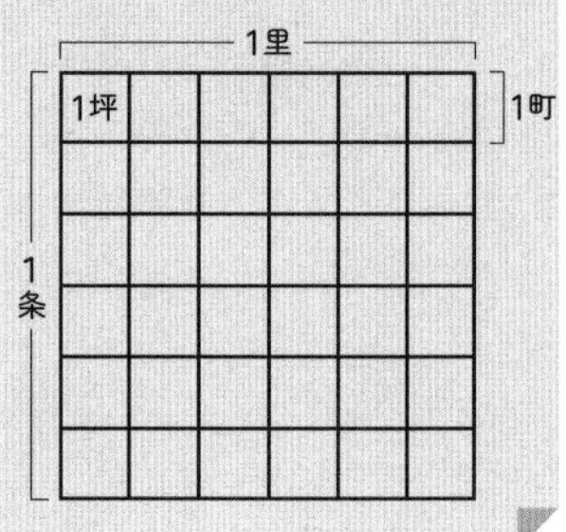

天守・常磐橋と石清尾八幡宮とのただならぬ位置関係

続いて、石清尾八幡宮と天守との位置関係について、より深く地図上で分析していきたいと思います。まず、石清尾八幡宮の社殿と天守台は直角三角形で結ぶことができ、この直角三角形の辺の長さが1:√2:√3の関係にあることがわかりました。この長さの比は、江戸時代に大工道具として利用された**曲尺**(かねじゃく)を用いた比率となります。この曲尺の比率を使った城下施設の位置決めについては、先学(※2)にてその一般性が指摘されており、高松においても偶然ではないと考えられます。なお、これらの位置関係を考察するうえで、生駒氏による築城当時、石清尾八幡宮の位置がどこであったかが重要なカギを握ります。石清尾八幡宮は生駒氏も松平氏も重要な社寺として厚遇していますが、石清尾八幡宮の社殿が築城前(あるいは生駒氏築城時)から現在地にあったのか、それとも、天守の位置を決めてから石清尾八幡宮を遷座したのか、この点については諸説あるため、明確にはわかっていません。

曲尺

曲尺は大工が使用する物差しで、寸法や直角、勾配をはかるなど、多機能な大工道具として、現代でも重宝されています。中世の書物でも、築城の際には曲尺が使用されていたことが記されています。表目と裏目の目盛りは1:√2の関係性にあり、1を短辺として√2を長辺とする1:√2:√3の直角三角形が、黄金比率として城下町の設計に使われていました。

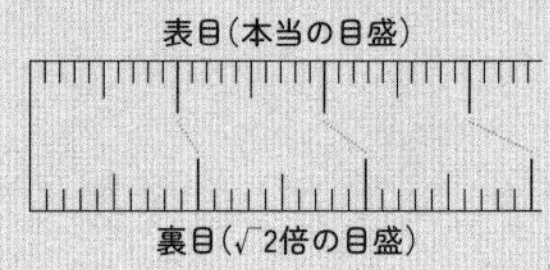

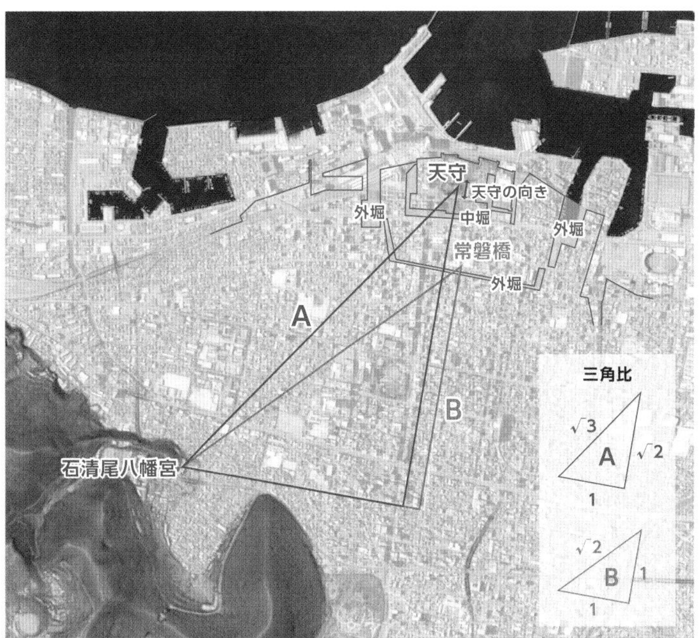

天守・常磐橋と石清尾八幡宮の図式的位置関係 地理院地図に加筆
石清尾八幡宮の位置を基点として、三角比を用いた天守と常磐橋の位置決めがなされた形跡を地図上から見いだせる。なお、天守自体の向きは正確な南北軸ではなく、図中Aで示される直角三角形の傾き（約9度）とほぼ一致し、この傾きはこの地の条里制と一致する

また一方で、石清尾八幡宮の社殿と常磐橋にも直角三角形を描くことができ、この三角形の辺の長さは1：1：√2となる直角二等辺三角形の配置関係となっています。この直角三角形の二辺で構成されるL字の辺は、先述した城下の基軸となるL字街路にもあたり、常磐橋の位置決めは、城下町の街路構造を決定するうえで、極めて重要であったと推測されます。これらから、仮に石清尾八幡宮が築城当時から現在の位置にあったとするならば、石清尾八幡宮との図式上の関係から天守と常磐橋の位置決めがなされたと考えることができます。つまりこの点においても、築城前から当地で崇敬を集めていた石清尾八幡宮を新たにつくる城下町の設計に組み入れることで、これから当地を治めていく高松藩としての基盤を固めていくという狙いが読みとれます。

なお、天守が向いている方向は天守台の向きから推定できますが、天守は正確に南北を向いておらず、その向きは図中で描かれている直角三角形Aの傾きと一致しています。直角三角形は城下町を構成する街路の傾きと同一のため、天守の向きと城下町の街路の傾きも一致します。つまり、生駒氏は天守と城下町を設計する際、この地に形成されていた既存街路を新たな城下町建設に取り込み、天守はその城下町に対して正面を向くよう計算され、建造されたといえるでしょう。天守の傾きに、戦国大名による緻密なまちのデザイン意図が読みとれます。

江戸高松の都市デザイン

江戸時代の街路構造は、単なる機能性を超え、空間デザインと社会の仕組みづくりを融合するような設計思想でつくられていました。天守や寺社など、シンボル性や信仰を用いてまちの人心も治める、現代風にいえばシビックプライドを自然と醸成するまちのつくりとなっており、まさに持続可能な城下の都市デザインがなされていたといえます。

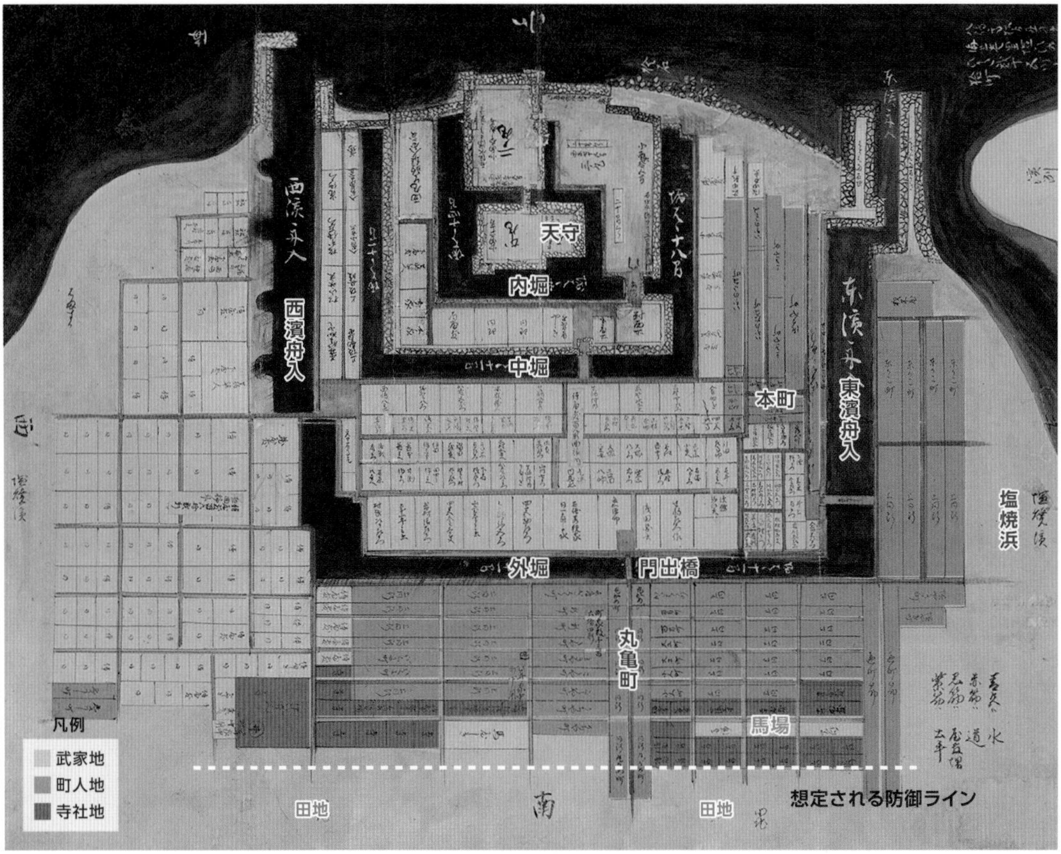

天守
内堀
中堀
外堀
西濱舟入
東濱舟入
本町
門出橋
丸亀町
馬場
塩焼浜
田地
田地
想定される防御ライン
凡例
武家地
町人地
寺社地

江戸初期(生駒藩)の高松城下町　「讃岐高松城屋敷割図」(高松市歴史資料館所蔵)に加筆
築城から約50年が経過した1638年頃の城下の様子が描かれている。外堀内側(城内)に本町等の町人地があるが、これは築城当時、外堀東側を巨大な商港として開発したため、外堀両岸に町人地が発達していき、結果的に外堀内側にも町人地が形成されたためである

江戸初期の高松城下町

江戸初期、生駒家が開いた高松城下町の様子を探るうえで、1638年頃に作成されたとされる「讃岐高松城屋敷割図」をもとに、その都市構造をみていきましょう。

1588年の築城から約50年が経過した様子が、この絵図に描かれています。1638年頃は生駒家4代目藩主となる高俊の時代、関ケ原の戦いから40年弱が経過し、戦の多かった時代から比較的平和な安定した時代へと移行した時期となります。築城当時から考えれば社会情勢も大きく変わり、そうした情勢の変化を受けて、城下町の構造も変化していったと考えられます。

外堀内側に形成された町人地

では、高松城内での**土地利用**をみていきましょう。まず、天守のあ

城下町の土地利用

一般的に、城下町の土地利用は武家地、町人地、寺社地の大きく3つに分類することができます。ただ、武家地は上級武士、下級武士に分けることもでき、例外を除くと、天守に近い内堀や外堀の内側に上級武士の大きな屋敷地があり、下級武士は外堀外側エリアにて、有事の際には防御できる位置に敷地が与えられました。町人地にも同じことがいえ、城を中心とした権力のヒエラルキーを城下町内の立地に見いだすことができます。

る本丸から、内堀、中堀、外堀と三重の堀に海水を取り入れた城のつくりとなっています。外堀内側は城内となるため、一般的には上級武士の屋敷が建ち並ぶエリアとなりますが、高松城の場合は武家屋敷に加えて、東側に町人地で構成されるエリアがあります。ここに町人地が形成されているのは、なぜでしょうか。

屋敷割図には、本町をはじめとして、いほのたな町（後の魚屋町）、ときや町（後の内磨屋町）、たくみ町（後の工町）、つるや町（後の鶴屋町、丸亀町の亀に対応する瑞祥地名（※4）ともいわれている）が外堀の内側に形成され、堀の外側は材木を扱う材木町や船乗りが住む東かこ町が形成されています。外堀の内側でも、武家地の住人が必要となる物を扱う町人地が発展したと理解することもできますが、外堀を挟むように堀の両岸で町人地が発展していることから、この外堀の存在が城内での町人地発展に深く関与していると考えられます。実際、生駒親正による高松城築城時、外堀の西側は軍港、東側は商業港として開発された経緯があるため、外堀東側（東濱舟入）の岸辺に漁業や海運を担う専門的な職能をもつ人々が住まうようになっていったと考えられます。

※4 良い意味の言葉や縁起のいい言葉から創作された地名。古代から現代まで地名の命名に利用されている

第1章トピック1でも述べたとおり、高松城においては城と同時に巨大な港をつくることも重要な目的であったとすれば、外堀の両岸を港として活用していくことは、むしろ当初の計画通りであったということもできます。逆にいえば、外堀東側両岸に町人地が形成されていることが、堀を積極的に港として活用した結果ともいえ、城をつくると同時に港をつくったとする築城時の狙いを裏づけているといえるでしょう。このように、外堀の内側に町人地が形成されていること自体、海城として築城された高松城下町の独自性を表しており、海城町・高松の発祥を考えるうえでも重要な町人地の土地利用であったといえます。

本町と丸亀町にみる町人地の二極構造

続いて、外堀外側の土地利用をみてみると、東側と南側は町人地で構成され、西側は武家地が中心となっています。外堀を介して城内とつながる橋は、東、西、南にひとつずつ架けられており、なかでも南側は「門出橋」（後の常磐橋）と名付けられ、城下でも主要な通りであった「丸亀町」とつながっています。この丸亀町は、1610年に生駒家2代目藩主となる一正が丸亀城下町の商人を連れてきたことが町名の由来になっており、まちの構造や形状からみても城下町の中心軸となっています（P.129参照）。一方で、さきほど紹介した外堀内側に形成された町人地の中に「本町」と称される町人地があります。通常、大手門入口近くに配置される町人地のなかでも最も格の高いまちが「本町」と名付けられます。つまり、高松の町人地には「本町」と「丸亀町」という

二極構造が見いだせます。なお、「本町」に期待された商業的な中心性が、後の時代に他のまちに移ることはそれほど珍しいことではなく、その背景には数十年単位でダイナミックに変化するまちの発展と衰退があります。

高松の場合、築城当初は外堀東側(東濱舟入)を中心に「本町」やその他の町人地が形成され、その後、城下町の拡大に伴って外堀南側と西側にも町人地と武家地が広がり、その過程で「丸亀町」が城下町の中心軸を担っていったと考えられます。その後、時代が下ってもこの二極構造は基本的に変わらなかったことから、「本町」は海からまちにつながる拠点として、「丸亀町」は陸からまちに集まる拠点(五街道の始点)として機能し続けたといえます。つまり、高松にみられる「本町」と「丸亀町」の二極構造には、それぞれ「海からの拠点性」と「陸からの拠点性」がその背後に見いだせることになります。

海と陸の交通結節点を有する点が、近代以降の「四国の玄関口」となる前提条件を生み出したことを考慮すれば(第2章トピック1参照)、「本町」と「丸亀町」に見いだせる二極構造にも海城町・高松としての特質が表れているといえるでしょう。

城下町における寺院の配置

次に、城下町のなかで寺町(※5)がどこに形成されているかに注目してみましょう。江戸時代初期の高松においては、城下町南端に寺町が東西に建ち並んでいる様子がみてとれます。具体的には、東は正法寺から西は慶山寺(後の法泉寺)まで寺社地が一列に並び、東の正法寺や建ち並ぶ寺屋敷の南には馬場が東西に広がっています(P.157参照)。先行知見(※6)によると、この東西の筋は当初の城下町全体を守る惣堀(※7)の跡とされ、馬場は惣堀の一部を埋め立ててつくられたとされています。また、一列に並ぶ寺町は、有事の際には合戦のための砦にもなる、防衛のための区域でもありました。

つまり、生駒氏は城内と城外を分ける外堀のさらに外側に、城下町全体を守るための防御ライン(一般的に総構えと呼ばれる城郭構造)となる寺町と堀をつくっていたと考えられています(P.132図参照)。しかし、その後時代は下り、高松松平家の治世となってから、城下町が一気に拡大していきます。高松松平家は多くの家臣を城下に居住させたことから、まずは侍屋敷などの武家地が当初の惣堀ラインを越えて拡張していきました。第1章トピック3で示した浅野文庫所蔵『諸国当城之図』「讃岐 高松」(P.62)には、ちょうど同時期と想定される武家地の拡張を見いだすことができます。生駒氏時代には三番丁までであった武家地が、延宝年間(1673〜81年)には八番丁まで拡張し、それに合わせて町人地も新たに整備・拡張されていきました。こうした町域の拡大は現在の商店街の町名にも表れており、「南新町」はすでに

※5 寺院が集中して配置された区域で、寺院の敷地が連続して並んでいるケースが多い

※6 高松市教育委員会編(2009)「高松城史料調査報告書」高松市

※7 城下町も含めてそのまわりを囲む最も外側の堀

形成されていた丸亀町の南側に新しくできた町として、その由来を理解することができます。このように、現在は市街地の中心部に立地している寺町も、江戸前期には城下町の南端に位置しており、東西に並ぶ寺町は防御のための施設配置でもありました。

タテ町型とヨコ町型

続いて、城下町の構造を知るための視点のひとつに、**タテ町・ヨコ町**という視点があります。一般的に、城郭（あるいは天守）に対して垂直方向の町通りを中心に形成された町をタテ町、城郭（あるいは天守）に対して水平方向の町通りを中心に形成された町をヨコ町としています。先行研究（※8）によれば、タテ町型は秀吉系の城主に多く、領国内の政治的な統治を重視する町割とされ、ヨコ町型は徳川系の城主に多く、街道を中心として周辺国との経済的な連携を重視する町割とされています。また、時代が進むにつれて、タテ町型からヨコ町型へと町割プランが変化していく傾向にあり（専門的にはより詳細な議論もされています）、領国内の統治から領国外との経済的・文化的結びつきが重視されていく世相が、町割の形成に反映されているといえます。

こうした視点から高松の町割プランをみてみると（P.132図）、まず、高松の場合は先述したような町人地の二極構造があります。本町は城内（外堀内側）の敷地にあり、明確な大手道を見いだすことはできません。城外（外堀外側）の町割に着目すると、丸亀町の町通りが大手道にあたり、城郭に対して垂直方向に形成されたタテ町型と読めます。しかし一方で、丸亀町に直交する形で、片原町、百間町、大工町など、水平方向にも発達するヨコ町型の町通りも確認できます。また、東濱舟入からタテ方向（南）に延びる通町の通りは、志度や長尾、そしてその先の阿波にもつながる街道ともなっており、町外に連なる街道沿いにもまちの発展が見いだせます。つまり、通町の方向性はタテ方向（南）ではありますが、その性質は他所とつながるヨコ町型の通りともいえるのです。そして、通町を通る街道は外堀手前で西に曲がり、門出橋を通って丸亀街道へとつながります。こうした町割の分析から、この城下図（P.132）が描かれた1638年頃はタテ町型からヨコ町型へ、その方向性が徐々に移りはじめている時期ととらえることもできます。

このように、町割の方向性という観点から高松の城下町を分析してみると、他の城下町からも見いだせるように、当初はタテ町型としての性格が見いだせる町割から、徐々に他地区との交易が重視されるヨコ町型へと展開していく様子が確認できます。なお、江戸時代後期になるとさらに他地区とつながる街道沿いに町人地が発達しており（次頁図）、時代が下るほどよりヨコ町型の傾向が強くなる町割へと変化していきます。

※8 主要な研究として、矢守一彦（1988）『城下町のかたち』筑摩書房

タテ町・ヨコ町

城下町にはタテ（縦）町、ヨコ（横）町と呼ばれる町割の方向性に特徴があり、城に対して垂直方向に延びる通りを中心に形成された町をタテ町、城に対して水平方向の町通りが発達した町をヨコ町としています。

タテ町型

ヨコ町型

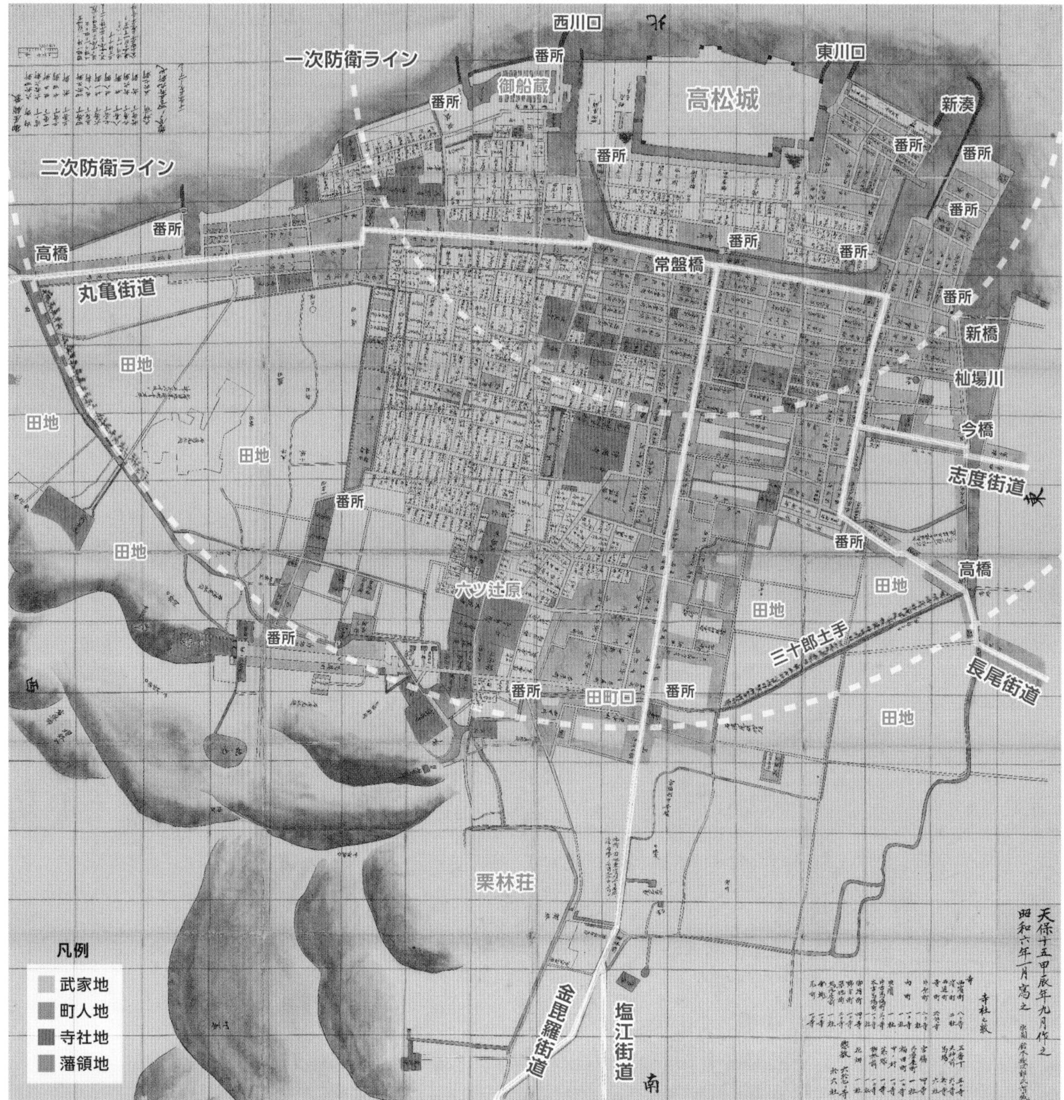

江戸後期(松平藩)の高松城下町　「天保十五年高松城下図」(高松市歴史資料館所蔵)に加筆
江戸後期、高松城下町は成熟期を迎え、約3万人が居住していたとされる。他地区とつながる街道沿いに町人地が発達しており、城下町の町境には番所が置かれていた。まちの発展とともに町境も拡大し、寺町と堀の立地に江戸前期の町境と江戸後期の町境が見いだせる

江戸後期の高松城下町

続いて、1844年に描かれた「天保十五年高松城下図」を用いて、江戸後期の高松城下町の姿をみていきましょう。

1844年、時の藩主は松平家10代目となる**頼胤**(よりたね)(※9)で、幕末期に高松藩を戦火から救った**松平頼該**(よりかね)(※10)とは異母兄弟にあたります。時代はすでに幕末に入っており、舟運による他所との取引も盛んに行われ、高松の港や町通りは多くの人々でにぎわっていました。築城からすでに256年が経過しており、まちの経済は繁栄し、城下町としての成熟

※9 **松平頼胤**(よりたね)1811-1877年
高松藩8代藩主頼儀(よりのり)の次男として誕生、異母兄には頼該がいるものの頼儀の寵愛を受け1842年に高松藩10代藩主となる。1853年浦賀沖に米国艦隊が来航して以来、開国に向けて国内は幕末の動乱期に突入し、頼胤は彦根藩と水戸藩の政争のなか、1861年に高松藩最後の11代藩主となる頼聰(よりとし)に家督を譲る

期を迎えていました。生駒親正による海城と城下町づくり、その後、松平頼重が藩主となって取り組んだ城の改修や城下町の整備など、それぞれの時代に整備がなされ、次第に城下町は拡大していきました。

拡大する城と城下町

1642年、松平頼重が高松藩の藩主となり、城とまちの改修に取りかかります。1670年には天守の改築を完成させ、翌年には三の丸東側の海岸と堀を埋め立てて、北の丸と東の丸を新造します。その後の改修は2代目の頼常(よりつね)に受け継がれ、現在、重要文化財として現存している水手御門、月見櫓が建造され(P.31参照)、城の表門を南から南東に移します。生駒時代の縄張りから城の東側が大改修されますが、その後は幕末まで大きな改変を受けず、高松城は一度も戦火を交えることなく現在に至っています(天守や櫓の多くは明治になって破却)。

さて、頼重は城内の改修だけでなく、城下町の町域も拡大させました(前頁図)。築城当初に城下町側の防御線とされた福善寺や勝法寺など、東西に連なる寺町を越えて、南東側に町人地、南西側に武家地(侍町)が広がっていきます。城の西側は丸亀に向かう街道沿いにまちが発展していき、外堀に面する現 兵庫町から西に向けて町人地が形成され、その周囲に武家地と寺院が立地しました。また、外堀西側には、藩の軍船を格納・修繕するための御船蔵が新たにつくられています。

※10 **松平頼該**(よりかね)1809-1868年
高松藩8代藩主頼儀(よりのり)の長男として誕生、世継ぎの縁は遠のくも、高松藩のなかで独自の地位を築き、11代藩主頼聰の時代には政治の中枢に関与する。鳥羽・伏見の戦いで高松藩は朝敵とみなされ、新政府軍が高松城に迫るなか、頼該は二分する藩内の意見をまとめ、高松城を戦火から救った。31歳で亀阜荘(現亀阜小学校)に移り住み、亀岡荘は讃岐における勤王派の情報拠点ともなっていた。書・画・和歌・俳句・華道・茶道など学問や芸道は達人の域に達し、人々からは「左近さん」と呼ばれ親しまれた。石清尾八幡宮祭礼図巻の作者でもある

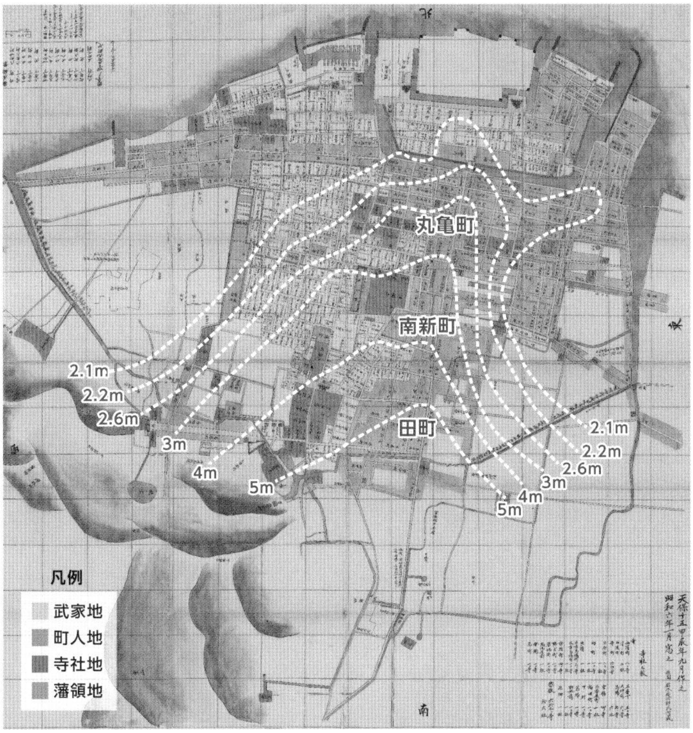

丸亀町
南新町
田町
2.1m
2.2m
2.6m
3m
4m
5m
2.1m
2.2m
2.6m
3m
4m
5m
凡例
武家地
町人地
寺社地
藩領地

高松城下図と現代の標高重ね合わせ図
「天保十五年高松城下図」(高松市歴史資料館蔵)に加筆

「天保十五年高松城下図」に現代の標高図(『高松市百年史上巻』31頁)を重ねた図である。旧城下町エリアを構成する扇状地の尾根沿いに城下町の骨格をなす丸亀町、南新町、田町の町通りが形成されている

一方、城の東側は杣場川があり、川向こうは塩田として活用されていたため(下図)、町域は南方に少しずつ発達していきました。

次に、城下町拡大の様子を建物の軒数でみていきましょう。1638年頃に描かれた「讃岐高松城屋敷割図」(P.132)によれば、武家屋敷は270軒(外堀内108軒、外162軒)、町家は1,364軒、町の数は22町でした。その後、約200年が経過した1844年の「天保十五年高松城下図」(P.136)によると、武家屋敷は461軒(外堀内64軒、外397軒)、町家の数は不明ですが、町の数は53町まで拡大しています。なお、享保年間(1716～36年)に描かれた「高松城下図」では、武家屋敷は441軒、町の数は42町となっており、町域もほぼ江戸後期と同様となっていることから、1700年代初頭には、城下町の急激な拡大傾向は収まり、緩やかな増加傾向になっていたと考えられます。

江戸後期の城下町構造

成熟期にあたる江戸後期の城下町の構造はどうなっていたのでしょうか。まず、土地利用からみれば、町人地は城内と城外を分ける常磐橋から南に延びる街道(塩江街道・金毘羅街道)沿いに発達し、この街道を中心に東側はほぼ町人地が形成されています。また、常磐橋から東に向かう長尾街道・志度街道沿いと、常磐橋から西に向かう丸亀街道沿いにも町人地が発達しており、街道筋を中心として町人

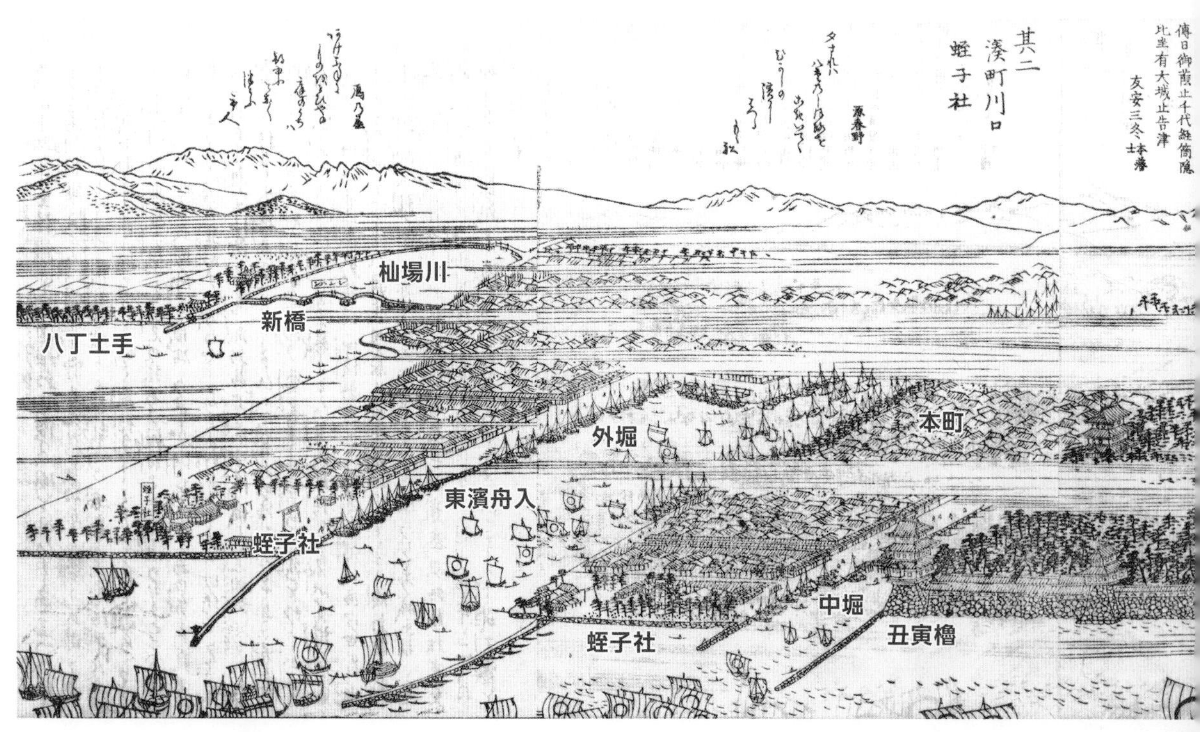

地が発達していることがわかります。この東西につながる街道沿いは、先述したタテ町型からヨコ町型への転向が顕著に表れている区域となっています。その他、町人地としては、外堀の東濱船入を挟むようにして発達した本町周辺と、石清尾八幡宮の門前周辺に形成された馬場町周辺の2地区となります。一方、武家地は城内とともに外堀西側の北から南にかけて配置されており、エリアとしては御船蔵周辺から番町周辺へと発達していきました。

こうした土地利用に対して、第1章でも用いた「標高地形図」を重ねると興味深い構造がみえてきます(P.137図)。まず、矢のように海に向かって伸びる舌状扇状地の尾根沿いは、周辺よりもほんの少し標高が高いため、高潮や洪水の被害を受けにくい場所となっており、土地としてはとても安定しています。また、井戸の水脈も尾根沿いの地下を流れていることから、真水の取得も問題ありません。これらの観点からも、この尾根沿いの土地は災害リスクが少なく、暮らしやすい一等地といえます。こうしたいわゆる「いい土地」は、通常、町人地よりも武家地に優先して配分されるケースが多いなかで(※11)、高松城下町では「いい土地」が町人地に割り当てられている点は特筆に値します。高松城下においては、経済を支える商人にまちの中軸を担ってもらうという考え方があったのかもしれません。そのように考えると、明治以降、四国の経済をけん引する役目を担っていく商都・高松としての素地は、すでに城下町の頃からあったとみることもできます。

※11 江戸のまちにおいては、標高が高い山手エリアに武家地が配置され、標高が低く、高潮リスクのある下町エリアに町人地が配置された

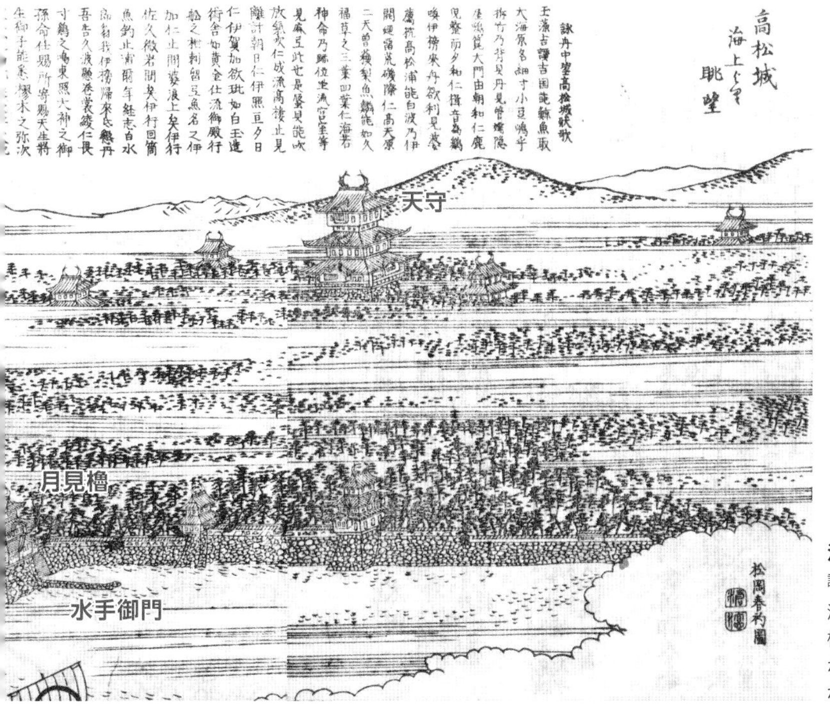

江戸後期の高松城下町

讃岐国名勝図絵「高松城」「湊町川口」(図絵を連結)

海上からみる江戸後期の高松城と外堀東側の様子、各地の名勝地を紹介する名勝図絵に海からみる高松城の眺望と東濱周辺のにぎわいが描かれている

城下町の際（きわ）と郊外化への対策

高松は讃岐五街道が集結する陸の結節点であり、かつ、瀬戸内海における海上交通の結節点でもあり、海と陸の結節点をつなぐ交易の場として発展しました。一方で、高松は交易の場であると同時に、人や物の出入りを管理する場所でもありました。高松城下には天守に至るまで何重にも防御ラインが用意されており、主要なラインのひとつは高松城内と城外を分ける外堀、もうひとつは高松城下町を一周する町内と町外を分けるライン（町境）です。具体的には、高松城下町の北は海に面し、西は摺鉢谷川と峰山北嶺で区切られ、東は杣場川、南は三十郎土手と石清尾八幡宮の参道付近で町内と町外を分けていました。讃岐五街道の起点となる常磐橋から町境までの距離は約1〜2キロ四方であり、城下町は徒歩圏内で高密な町場を形成していたことになります。

「高松城下図」(P.136図)に「辻番所」と記載されている箇所がありますが、この配置に注目すると、城下町の内に入る人と外に出る人をどこで管理しようとしていたか、藩としての戦略がみえてきます。先述したように、高松城下は讃岐五街道が常磐橋に集まっており、それぞれの街道の町境に番所が置かれています。また、各街道で町境となる杣場川や摺鉢谷川には、それぞれ「高橋」と呼ばれるカマボコ形の太鼓橋が架けられており、町外となる街道から城下町が直接みえない工夫がされています。城下町南部となる田町の町境には、旅人を泊める宿屋が集まる旅篭町（はたごまち）が形成され、町境に近い所で他国者を監視する役目がありました。なお、町と町の境目には木戸が設けられ、現代のように町を自由に通り抜けることはできませんでした。

また、江戸末期には城下町外での商売禁止に関するお触書が出されていました。このお触書には、町内商業者を守ると同時に、商業者を適正に管理しようという狙いがあったと考えられます。しかし一方で、こうした町外での商売取り締まり策は、結果的に城下町の拡大化、郊外化を防いでいた可能性があります。2000年代以降、地方都市における中心市街地の衰退は、郊外での大規模商業施設開発が少なからず影響を与えている点を考慮すれば、江戸末期の時点で城下町の郊外化（スプロール(※12)）を防ぎ、城下での商いと暮らしを守ることにつながる対策をとっていたことは、現代のまちづくりにとっても注目すべき点であるといえるでしょう。

※12 都市の急速な発展により、市街地が無秩序、無計画に広がっていくこと

2.明治以降の都市形成と近代都市計画

これまで江戸時代の都市づくりについて、城絵図を中心にその構造をみてきましたが、明治時代に入ると、これまでの都市づくりの考え方とは異なる、効率性・安全性・公平性といった近代的な価値観が重視されていきます。江戸から現代への都市形成の変遷をみるうえで、

大きな転機となったのが、戦前の都市計画事業と戦災後の復興都市計画事業でした。ここでは、近代以降に着手されるこの2つの都市計画事業に着目して、その内容を紹介していきます。

明治以降、鎖国の時代は終わりを告げ、近代化の時代へと大きく移り変わっていきます。都市形成においてその引き金となるのは、蒸気船や蒸気機関車といった産業革命による交通機関の変革でした。明治期の高松港改修や讃岐鉄道の開通については第2章トピック1でも紹介しましたが、日本において産業革命や技術革新の影響が地域社会に浸透し、都市の形が大きく変わりはじめるのは、全国的に都市の人口増加が顕著となる1910年代以降となります。その当時の日本は、新興工業国として欧米列強と肩を並べるべく、国を挙げて生産性の向上を図っていました。そして、旧来の市街地を引きずる城下町を近代都市へと刷新すべく、1919(大正8)年に都市計画法が制定され、日本全国で都市計画事業が実施されていきます。

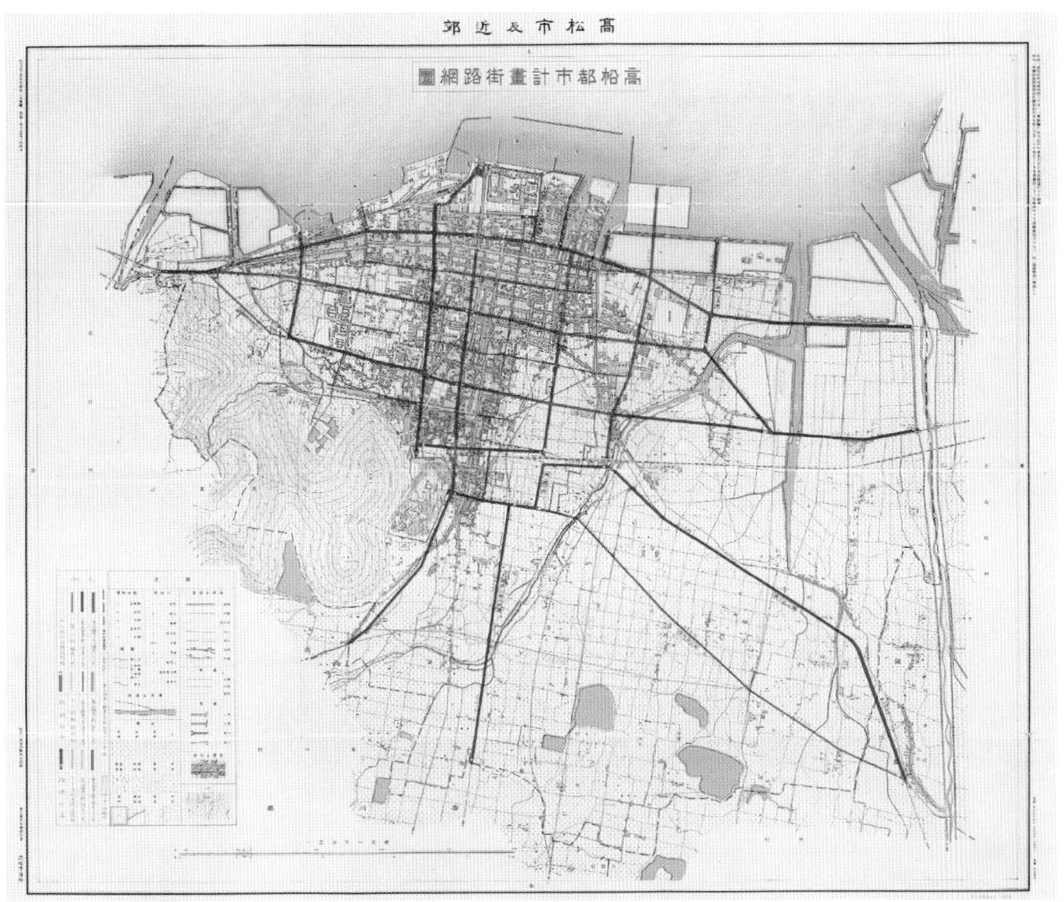

高松都市計画街路網図　国立公文書館所蔵

1928(昭和3)年に正式に認可された街路網図で、江戸時代に形成された狭くて体系化されていない街路から、近代に合う機能的で能率的な街路網へと変えていくことが目指された。しかし、予算の後ろ盾がなく、戦前はいまだ半数近くの路線が未着手の状態であった

戦前期都市計画事業の内容と経緯

1925（大正14）年、高松は都市計画法の指定都市となり、都市計画事業の内容検討がはじまります。内務省都市計画香川地方委員会で具体的な計画内容が検討され、1年の歳月を経て、1928（昭和3）年に内閣から高松都市計画の認可を受けました。その内容は、前頁の「街路網図」とともに、以下の理由が付されました。

「高松都市計画街路決定理由書」

高松市は四国の関門を扼し国有鉄道讃予線及高徳線を始め各種の交通機関多く本市に集中せるを以て近年海陸の交通運輸頻繁を極め交通量は日に月に増加しつゝあり、翻て本市街路の現状を見るに幅員狭小、系統乱雑にして郊外地との連絡完からさる為め経済上社会上の損失尠少ならさるものあり、是に於てか本市都市計画として先つ街路網を確立し以て各種計画の根幹と為さむとす、即ち本市の地勢交通の状態将来発展の趨勢等を考慮し高松港鷺田線及東浜栗林駅線を南北の縦貫線とし、五番丁木太線及五番丁西方寺線を東西の幹線とし、之に北部に於ける東西幹線として寿町屋島線及寿町西浜新町線、南部に於ける東西幹線として中新町木太線及中新町西浜線を配し、更に市内環状線として玉藻栗林公園線・新浜楠上線・藤塚中野町線等を配置し、尚臨港線として玉

兵庫町と現 中央通りの交差点から南をみる 高松市歴史資料館所蔵

戦前都市計画事業前の高松城周辺市街地（1925年）
高松城跡航空写真（公益財団法人松平公益会所蔵［香川県立ミュージアム提供］）

整備される中新町ロータリー交差点
（1937年）高松市歴史資料館所蔵

戦前都市計画事業で整備された現観光通り（1937年）高松市歴史資料館所蔵

藻本町線外数線、南部放射線として楠上元山線・栗林公園太田線・桜町元山線・太田線等を配置せむとするものなり

『公文雑簿』1928年より引用 ※ふりがなは著者による

このように、内務省においても「高松は四国の関門」として位置付けているのがわかります。しかし、市街地街路については幅が狭く、体系化されていないため、経済上社会上の損失が少なくないとされ、今後の都市発展の動向を考慮した機能的で能率的な街路網計画がつくられたとされています。

この街路網計画の内容をみてみると(P.141図)、まず、菱形状に形成された既成市街地に対して、東西に抜ける通りが3本、都市施設である駅や港を結びつけるように南北に抜ける通りが5本、それぞれ幅20〜22メートル級の街路として新たに計画されました。また、東南方向に広がる郊外平野部に対しては、既成市街地から放射状に街路が計画され、郊外との連絡を効率化するとともに、人口増加の受け皿として郊外地の開発が準備されていきました。

国の認可を受けた高松の街路網計画ではありますが、これらを事業化するのは財源も含めて地元の自治体に任されており、その後、街路網計画が事業化されるのは、1935年、内務省による「七箇年継続事業」という予算措置の決定を待つことになります。その後も街路計画の縮小や事業実施期間の延長などがあり、街路の事業化は遅々として進まず、1942年時点では主要11路線のうち5路線は未着手の状態でした。このような経緯を経て、戦前の都市計画事業は戦後の戦災復興事業へと引き継がれていきます。

戦災復興都市計画事業の内容と経緯

1945年7月4日、高松空襲により市街地の約8割が焦土と化します。死者1,359人、罹災戸数18,913戸という甚大な被害を受け、この被災を機に、高松のまちは戦後の戦災復興都市計画事業へとつながっていきます。戦災復興計画の立案過程については、第2章トピック2を参照していただくことにして、ここでは具体的な計画内容をみていきます。戦災復興都市計画事業後にまとめられた『戦災復興誌』によれば、街路計画について以下のように記載されています。

「街路計画」

都市計画事業における街路計画については昭和3年10月4日に37路線を計画決定し、順次施行されて来たが、戦災を契機として新たに将来の交通量、美観、衛生、防災等の見地から再検討を行い、未施工部分については再編成するとともに、従来困難とさ

高松復興都市計画図 『戦災復興誌』1960年より一部トリミング
戦災復興計画においても、基本的な街路網計画は戦前の計画を受け継いでいる。一部幅が拡大され、駅前広場が新設されるなど、より機能的な街路網が計画された。全面的な土地区画整理事業により、計画された街路は順次実現し、現在の都市基盤が形成された

れていた家屋密集地帯の街路も区画整理事業と併せて容易に実現し得る状態となったので、市街地の路線系統を大幅に修正し、昭和21年6月5日戦災復興院告示第39号を以って決定したが、戦災直後の立案であったため、その後の戦災状況及び将来の発展性、利用度等の諸点で実情と相容れないものも生じたので、昭和23年に全面的に街路計画の再検討を行い、街路幅員、街路延長等について変更を行い、次いで昭和24年、28年、30年2回、33年と計5回の変更を行った。

高松市建設部整地課（1960）『戦災復興誌』高松市、8-9頁

このように、基本的な街路系統は戦前に策定された街路網計画をもとに、街路幅や延長の変更と、いくつかの新設街路が追加された街路計画となっています。主な追加・変更点を挙げれば、まず目抜き通りとなる中央通りの幅が28メートルから36メートルへと拡大されました。また、駅前広場を高松駅のみならず、瓦町駅、栗林駅にもつくることが計画されました。現在の美術館通りや菊池寛通りは、既存街路を活用する街路線形から新たに直線的な街路線形へと変更されました。戦災を契機として全面的な区画整理事業が可能となったため、復興都市計画ではより機能的で能率的な街路網が計画されていきました。

復興計画としては、街路計画のみならず、土地利用計画や上水道計画など、インフラ全般に関わる計画が立案されますが、戦前高松にはなかった公園緑地計画が新たに追加されました。特に戦後の公園緑地計画で特筆すべきは、市街地の中心部に中央公園を新設した点が挙げられます。公園緑地計画では、最終的に28公園が計画・実施されるものの、玉藻公園と栗林公園を除くと、中央公園以外は近隣公園や児童公園といった比較的小さな新設公園が中心でした。区画整理事業による減歩(※13)により、多くの地主や商店主から反対の多かった復興計画でありますが、中央公園だけは途中で廃止されず実施に至った点は奇跡的ともいえます。中央公園はその後、野球場として活用され、野球王国・香川の一時代にも貢献しました。

※13 土地区画整理事業によって新たに整備される道路等の公共用地を捻出するため、事業範囲内の各敷地から一定の割合で所有する土地の面積を減らすこと

高松戦災復興計画は、戦災復興土地区画整理事業として被災区域が全面的に事業対象となり、時間をかけて基盤整備がなされ、ほぼ計画通りの街路網計画が実現されました。郊外とサンポート高松が開発される埋立地を除けば、現在の高松市街地は、戦前期の都市計画を引き継いだ戦災復興都市計画事業によってその基盤が整備され、現在に至っています。

戦災復興事業で拡幅される中央通り(1950年頃)
高松市歴史資料館所蔵

植樹されて間もない中央通りのクスノキ
高松市歴史資料館所蔵

中央公園として計画された敷地を野球場として活用(1950年)
高松市歴史資料館所蔵

復興区画整理事業によって整備される高松市街地
高松市歴史資料館所蔵

あったかもしれない県庁前大通り構想

戦災復興初期に計画されていた香川県庁と瓦町駅をつなぐ大通り構想イメージ図(本書にて作成)
戦災復興計画当初案にて計画されていた高松市道天神前瓦町線(幅60メートル)が仮に実現したことを想定してイラスト化したもの。1949年の修正により、幅60メートルから20メートルへと縮小・整備され、現在は「菊池寛通り」として整備されている

高松の中心市街地は空襲で8割近くが焼失しましたが、戦後の復興計画では壮大な都市デザインが立案されていました。それは、1946(昭和21)年に策定された高松戦災復興計画の「当初案」で、現 中央通りの幅を50メートル、瓦町駅から西側に延びる現 菊池寛通りの幅を60メートルにするという、大胆な街路計画が描かれました。しかし、この「当初案」は過大すぎるとして地主層の反対が強くなり、1949年には「当初案」が正式に見直され、現 中央通りは幅50メートルから36メートル、現 菊池寛通りは幅60メートルから20メートルへと、大幅に縮小されることになりました。特に、「当初案」で計画された現 菊池寛通りは幅が3分の1まで縮小されており、果たしてそこにはどのような計画意図があったのか、残された図面から分析してみたいと思います。

復興計画当初案で計画された幅60メートルの大通り構想
高松市(1945)「復興都市計画街路図」に一部加筆

上図の中央部にある「①広路・1(60)」と記載された計画街路が、「当初案」で計画されていた大通りで、正式名称は高松市道天神前瓦町線(現 菊池寛

通り)です。なお、この計画街路には①と割り振られており、この番号は全体の計画街路を通番で示していることから、復興計画のなかでも①に位置付けられる重要な計画街路であったことが読みとれます(ちなみに②は現 中央通りです)。実際の計画図をみれば、まず、新たに整備される瓦町駅に対して、計画街路①がその正面に配置されており、そこには瓦町駅をシンボリックにみせる都市デザイン上の狙いが読みとれます。都市デザインの分野では、駅や公共施設等の重要な建物に主要な街路を正面に配置する手法を「vista(ビスタ)」と呼んでおり、例えば、東京駅に対する行幸通りは同様の手法で、東京駅を象徴的に演出しています。全国の戦災復興計画でもこのビスタの手法は採り入れられており、高松では瓦町駅を復興後の新たなまちのシンボルとして演出しようとした計画意図が読みとれます。

また、もうひとつ重要なのが、この街路の起点となる西側の敷地で、ここは将来的に県庁舎が整備される敷地として確保されていました。「当初案」の時点で、こうした施設配置がどこまで検討されていたかは定かではありませんが、戦災で全焼した県庁舎の新しい建設場所として、計画街路①の起点となる当該敷地(現在の県庁敷地)がすでに見込まれていたと考えられます。このように考えると、復興計画を作成するにあたり、復興高松の新たなシンボルを生み出すことが検討され、その結果、新たに整備する県庁舎と瓦町駅を用いた「県庁舎—広幅員街路—瓦町駅」という一連の「大通り構想」が計画されていたと読みとることができるでしょう。

なお、1958(昭和33)年には世界的にも評価の高い近代建築となる香川県庁東館(P.163参照)が当該敷地に竣工します。その県庁舎を象徴的に演出する大通り構想が「当初案」で計画されていたことになり、この案が実現していたとすれば、きっと高松の新たな名所が生み出されていたことでしょう。ちなみに、同じような大通り構想で実現した他都市の事例として、名古屋の「久屋大通公園」が挙げられます。

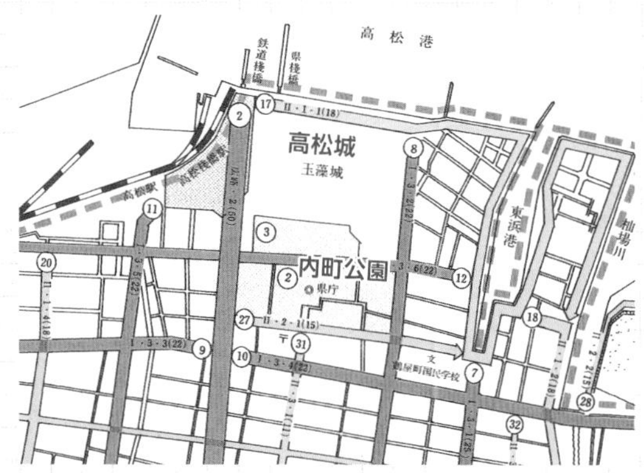

復興計画当初案で計画された内町公園
高松市(1945)「復興都市計画街路図」に一部加筆

戦前、城前にあった旧香川県庁舎 香川県立文書館所蔵

また、「当初案」をみていくと、もうひとつ大きな変更点がありました。それは、戦前に県庁舎が立地していた現 丸の内エリアが、全面的に「内町公園」として計画されていた点です。「内町公園」は「当初案」で正式に認可され、その後、1954年に全面的に廃止されることになります(なお、第2章トピック2でも紹介したとおり、内町公園予定地は四国電力本社の誘致へとつながりました)。この公園が実現していたとすれば、丸亀町商店街から大きな公園を経て高松城(玉藻城)とつながることになり、現在の印象とはまったく異なるまちになっていたかもしれません。

「当初案」で盛り込まれていた大通り構想や公園構想、どちらかでも実現していたとすれば、高松はどんなまちになっていたでしょうか。

高松市街地空撮　高松市提供

第3章｜トピック2

歴史をめぐるまちあるき

高松の旧城下町エリアは戦災で約8割近くが焼け野原となり、戦後、復興都市計画によって全面的に区画整理事業が実施されました。現在の高松市街地は整然と区画割りされ、機能的で清潔な都市空間が広がっています。一見、江戸時代の頃の記憶はなくなってしまったように思えますが、まちを歩きながらじっくりみていくと、それぞれの土地の記憶をそこかしこにみつけることができます。

このトピックでは第3章トピック1を下地として、海城町・高松の都市空間がどのように形成されていったのか、旧城下町エリアを４つに分け(次頁図)、それぞれのエリアごとに注目すべきスポットを紹介していきます。江戸時代後期に描かれた『讃岐国名勝図会』も参考にしつつ、実際に高松のまちを歩きながら、「まちの記憶」を探る旅に出かけてみましょう。

まちあるきエリア区域図

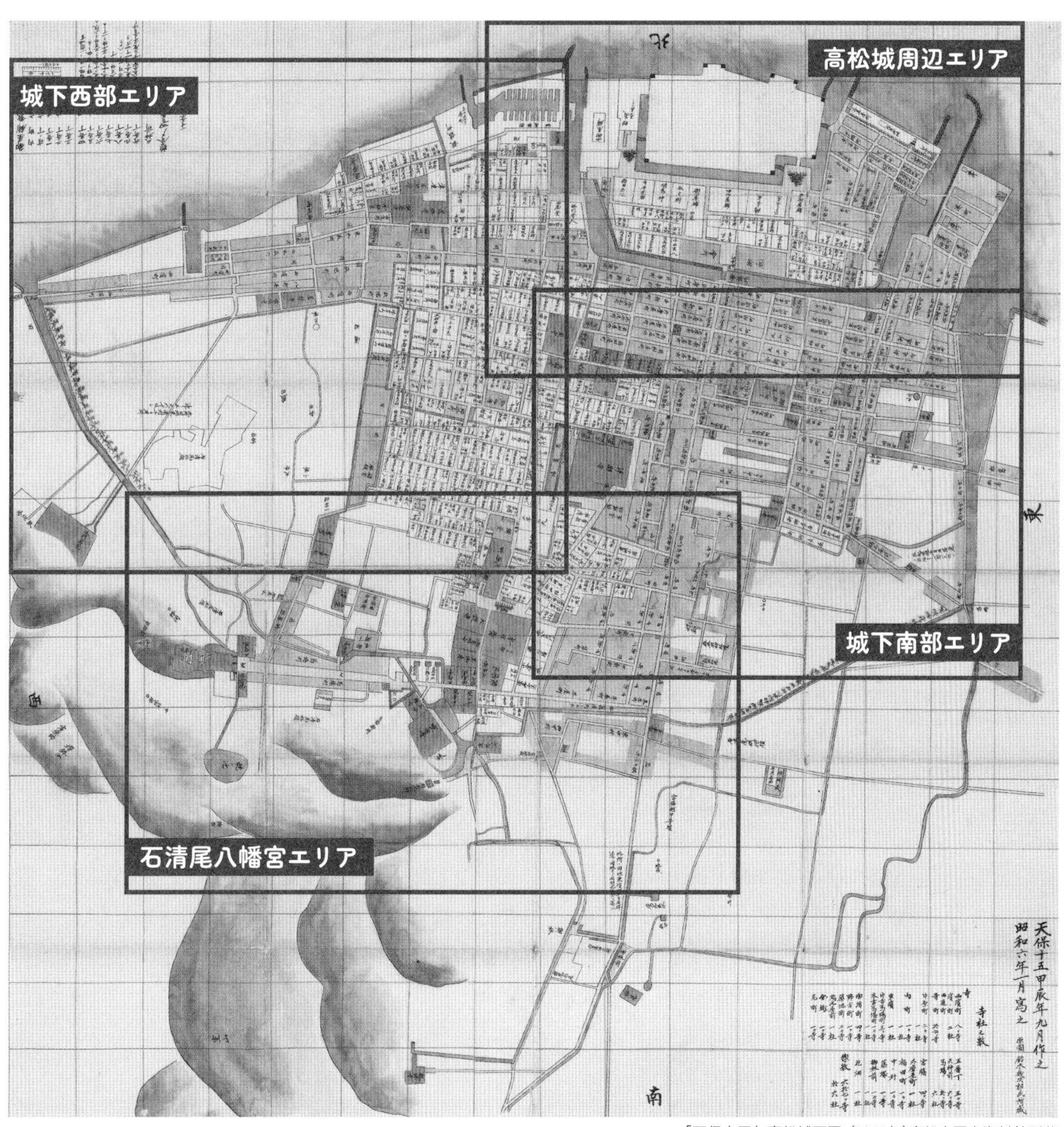

「天保十五年高松城下図」(1844年)高松市歴史資料館所蔵

ページの見方

各エリアの冒頭には、左ページに江戸後期の高松城下図、右ページに同じ区域を示した現在の地図を配置しました。なお、このトピックの地図はすべてページの上が北になっています。

Ⓐ＝『讃岐国名勝図会』の絵図が描かれた場所　❶＝まちあるきで解説するスポット

江戸後期

「天保十五年高松城下図」(1844年)高松市歴史資料館所蔵

高松城周辺エリア

江戸時代の堀と海岸線に着目して歩いてみましょう

❶高松城跡(玉藻公園)

海側に位置する高松城の石垣は、江戸の頃は直接海に面しており、より海城らしい景観でした。『讃岐国名勝図会』には、ありし日の高松城が海から描かれています(P.138参照)。玉藻公園内には内堀と中堀が一部残っており、堀の水はすべて海水です(P.32参照)。

❸外堀跡

現在、外堀はほとんど埋め立てられており、当時の様相を思い描くことはなかなかできません。ただ、外堀跡は現在の街区形状によく表れており、兵庫町や片原町の通りに面する北側建物の街区はもともと外堀でした。また、兵庫町商店街のアーケード終点エリアには斜めに延びる街区があり、ここも外堀が埋め立てられて開発されました。

❷高松駅周辺

高松駅の構内や線路は、かつて軍港として利用された堀川港(外堀西側)や藩船の基地であった御船蔵が埋め立てられた敷地につくられました。江戸の主要な交通を担った船舶から、明治以降の交通を担った鉄道へと、土地利用がうまく転換されたともいえます。高松駅前広場は北半分が城外の海であり、東西方向に海に面する城壁がそびえ立っていました。

❹中央通り

戦前、高松における都市計画の起点となった通りで、1925(大正14)年に幅22メートルの近代的道路として高松城内につくられます。1928(昭和3)年には全国産業博覧会の会場にもなりました。その後、高松港から南に延びる目抜き道路として、戦前の都市計画事業で徐々に整備されていきました。戦後は幅50メートルで計画されるも、最終的に36メートルで整備され、現在に至ります。

❺内町五町と本町

外堀の内側を内町と呼び、内町東側にある5つの町人地を総称して内町五町と呼ばれていました。築城当初に発展し、東浜港を挟んで形成されました。高松城下は内町にある本町と城外にある丸亀町の二極構造でまちが形成されており(P.133参照)、本町周辺には魚商など漁業関係者も多く、石清尾八幡宮祭礼では本町奉納の飾船が行列の先頭を飾りました(P.94参照)。

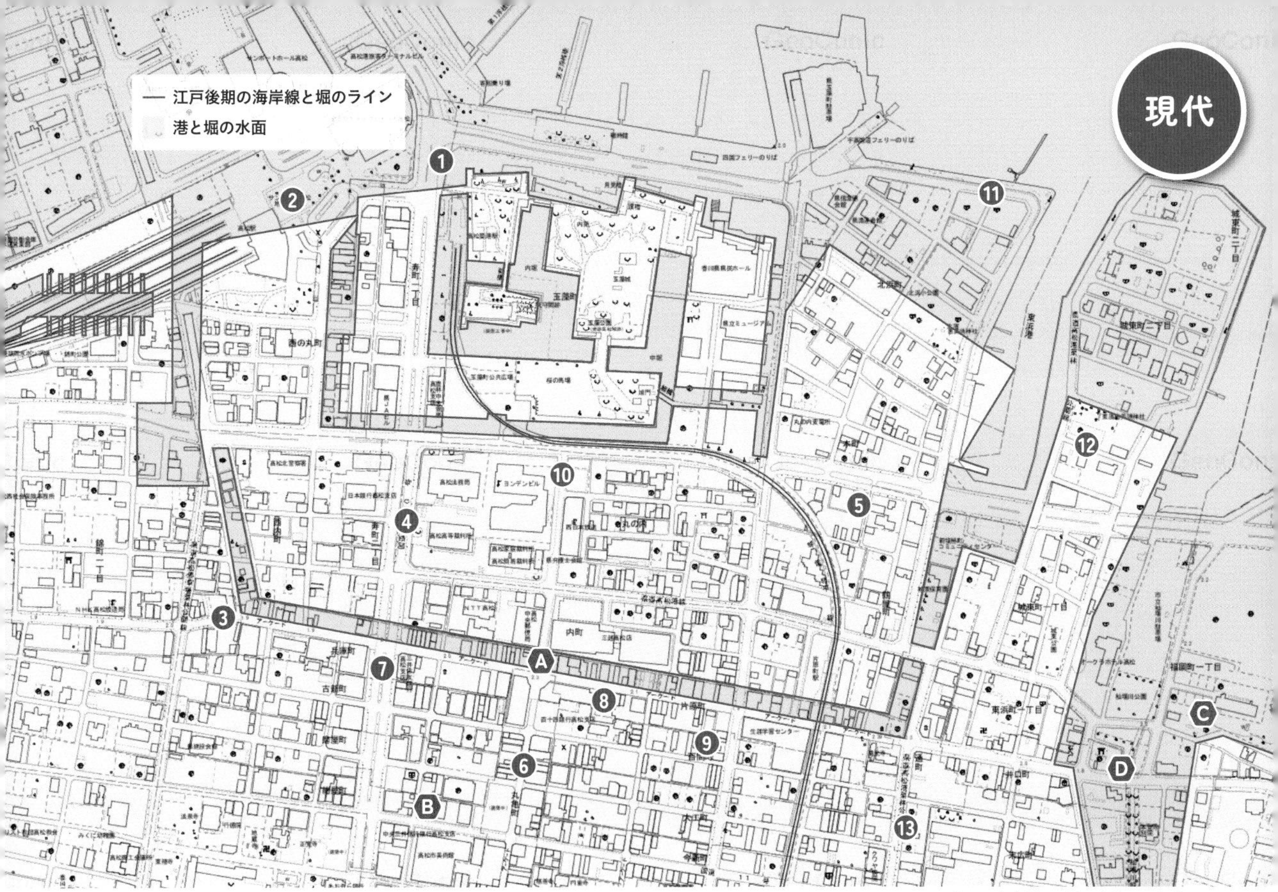

— 江戸後期の海岸線と堀のライン
港と堀の水面

現代

— 江戸後期の水際線　地理院地図に加筆

❻ 丸亀町

1610年高松藩主3代目となる生駒正俊が丸亀城から高松城に入る際、丸亀商人を移住させたことが町名の由来とされます。都市構造上も高松城下の中軸となる通りで、矢のように突き出る扇状地の尾根筋にあたります。近年は日本の中心市街地再生事例としても注目されています（P.118参照）。

❼ 八雲橋と道路元標

八雲橋は1879（明治12）年に外堀北西部に架けられた橋で、現在は親柱と欄干の一部が兵庫町の交差点に道路元標とともに置かれています。この付近では唯一、100年以上前の歴史が感じられる史跡であり、記憶をつなぐ貴重な場所となっています。

❽ 片原町

もともとは通りの北側が外堀に面していたため、片側のまちであったことから片原町と呼ばれています。志度街道と長尾街道が片原町を通っており、にぎわいのある通りでした。明治以降には劇場や映画館が軒を連ねる盛り場となり、現在でも100年以上続く老舗が多いエリアです。

❾ 華下天満宮

高松城下では最古の神社（903年創建）とされ、古天神とも呼ばれています。高松城築城時、生駒親正が城の守護神として現在の地に遷座し、城に向かって北向きに建てられました。境内は盛り場の中心として利用され、その昔は百間町の花街から、芸妓たちのお参りも多かったようです。

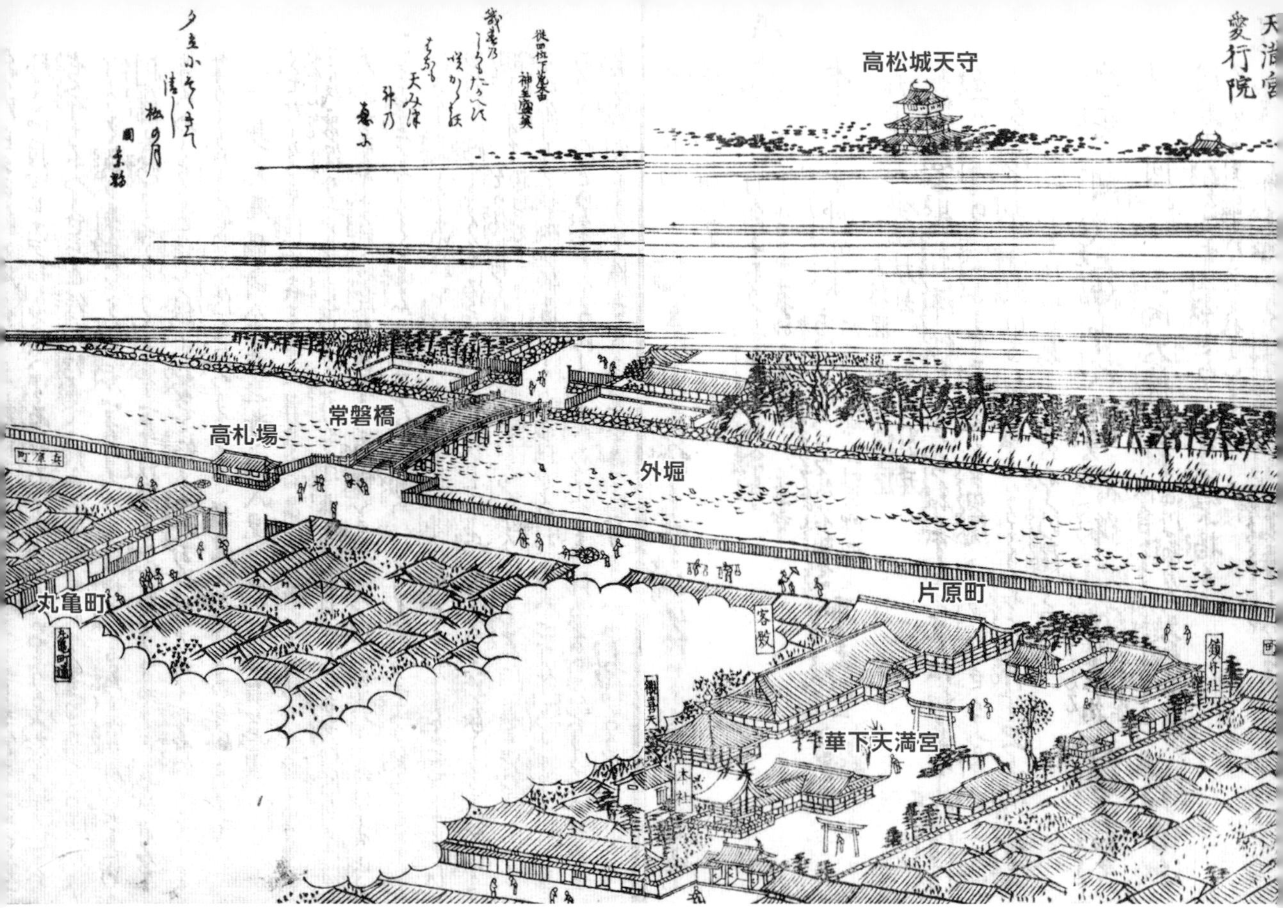

『讃岐国名勝図会』に赤字加筆

Ⓐ常磐橋と札の辻

高松城内と城下町をつなぐ南大手には、常磐橋と呼ばれる木橋が外堀に架けられていました。太鼓橋という丸く反ったアーチ橋で、町側から城内がみえないようなつくりになっていました。橋の上からは町がよく眺められ、橋のたもとには高札場（幕府や領主からの禁令や掟を伝える施設）が設置されていました。通称、札の辻とも呼ばれ、讃岐五街道の起点にもなっています。常磐橋は明治になって石橋に切り替わり、その一部が栗林公園東門前に残されています。

『讃岐国名勝図会』より

Ⓑ藤森神社（今井戸跡）と磨屋町

現在は建物と建物の間に祀られている小さな神社ですが、江戸後期には広い敷地であったことがわかります。境内には藤棚が描かれており、良質の清水で藤が繁茂していたことから藤森神社と呼ばれています。近辺には今井戸がありました。なお、この周辺は磨屋町と呼ばれ、讃岐漆芸の生みの親である玉楮象谷の邸宅跡や県の伝統的工芸品である漆器や保田織の店舗が並んでいました。

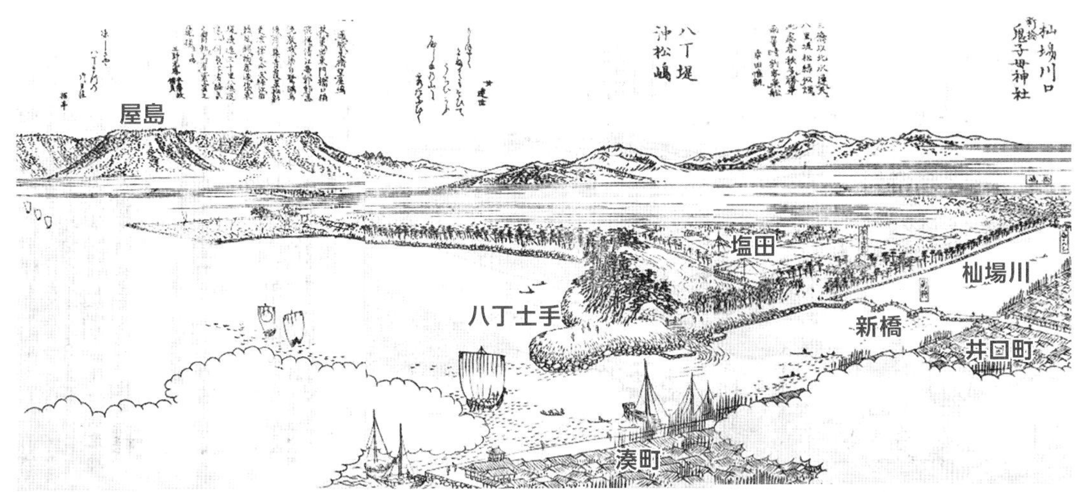

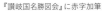

『讃岐国名勝図会』に赤字加筆

C 屋島湾と沖松島

杣場川にかかる新橋から詰田川まで続く土手は八丁土手と呼ばれ、現在でもその高低差は残っています。屋島まで塩田が続き、『讃岐国名勝図会』にも描かれるほど風光明媚でした。八丁土手から屋島までは遠浅の海が続いており、明治以降も塩田は拡張されます。戦後、塩田は埋め立てられ、工場や住宅が建ち並びました。

D 杣場川（せんばがわ）と新橋

杣場川の河口部は貯木場として利用され、その両岸には材木商の他、船舶業者や塩業関係者のまちがありました。また、新橋は橋の下を船舶が通り抜けられるよう、3つの反り橋で構成されていました。現在、杣場川の上には蓋がされ、川筋は緑道として整備されています。

⑩香川県庁舎跡

1888（明治21）年に香川県が成立し、当初県庁はまちなかの浄願寺境内に置かれましたが、1894年には丸亀町の通りが中堀に突き当たる城の正面に県庁舎が建設されました。現在は四国電力と西日本放送の社屋が建っています。

⑪北浜地区

現在、北浜地区は古い建物をリノベーションして飲食店や雑貨店が建ち並ぶ人気のエリアとなっています。幕末には遠見番所（外国船を見張る番所）や運上会所（外国船から税金徴収・貨物検査を行う施設）がつくられ、高松における外国との貿易は北浜地区からはじまりました。明治になってから民間投資による波止場がつくられ、埋め立ても進み、高松の近代化をけん引する地区となりました（P.74参照）。

⑫東浜恵美須神社

築城当時、東浜付近は商業港として大いににぎわいました。港口には東浜恵美須神社が鎮座しており、生駒親正が築城する際、天守付近にあった社を東浜に移し、鎮守のために城に向かって西向きに建てられたとされます。江戸後期、現在地に遷座され、明治以降には対岸につくられた北浜恵美須神社との間に夏祭りの期間だけ橋が架けられ、夜の海面は無数の色提灯で照らされたそうです。

⑬通町（とおりまち）

志度街道と長尾街道沿いのまちとして、築城当時からにぎわう町通りでした。外堀の東浜港から荷揚げされた物資を扱う卸問屋が集まり、東浜は米、通町は海産物や乾物が中心であったとされています。

江戸後期

「天保十五年高松城下図」(1844年)高松市歴史資料館所蔵

城下南部エリア

生駒藩主時代につくられた寺町や戦後急速に発展した瓦町エリアに着目して歩いてみましょう

❶瓦町駅周辺

江戸の頃はほとんど町場が形成されず、田んぼと民家がぽつぽつ建っている場所でした。瓦焼き職人が住んでいたことから瓦町と呼ばれます。瓦町駅は戦中、戦後に現在の路線系統に集約され、戦後高松の新たなターミナル拠点として、復興計画では駅前広場も整備されました。1996(平成8)年に駅ビルとともに再開発され、西口の駅前広場には歩行者デッキが整備されました。

戦後の瓦町駅西口広場
(高松市歴史資料館所蔵)

❷常磐街(ときわがい)

戦後高松復興の象徴ともなる商店街で、戦前までは人家も多くないまちはずれの場所でした。戦災後、劇場を核とした新興街が建設され、瓦町駅のターミナル化ともあいまって、1年足らずでにぎわいを生み出す商店街となります(P.105参照)。90年代以降、徐々に活気を失い、近年ではマンション開発が盛んになっています。

❸中央公園

戦災で焼失した浄願寺の敷地を利用して、復興計画により中央公園が計画されます(P.145参照)。当初は過大すぎるとして計画反対の声が上がるも、1947(昭和22)年には野球場が整備されます。その後、1985(昭和60)年に野球場は閉鎖され、翌年に都市公園としてオープンし現在に至ります。

❹三十郎土手跡

多賀神社から田町方面に南西に延びる道があり、ここは江戸時代には「三十郎土手」と呼ばれていました。城下町の内と外を区切る堀であり、杣場川につながる水路でもありました。人家が建つ前は「松生(まつばえ)」とも呼ばれ、土手には松が植えられていました。江戸の頃は人家もなかったため、この松生には町外からの視線を防ぐ生垣としての機能があったと考えられます。

❺暗渠(あんきょ)となった杣場川(せんばがわ)

杣場川には河口から新橋、今橋、高橋という3つの橋が架かり、城下町の内外を分ける堀としての機能もありました。明治以降も木材に関わる業種が栄えますが、都市化の進展によって杣場川は大部分が埋め立てられます。現在でも、道路や街区の形状に当時の杣場川の痕跡が見いだせます。

現代

━ 江戸後期の水際線　地理院地図に加筆

❻亀井戸

亀井戸は城下町のなかでも最大規模を誇る水源で、生駒家4代目高俊の時代につくられたとされています。その後、松平頼重により先進的な上水道が整備されました(P.46参照)。現在は丸亀町グリーンの西側に、亀井戸水神社としてその記憶を留めています。

❼大井戸

城下町のなかでも規模の大きな井戸のうち、唯一現存している井戸となります。現在でも透明度の高い水をたたえており、江戸の記憶を今に伝える貴重な史跡です(P.43参照)。

❽田町の鍵の手

高松城の南大手から南にまっすぐ延びる町通りが、南新町と田町の境界部分でクランク状に道が折れ曲がっています。一般的に「鍵の手」と呼ばれ、攻め込まれたときにスピードを落とさせるなど、防御のため意図的に曲げているとされています。なお、田町より南は町外となり、番所も設置されていることから、町外から直接城がみえるのを防ぐ役割もあったと考えられます。

❾琴電志度線と町境

瓦町駅から琴電志度線の線路がS字カーブを描いて東に向かっていますが、江戸から明治に至るまで、この線路をなぞるように城下町の町境がありました。志度線の北側にある塩屋町は江戸中期には形成されており、町名は塩焼きに由来するとされています。また、瓦町から塩上町付近はもともと低湿地帯が広がっており、築地町は1830年にまちとして成立しています。

❿松島街道と今橋

築地町から今橋を渡ると、そこは城下町の外となり、志度街道沿いに農具を扱う町通りが形成されていました。松島という町名は、海岸沿いに松が茂る八丁土手の景観に由来しています(P.153参照)。

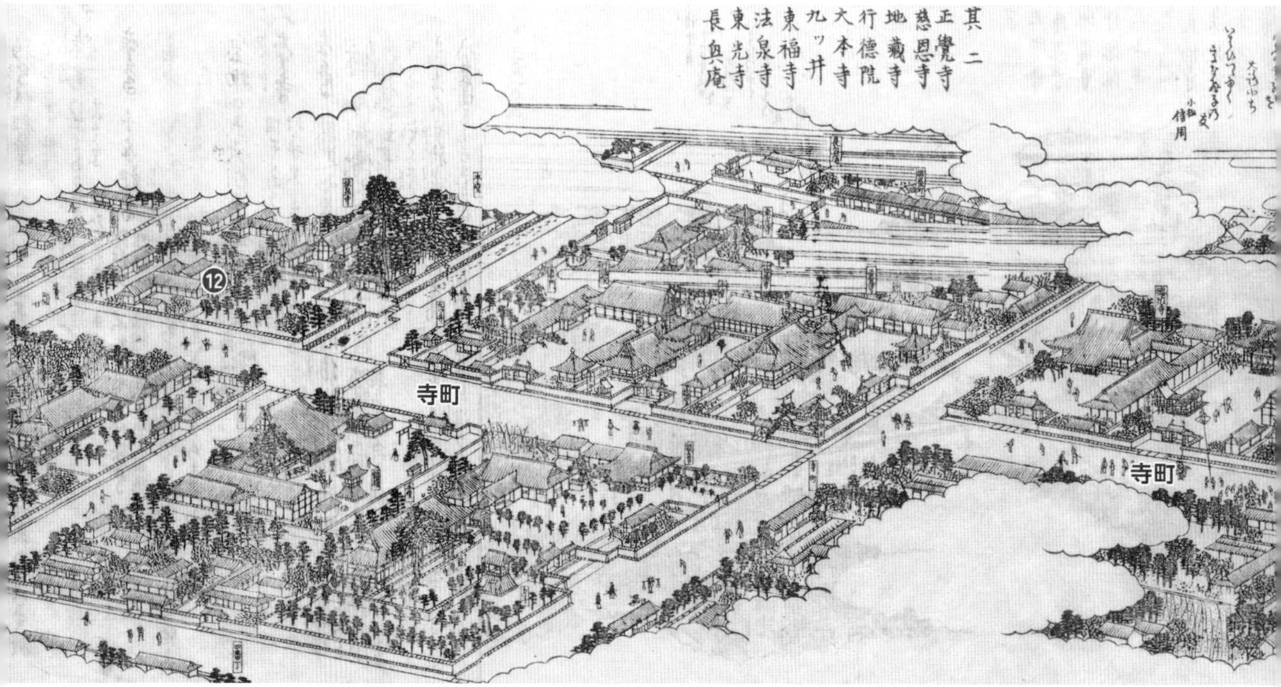

Ⓐ江戸後期の寺町西側(法泉寺から妙朝寺)

生駒親正は高松城築城と同時に城下町の建設にも着手し、城下町の防衛のため、町内と町外の境に寺町をつくりました(P.134参照)。その後、城下町は拡大し、江戸中期になると町境ではなくなり、町人地と武家地の境に寺町が立地していきます。

⑪御坊町(ごぼうまち)界隈

写真右手に映るのは興正寺別院(勝法寺)です。江戸時代、この通りの右側には寺町が並び、左側には堀がありました(次頁参照)。現在、その堀は埋め立てられ、飲食店や雑居ビルが建ち並んでいます。その南側にはかつて馬場が東西に広がっていました。現在は古馬場という地名にその記憶を留めています。

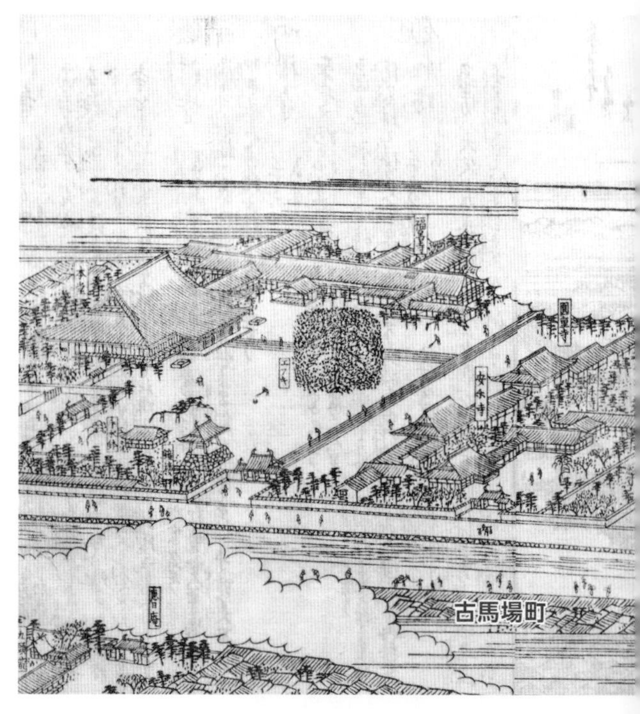

『讃岐国名勝図会』に加筆

⑫法泉寺のおしゃかさん

1598年、生駒家3代目の正俊によって宇多津から高松城下に移され、名を法泉寺と改められました。弘憲寺とともに生駒家の菩提寺であり、生駒時代の高松城下南境につくられた寺町一帯の西側の要に立地していました。1907(明治40)年、日露戦争の忠魂碑として釈迦像が建立され、「法泉寺のおしゃかさん」として親しまれました。戦災復興事業により、釈迦像や生駒廟は約70メートル東の現在地に移動しました。

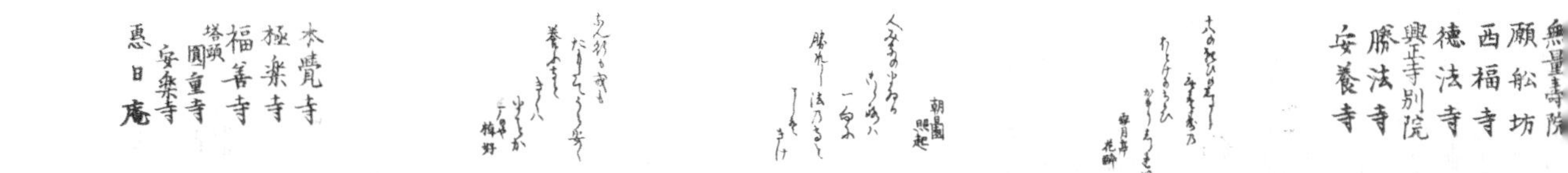

『讃岐国名勝図会』に加筆

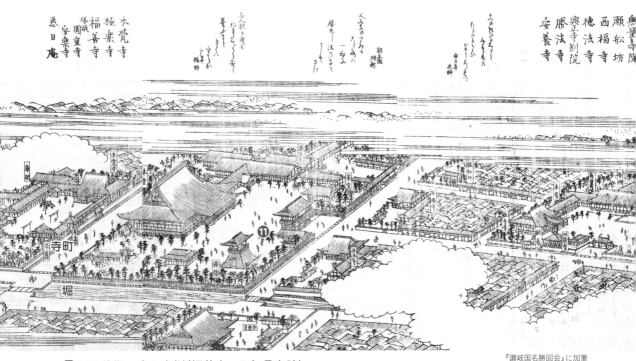

Ⓑ江戸後期の寺町東側(福善寺から無量寿院)

現在の御坊町エリアは、かつて大きな寺が東西に連なり、その南側には堀がありました。築城当初、この堀は城下町を守るためにつくられたとされています(P.134参照)。その後、堀の一部は馬場として埋め立てられ(現在の古馬場町)、その様子が「高松城下図屏風」にも描かれています(P.20参照)。

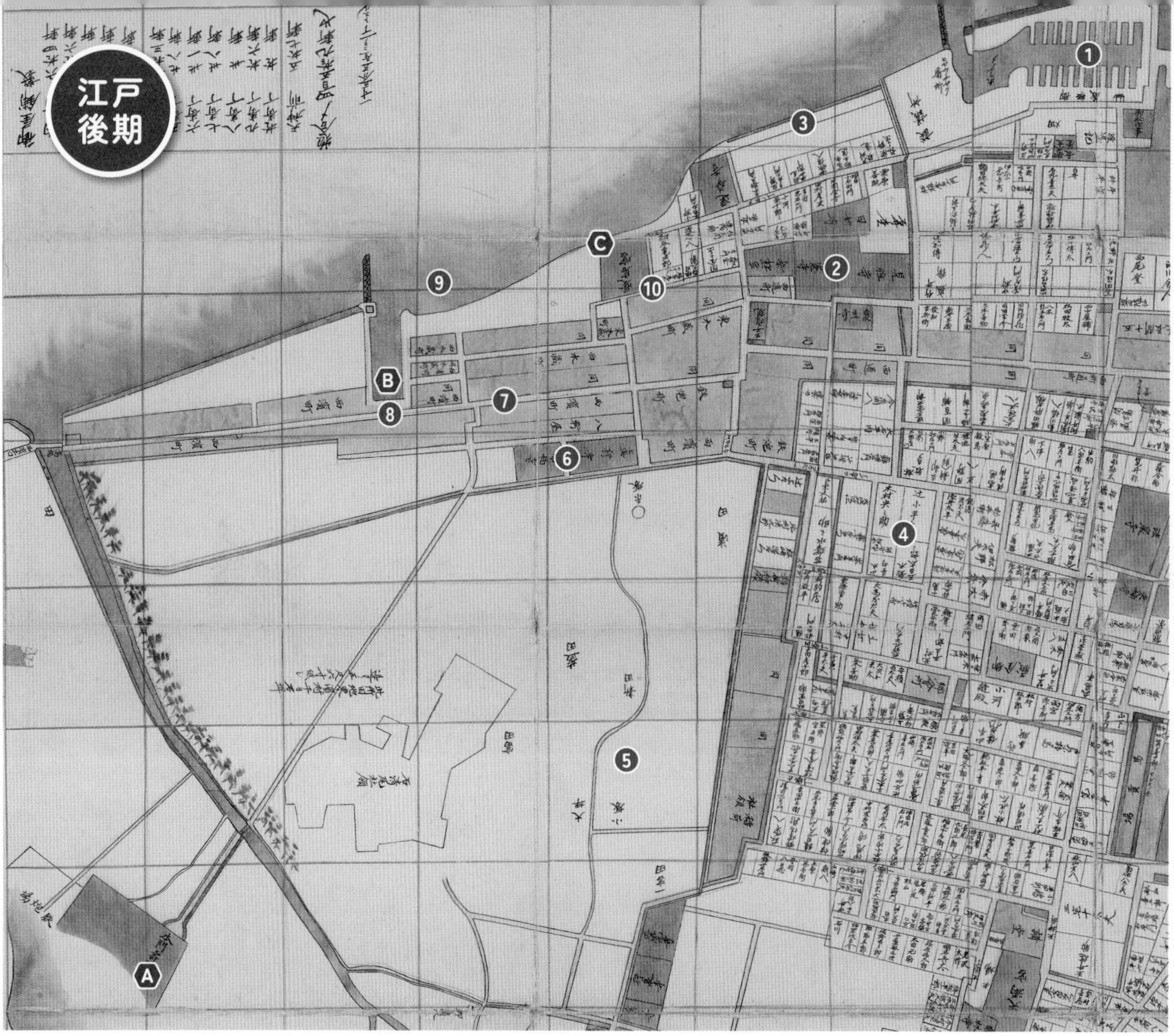

江戸後期

「天保十五年高松城下図」(1844年)高松市歴史資料館所蔵

城下西部エリア

江戸時代の海岸線や中世から続く社寺、戦災で焼けずに残った扇町界隈などに着目して歩いてみましょう

❶御船蔵跡(現 JR高松駅構内)

高松藩主が松平家となってから藩主御用達の御座船や軍船などを格納するため、御船蔵と呼ばれる船溜まりが整備されました。明治以降は必要な機能がなくなるも、1910(明治43)年、2代目高松駅として跡地が活用され、本州からの船と四国内の鉄道をつなぐ重要な役目を果たします。

❷生駒家ゆかりの寺町

現在の錦町周辺には、蓮華寺や若一王子神社など城下町建設前の笶原の時代から続く寺社や、弘憲寺など生駒家ゆかりの寺院が寺町を形成しています。親正が築城の際、在地にあった旧勢力と自らが移してきた寺社を合わせて寺町をつくり、城西方面の防御としていたと考えられます。

❸旧大的場海岸

現在、浜ノ町北側に大的場海岸が整備されていますが、江戸の頃は現位置から約300メートル内陸部にあり、ここにはかつて射術のけいこ場があったことから、大的場と呼ばれています。蓮華寺から御船蔵付近まで砂浜と松林が続いており、藩士の遊泳所としても利用されていました。現在は水任流として藩の泳法が継がれています。

❹番町

築城当時、城の南西に侍屋敷を配置し、丸亀街道の南から街区ごとに一番丁、二番丁と区割りしていきました。松平家が藩主となってから十番丁まで拡張されました。現在は県内で最も地価の高い住宅地となっています。なお、江戸時代には侍の町は「丁」、町人地は「町」の漢字が使用されていました。

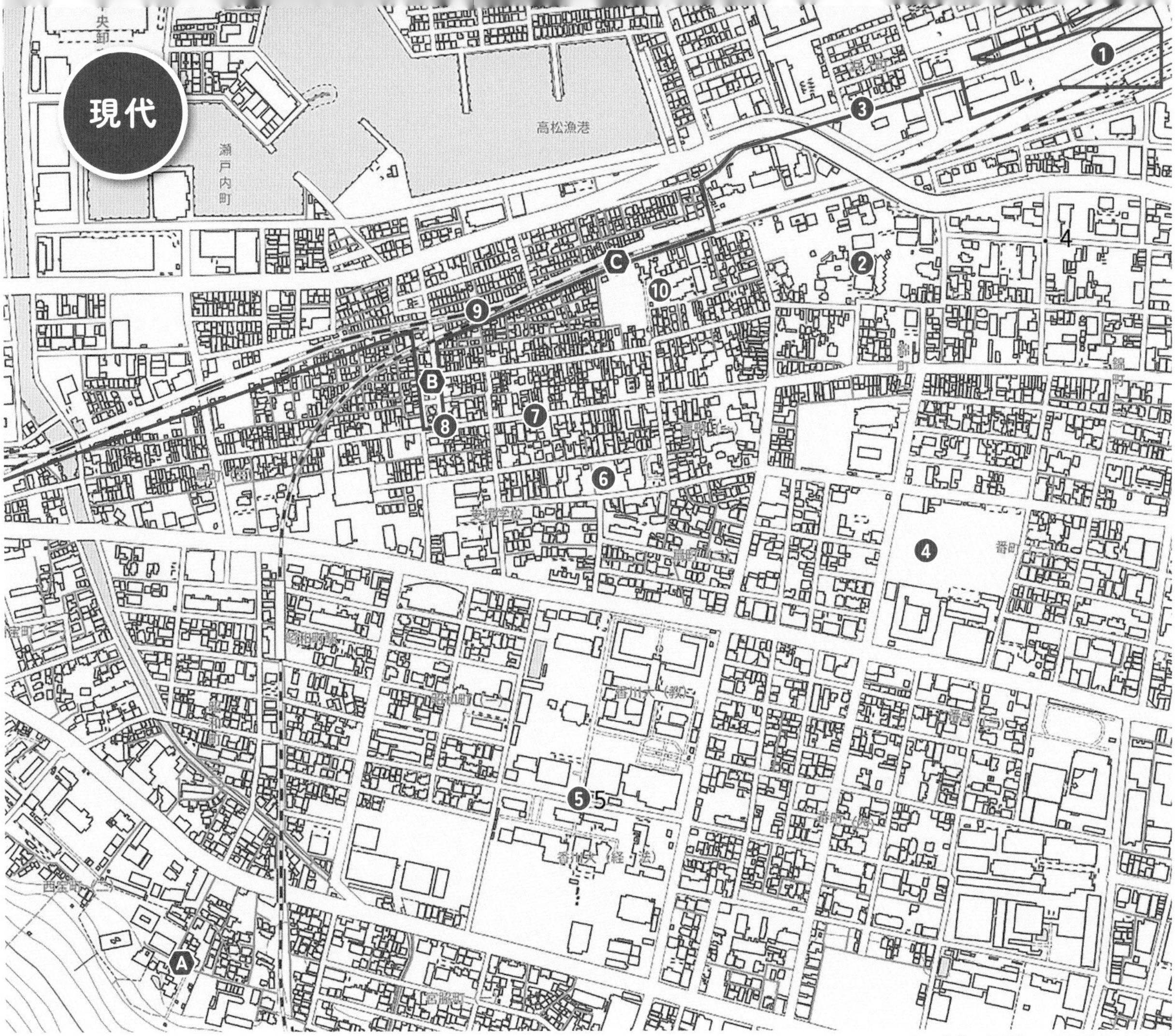

現代

高松漁港

瀬戸内町

江戸後期の海岸線　地理院地図に加筆

❺香川大学幸町キャンパス

もともとは広い田地で、栗林公園から流れてくる香東川の伏流水を利用していました。大正期には正覚寺、行泉寺、薬王寺といった寺町の西側が開発され、1923(大正12)年に高松高等商業学校(後の香川大学経済学部)として開設されました。なお、同敷地の北側には、師範学校(後の香川大学教育学部)と工芸学校(後の香川県立工芸高校)も開設されました。

❻真行寺(しんぎょうじ)

寺伝によれば、真行寺は南北朝時代に庵治沖の大島に開かれ、その後、約300年間北浜地区に置かれました。松平頼重が城の北東を改修するにあたり、現在の地に移されました。女木島・男木島に住む人たちが門徒とされ、北浜にゆかりの寺が開かれていた歴史を感じさせます。

『讃岐国名勝図会』に加筆

Ⓐ克軍寺周辺

開基は古く832年とされ、生駒家4代目藩主高俊の時代に藤堂高虎をまつり、克軍寺と名付けられました。周辺には田地が広がり、図会には現 摺鉢谷川が描かれています。現在はほぼ市街化されています。

西濱漁港
丸亀街道
西濱町

『讃岐国名勝図会』に加筆

Ⓑ西濱漁港

松平頼重の時代に漁港として整備され、江戸後期には多くの船が往来していました。港は丸亀街道に面しており、水揚げされた魚などが運ばれ、大変にぎわっている様子が描かれています。

❼丸亀街道沿いに残るまち並み

この付近は戦災を免れたため、戦前の記憶を留めるエリアとなっています。築城当時、この付近には砂堆が東西に発達しており、丸亀街道はその上に形成されていました。丸亀街道の先には勝賀山(勝賀城址)があたっており、このあたりが中世の頃、勝賀城主である香西氏による町割がなされていた痕跡を感じさせます。

❽旧西濱漁港周辺(恵比須神社)

江戸後期にあった西濱漁港は埋め立てられ、港跡地の一部に恵比須神社が遷座されました。当時の港跡は、現在の恵比須神社にその名残を残しています。また、南北に細長い街区形状に当時の記憶を留めていますが、急速に進んだ市街化により、かつての漁港らしさは失われつつあります。

Ⓒ愛宕神社と糸撚の浜

『讃岐国名勝図会』に加筆

愛宕神社は社記によると1278年創建とされており、築城前からこの地にあった神社です。江戸の頃は海に面しており、海岸部は糸をよるように波が迫ってくるので「糸撚の浜」と呼ばれていました。

⑨鉄道沿いに残る堤防

江戸後期の海岸線は、ほぼ現在のJR線路敷きに沿っていました。鉄道を高松港まで延伸させる際、既成市街地に線路を通すための敷地がとれなかったため、当時の海岸線に沿って鉄道橋をつくり、高松港まで開通させました(P.78参照)。現在でも線路沿いには往時の記憶を残す石積み堤防が残っています。

⑩愛宕神社周辺

愛宕神社拝殿から参道をみると、その軸線上に紫雲山があたっており、この参道は周辺街路の方向性をつくる基軸にもなっています。現在、愛宕神社北側には江戸期の海岸線に沿うように線路が走り、その北側は明治以降の埋め立てによって市街地化していきました。神社西側には1892(明治25)年に西浜小学校がつくられ、その跡地が現在の扇町公園となっています。

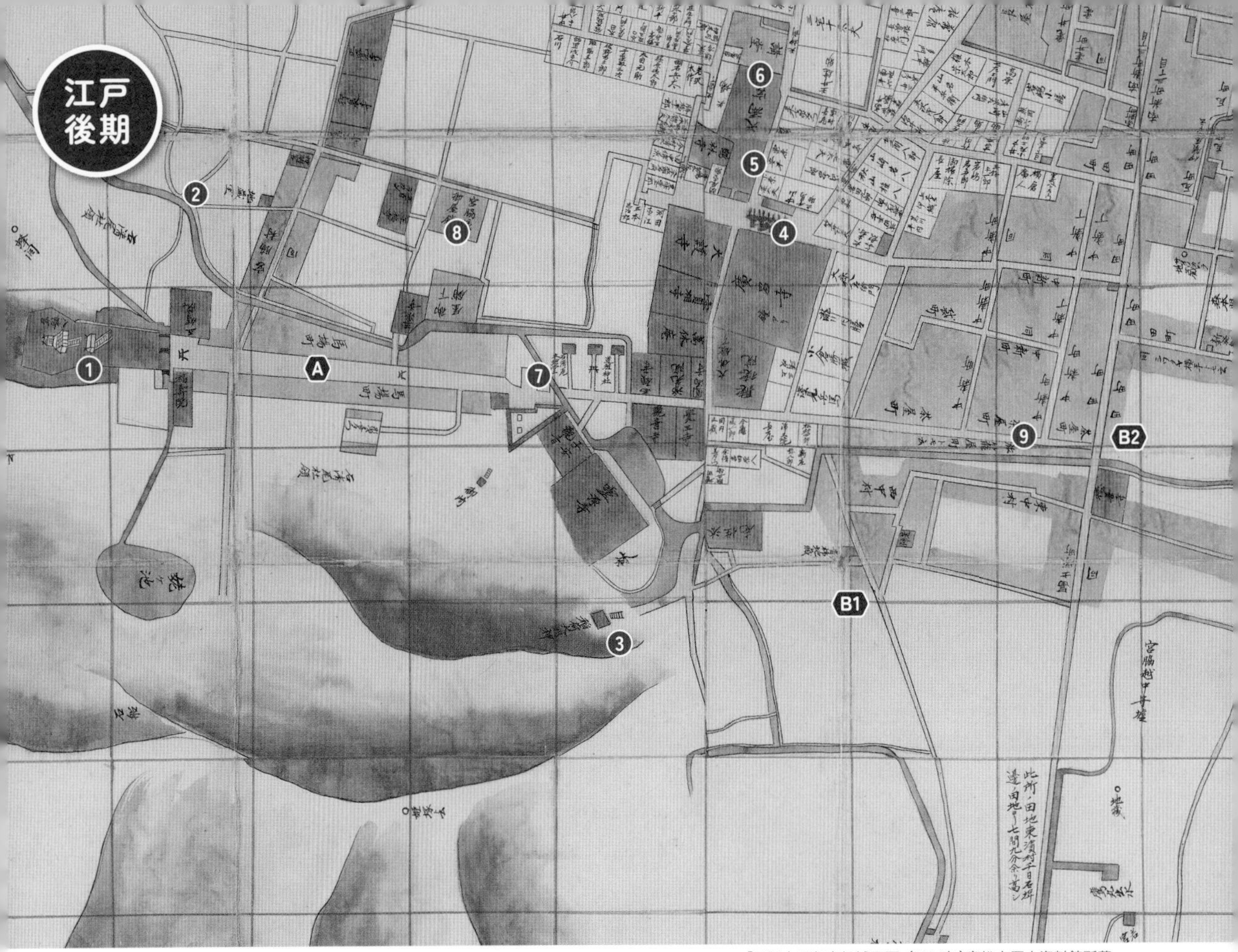

江戸後期

「天保十五年高松城下図」(1844年)高松市歴史資料館所蔵

石清尾八幡宮エリア

石清尾八幡宮の参道や栗林公園から流れ出る古香東川に沿って歩いてみましょう

❶石清尾八幡宮

高松の氏神で、境内には香川県神社庁が置かれています。古くからこの地の崇敬を集めており、京都にある石清水八幡宮を分祀し、由緒によると神社の起源は918年までさかのぼるとされています。時々の政権にも重視され、高松城を築城した生駒親正は当社を城の鎮守と定め、城下の産土神(土地の守護神)としました。生駒家国替えの後、藩主となった松平頼重も当社を崇敬し、社領202石を寄進しました。両藩主ともに、この地の信仰を集めていた当社を城下のまちづくりに組み込んだのです(P.129参照)。

❷香東川の川跡

栗林公園から流れ出た遣り水(庭園で利用した水)は、霊源寺池に集水され東西に分かれます(P.40参照)。西側の流れは神幸橋を抜けて藩主の下屋敷と玉泉寺前を通り、摺鉢谷川と合流します。こうした川の流れは、現在の道の形にその跡を見いだせます。

❸中野稲荷神社

赤い鳥居がJR高徳線の高架前に立っており、高架をくぐった奥に社殿があります。隣には栗林公園北口駅があり、とても珍しい立地環境です。1743年に石清尾八幡宮の境内に建立されるも、1年後には栗林荘の守護神として現在地に遷座されました。

現代

地理院地図に加筆

❹八本松

江戸後期には「六ツ辻原」と呼ばれ、6本の道が交わる場所でした。広い空地がとられていたことから、火除け地(火事の延焼を防ぐための空地)と捉えることもできます。広場には8本の松があったことから「八本松」の地名が残るも、戦後の都市計画で東西に抜ける道路(観光通り)が整備され、現在は食い違いの交差点とバス停名にその名残をみることができます。

❺中野天満宮

江戸時代には広大な社地を有しており、藩校である講道館がつくられるなど、藩学の中心を担っていました。高松最古の天満宮である華下天満宮(P.151参照)を古天神と呼ぶのに対し、当社は「大天神」と呼ばれていました。

❻香川県庁舎東館

明治以降、初代県庁舎は高松城中堀の南側に立地していましたが、戦災で焼失し、戦後は浄願寺の跡地に移転します。1958(昭和43)年、現在地にて竣工した県庁東館は、戦後の庁舎建築では初となる重要文化財に指定されました。デザイン知事と呼ばれた金子正則の発案で、建築家の丹下健三が設計し、日本の木造建築で使用する軸組構造(柱・梁)を鉄筋コンクリートで表現しています。また、戦後民主主義を体現する開かれた庁舎の象徴として、1階部分は開放的な空間になっています。

A 石清尾八幡宮と参道

江戸後期の石清尾八幡宮と参道周辺の様子が克明に描かれています。参道入口は番所と木戸で管理され、その先には御旅所があり、八幡宮までは幅の広い参道空間（馬場町）が広がっています。（P.129参照）

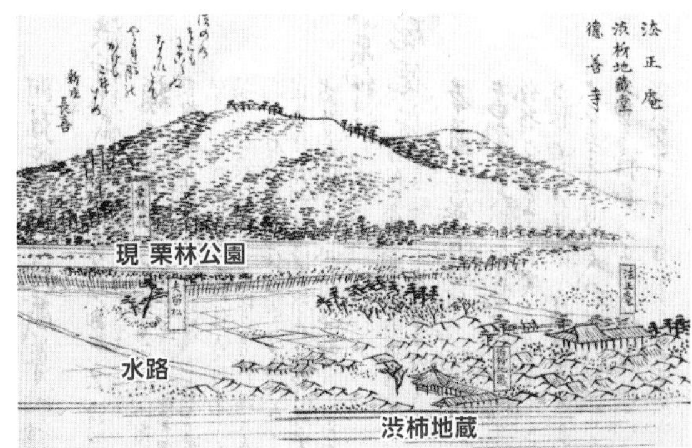

『讃岐国名勝図会』に加筆

B1 渋柿地蔵周辺

かつてこの付近には大川と呼ばれる川（古香東川）が流れており（P.36参照）、ここは川の西堤で、対岸に渡る船が出ていたとされています。渡し場には9株連なった柿木があったことから「渋柿地蔵」と呼ばれています。高松城築城前、当地を治めていた香西氏の出城（中ノ村城）があったとされています。

7 神幸橋とヒマラヤスギ並木

上図の『讃岐国名勝図会』によると、ここには「神幸ハシ」と記される幅の広い橋が架けられていました。橋の近くには御旅所があり、祭りのときには本社まで神輿のご神幸が行われていたことから「神幸橋」と呼ばれていました。現在も残る石造りの欄干は1928（昭和3）年に架けられたもので、当時の記憶を受け継ぐ貴重な史跡といえます。公園内には江戸時代からある川が暗渠（地下に設けられた水路）で通っており、その川沿いにはヒマラヤスギの並木が残されています。

姥ヶ池
石清尾八幡宮
❶
宮脇町
番所
玉泉寺
❽
❷
松平左近屋敷
薬王寺

『讃岐国名勝図会』に加筆

❽亀阜小学校

亀阜小学校は県内で最も歴史があり、1872(明治5)年に開校しました。上図の松平左近屋敷(亀阜荘)は幕末の頃、勤皇志士が出入りしていた場所で、その跡地に小学校がつくられました。紫雲山を借景とする立地に、亀阜荘の記憶を想起できます。

❾旅篭町

松平頼重はこの通り筋を「茶屋町」と名付けており、東西に門を設けて、昼夜繁昌していました。しかし、風紀が乱れたことを理由に「旅篭町」とあらためて、町境に近いところに宿屋街を配置しました。

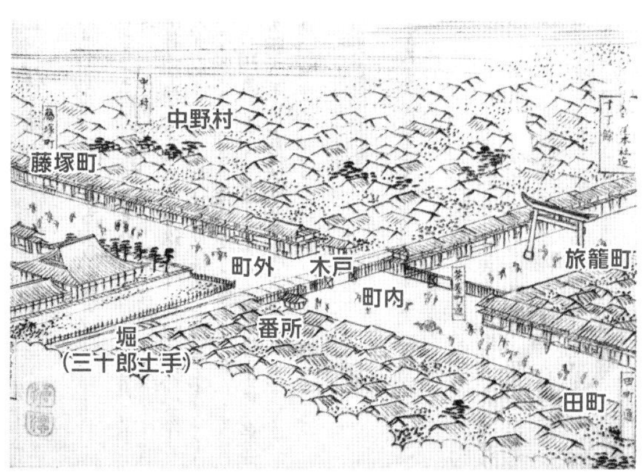

『讃岐国名勝図会』に加筆

B2 田町南境周辺

江戸時代、田町と藤塚町の間には木戸が設けられ、城下町内と町外を分ける堀(三十郎土手)がありました。高松城下町の基軸となる、常磐橋から石清尾八幡宮に至るL字街路(P.129参照)の曲がり角にあたるのが田町商店街の南端部となります。当時の道の記憶が、現在のクランクした交差部に見いだせます。

香川・高松 海城町年表

西暦	和暦	讃岐国、高松藩における主な出来事		西暦	社会一般
1587	天正15	**生駒親正**が**讃岐藩主**となり、引田城に入る	安土桃山時代	1587	九州平定
1588	天正16	笑原の地で**高松城築城に着手**			
1590	天正18	豊臣秀吉、塩飽1250石の領知を船方衆650人に認める		1590	豊臣秀吉天下統一
1592	文禄1	親正と一正(2代目)は塩飽水軍を率いて朝鮮へ出陣		1598	豊臣秀吉亡くなる
1597	慶長2	親正と一正、西讃の亀山にて**丸亀城築城に着手**		1600	関ケ原の戦い
1602	慶長7	一正が丸亀城から高松城に移り、讃岐国主となる		1603	徳川家康江戸幕府開く
1604	慶長9	**常磐橋**を起点として一里塚を領内につくる			
1610	慶長15	生駒正俊(3代目)、丸亀商人を高松に移して丸亀町とする			
1615	元和1	**一国一城令**により丸亀城が廃城となる		1615	一国一城令
1621	元和7	生駒高俊(4代目)、幼少につき外祖父の**藤堂高虎**が執政			
1622	元和8	藤堂高虎、家臣である**西嶋八兵衛**らを讃岐に派遣			
1637	寛永14	八兵衛、福岡・木太・春日の新田干拓、**香東川付け替え事業完了**		1635	参勤交代義務付け
1640	寛永17	幕府、御家騒動により**生駒高俊**を出羽矢島1万石に転封			
1641	寛永18	幕府、肥後天草領主の**山崎家治**を丸亀5万石余に移封	江戸時代前期		
1642	寛永19	幕府、常磐下館領主の**松平頼重**を讃岐12万石に移封			
1644	正保1	頼重、**高松城下に上水道を敷設**、高松城改修に着手		1643	田畑永代売買禁止令
1648	慶安1	幕府、金毘羅領330石を朱印地とする			
1657	明暦3	丸亀藩主山崎家断絶により所領没収			
1658	万治1	**京極高和が丸亀藩主**となる			
1664	寛文4	頼重、大内郡白鳥宮を造営			
1666	寛文6	頼重、石清尾八幡宮の造営			
1667	寛文7	高松藩、沖松島・木太・春日の新田干拓			
1669	寛文9	高松藩、御座船を新造し飛龍丸と名付ける			
1670	寛文10	**天守改築、着見櫓・水手御門完成**、松平家墓所として法然寺造営		1671	東廻り西廻り航路開く
1673	延宝1	城下侍屋敷が八番丁まで拡張			
1692	元禄5	**保田織**が完成して藩から将軍家に献上		1686	朝鮮・琉球貿易制限
1694	元禄7	丸亀藩から**多度津支藩1万石**が分封			
1702	元禄15	松平頼常(2代目)、藩校講堂を創建、栗林荘の庭普請を行う			
1707	宝永4	**宝永地震**、高松城の天守屋根壁・石垣一部破損、丸亀城破損			
1718	享保3	**高松大火**(城下にて江戸時代最大の火災)2300戸以上焼失			
1733	享保18	高松藩領の鵜足郡、那珂郡で**綿作が盛んとなる**		1732	享保の大飢饉
1747	延享4	**平賀源内**が高松藩薬吏となる	江戸時代中期		
1750	寛延3	丸亀藩領で大一揆が勃発		1750	全国各地で一揆多発
1757	宝暦7	松平頼恭(5代目)、城東門外に庶民の声を集める投書箱を設置			
1768	明和5	頼恭、江戸藩邸で家臣に**製糖技術を学ばせる**			
1772	安永1	大雨洪水による建物被害19000戸以上			
1775	安永4	高松藩、引田・津田・香西などに綿会所を設置			
1780	安永9	高松藩、藩校を拡張し**講道館**と名付ける		1778	ロシア船通商要求
1790	寛政2	大内郡湊村医師の**向山周慶、砂糖の製造に成功**		1790	寛政異学の禁
1794	寛政6	丸亀藩、藩校正明館を設置			
1798	寛政10	高松藩、白砂糖の製法がほぼ確立、塩飽勤番所完成			
1805	文化2	高松城下東浜の埋立が完成し、新湊町と名付ける			
1819	文政2	高松藩、領内各地に砂糖会所を設置		1817	イギリス船浦賀来航
1827	文政10	高松城下大工町に町人教育の**明善郷校**を設置	江戸時代後期	1825	異国船打払令
1829	文政12	高松藩領坂出村に塩田を築く、多度津藩の陣屋完成する		1830	伊勢おかげ参り流行
1833	天保4	丸亀藩、丸亀城下に**新堀湛甫(港)**を築く			
1835	天保6	金毘羅の芝居小屋**(金毘羅大芝居)**が完成			
1838	天保9	多度津藩、**多度津湛甫(港)**を築く		1837	浦賀でアメリカ船砲撃
1843	天保14	高松藩、城下商人が農村で商業活動することを制限			
1846	弘化3	高松藩、郷中の商いや認可以外の商品取引を禁止			
1853	嘉永6	梶原藍水**『讃岐国名勝図会』**を刊行		1853	ペリー浦賀来航
1854	安政1	**安政南海地震**、高松城の天守屋根壁・石垣一部破損			
1857	安政4	丸亀藩、領内に砂糖会所を置く	幕末		
1860	万延1	塩飽出身者35人、咸臨丸乗組員として浦賀を出航			
1863	文久3	高松藩、海岸防御のため屋島長崎鼻に砲台築造			
1868	慶応4	維新政府、幕府とともに高松藩を朝敵とする、**官軍に高松城を開城**		1867	大政奉還

西暦	和暦	香川・高松における主な出来事		西暦	社会一般
1871	明治4	高松・丸亀・多度津藩領をあわせて**(第一次)香川県を設置**	明治時代	1871	廃藩置県
1873	明治6	香川県を廃し名東県に編入		1872	鉄道開通新橋-横浜間
1875	明治8	名東県から分離し(第二次)香川県を設置		1873	徴兵令、地租改正
1876	明治9	香川県を廃し愛媛県に編入			
1880	明治13	北浜地区に田中波止が築かれる			
1884	明治17	**高松城天守解体**、大阪商船が**瀬戸内海航路開設**			
1888	明治21	愛媛県から分離し**(第三次)香川県を設置**			
1889	明治22	**讃岐鉄道**(丸亀ー琴平間)開通		1889	大日本帝国憲法発布
1890	明治23	**高松市制開始**、高松城跡が陸軍省から高松松平家に払い下げ			
1895	明治28	高松電灯会社、四国ではじめて配電開始			
1897	明治30	讃岐鉄道(丸亀ー高松間)開通、扇町に**初代高松駅**開設			
1900	明治33	**第一次高松港整備完了**、讃岐汽船会社設立			
1902	明治35	玉藻廟建設、高松で第8回関西府県連合共進会開催			
1903	明治36	**山陽汽船**(岡山ー高松間、尾道ー多度津間)航路開設			
1904	明治37	城跡北側埋め立て(護岸敷地)、山陽鉄道が讃岐鉄道を合併		1904	日露戦争はじまる
1910	明治43	2代目高松駅竣工、**国鉄連絡船が宇野ー高松間に就航**		1906	鉄道の国有化開始
1917	大正6	高松城内に披雲閣完成	大正・昭和時代(戦前)	1914	第一次世界大戦はじまる
1920	大正9	**屋島を県立公園に指定**、第1回国勢調査香川県67万8千人			
1921	大正10	高松市・東浜村・栗林村が合併、上水道完成の通水式			
1922	大正11	**栗林公園が名勝に指定**、高松港が市から県に移管		1923	関東大震災
1924	大正13	官立高松高等商業学校(現 香川大学経済学部)が開校			
1925	大正14	高松城址西ノ丸に**記念道路開通**			
1927	昭和2	琴平電鉄(高松ー琴平間)国鉄予讃線(高松ー松山間)開通			
1928	昭和3	**高松港第3期竣工、全国産業博覧会**を高松城址周辺で開催			
1929	昭和4	屋島にケーブルカー開通、塩江温泉鉄道のガソリンカー開通		1929	世界恐慌はじまる
1931	昭和6	三越高松支店開業、八栗山ケーブルカー開通		1931	満州事変が起こる
1934	昭和9	**瀬戸内海が国立公園に指定される**			
1938	昭和13	戦時下に伴うダンスホール、カフェ、喫茶店の閉鎖		1937	日中戦争はじまる
1940	昭和15	高松市が太田村や屋島町などと合併		1941	太平洋戦争はじまる
1945	昭和20	**高松空襲**、桜御門焼失、進駐軍接収	昭和時代(戦後)	1946	日本国憲法公布
1949	昭和24	高松で観光大博覧会開催、香川大学設置		1951	日米安全保障条約締結
1954	昭和29	香川県に全国初となる漆芸研究所設置			
1955	昭和30	高松城址史跡指定、**玉藻公園として開放**、紫雲丸事故			
1956	昭和31	高松市、周辺15町村と合併、市域人口21万5千人		1956	日本が国際連合に加盟
1958	昭和33	香川県庁舎(現 東館)が落成			
1960	昭和35	鉄道記念物候補となっていた**2代目高松駅舎焼失**			
1961	昭和36	**宇高国道フェリー**就航			
1964	昭和39	番の州工業地帯造成工事着手		1964	東海道新幹線開業
1967	昭和42	艮櫓現在地へ移築、常磐街にダイエー開業			
1971	昭和46	香川県公害防止条例制定			
1972	昭和47	香川県への**旅行者数が1千万人を超える**		1972	山陽新幹線岡山開通
1975	昭和50	**香川用水**の本格的通水開始		1973	オイルショック
1978	昭和53	瀬戸大橋起工式、大平正芳内閣成立			
1982	昭和57	高松中央球場閉場			
1988	昭和63	**瀬戸大橋開通、JR瀬戸大橋線**運行開始			
1989	平成1	**新高松空港**開港	平成・令和時代		
1996	平成8	サンポート高松整備事業起工式		1995	阪神・淡路大震災
1998	平成10	**明石海峡大橋開通**、ゆめタウン高松開業			
1999	平成11	高松市が中核都市に移行、**瀬戸内しまなみ海道開通**			
2001	平成13	**新高松港**利用開始		2001	アメリカ同時多発テロ
2004	平成16	**サンポート高松オープン、香川県都市計画線引き廃止**			
2006	平成18	丸亀町商店街A街区竣工			
2008	平成20	県内最大店舗面積となるイオンモール綾川開業			
2010	平成22	**瀬戸内国際芸術祭開始**			
2012	平成24	丸亀町商店街G街区竣工、天守台石垣修理完了		2011	東日本大震災
2022	令和4	高松城内に桜御門復元		2020	新型コロナウイルス流行

おわりに

まちのビジョンとアイデンティティを求めて

瀬戸内海に臨む香川の県都・高松はいかにして現在のようなまちに成り得たのか、これから進むべき道標となる「まちのビジョン」を検討するうえで、私たちはまちや地域が歩んできた歴史から学ぶ必要があると考えています。また、まちや地域の履歴を知ることは、単なる歴史的事実の探求に留まらず、先人が築き上げてきた暮らしの知恵と豊かさを理解すると同時に、地域への愛着を育み、まちの課題解決や魅力創造に向けた担い手をつくることにもつながります。

本書では、瀬戸内海に開かれた海城が香川・高松の都市形成にどのような影響を与えてきたのかについて、主に地理的環境から江戸時代に試みられた「まちのデザイン」に迫り、近代化以降の発展の基層を担った都市形成のプロセスを読み解いてきました。高松の場合、笑原郷がつくられた古代からまちの形成がはじまっていますが、現代のまちにつながる大きな転機となったのは、戦国末期、豊臣政権下で海城建設とともにはじまった城下町のまちづくりにあるといえます。本書を通じて、高松城は瀬戸内海を治めるために築かれた重要な拠点であり、近世海城史のなかでも最初期につくられた城郭であることを述べてきました。そして、そうした城郭とともにつくられた城下町が、現代につながる県都・高松の基層を成しており、城下町の記憶は香川・高松にとって重要な歴史的アイデンティティといえます。

香川・高松のアイデンティティと領域性

また、そうした歴史的アイデンティティとともに重要になるのが、それぞれのまちや地域の範囲（領域）についての共通理解です。本書では、主に近世以降の高松城下を中心エリアとして、近世から近現代までの都市形成史を記述してきましたが、そこで語られた「まちの記憶」は、現代の高松市における旧城下町エリアのみに限定された歴史ではありません。古代から続く地政学的なダイナミズムのなかで、戦国の終わり頃、現代の香川県にほぼ一致する讃岐国が生駒藩によって治められ、その中心拠点として高松に海城と城下町が築かれました。そして、本書でも述べてきた通り、その海城は瀬戸内海や四国全体を統治あるいは監視する役割が与えられ、近世期約300年に渡って周辺諸国に影響を及ぼしてきました。こうした歴史的変遷のなかで、まちが及ぼす領域性は絶えず変化し、所属意識やアイデンティティも変化してきたといえます。

現在、私たちが目にする高松のまちは、行政区画でいえば香川県高松市であり、本書で主に対象としたエリアはより限定されています。しかし、こうした領域認識は近代以降の認識であり、千年を超える時間軸からみれば、1890年に成立した高松市という領域性は比較的新しく、それほど時間が経過していないと捉えることもできます。本書は、こうした時代認識のもと、海城町・高松を舞台とした「まちの記憶」を描いており、その歴史的アイデンティティが及ぼす範囲は高松の旧城下町エリアを越えて、高松市、香川県、あるいは瀬戸内海域にも通じる領域性をもっていると考えております。

とはいえ、現代社会に生きる私たちは現実の行政区画に強い影響を受けており、それぞれのアイデンティティも無意識に行政区画によって縛られていることも事実です。本書では意識的に「高松」のみならず「香川・高松」等の表現を用いていますが、それは「香川県・高松市」といった行政区画に限らず、讃岐国や瀬戸内海域といった領域性の広がりを意識して用いていることを、ここで明記しておきます。

海城町・高松におけるまちのビジョン

さて、こうした歴史的アイデンティティと領域性を踏まえて、「まちのビジョン」は具体的にどのような検討ができるのでしょうか。ここで歴史性や領域性とともに重要な視点となるのが、この場所にしかないという固有性です。第1章で紹介したように、高松は城下図屏風で描かれた「海ー城ー町」という象徴的な軸をもつことが、他都市にはない都市構造上の特徴であり、景観的な魅力であると述べてきました。そして第2章では、近世海城を有する多くの城下町は、近代化の過程のなかで城（城跡）と海が大きく離れる結果となりましたが、高松の場合、海に向かって舌状に延びる原地形と海城前を大規模な近代港湾として活用できたことにより、現代においても城の目の前に海が広がる「海ー城ー町」の都市構造が維持されています。

こうした他都市にない固有性が、まちの形成過程（歴史性）ともつながっている点がとても重要であり、「まちのビジョン」を検討するうえで核になる魅力資源といえます。海のそばに城があり、城の周囲には駅、業務ビル、商店街が隣接している都市環境は、高松に住んでいる方にとっては当たり前の光景かもしれませんが、400年以上変わらずに残されてきた「海ー城ー町」の都市構造は、まさに生きた都市空間遺産ともいえるのです。

しかし、そうしたまちの重要な魅力資源となる「海ー城ー町」の都市構造が、現在存分にいかせているかといえば、疑問の余地が残ります。現代において、港と城と町はそれぞれの敷地でそれぞれの管理者によって管理・運営されており、「海ー城ー町」の都市構造は残れども、それぞれの間には道路が張りめぐらされており、「海ー城ー町」の関係性は分断されているといっても過言ではありません。そこで、その解決策の糸口として、海（高松港）と城（高松城）と町（中心市街地）がもともともっていた有機的なつながりを復活させていくことが、他都市には模倣することができない、歴史性や領域性、固有性をふまえた「まちのビジョン」になりうると考えています。

「海ー城ー町」がもつ魅力とは

こうした視点からあらためて高松のまちの来歴を振り返ると、「海ー城ー町」が個別の機能に分かれることなく、緊密につながっていた時代がありました。本書では、「海ー城ー町」が相互に関係しあいながら形成・発展してきたまち全体の様相を「海城町（うみじろまち）」と表現し、「海ー城ー町」の関係性がいかにして構築されてきたのかを、戦国末期から近現代にかけて紹介してきました。

現代からさかのぼれば、県内総郊外化を経験する前の時代、瀬戸大橋が開通する以前、高松は四国を代表する玄関口として多くの人々でにぎわい、戦後四国の経済成長をけん引する拠点都市としての役割を担っていました。まちなかの中央商店街は四国中から若者が集まる文化発信の拠点になっており、市街地には路面電車が張りめぐらされ、高松港にやってくる来訪者には市内の旅館関係者が港で旗をふって歓待していたようです。当時、城とのつながりはいまだ弱かったかもしれませんが、海と町とのつながりは現代よりも強く、相互に魅力を高め合っていました。近代化以前に目を向ければ、東浜港を中心とした海からの玄関と、丸亀町を中心とした街道の結節点により、海城によって開かれた城下町は「海一城一町」の関係性によってまち全体が成長していきました。『讃岐国名勝図会』にも描かれているように、近世海城のなかでも最大級の高さを誇る高松城の天守は、海側からも町側からも眺めの対象となり、城の存在は当時の社会構造ともひもづいて、城は町のつくりと深く結びついていました。そして、海と城と町のつながりが具現化された祭りが石清尾八幡宮祭礼であり、江戸時代を通じて「海一城一町」は機能的にも意味的にも切り離すことができない関係性をもって、深く結びついていました。

本書では、こうした海と不可分な関係性で発展してきた高松のまちを、一般的な「城下町」という用語では漏れてしまう意味や歴史性をすくいあげるため、あえて「海城町」という新たな言葉で表現することを試みました。しかし、それは高松のまちだけでなく、その他全国にある「海城町」の発見にもつながり、おもに瀬戸内海を中心とした西日本の湾内に、海と緊密な関係をもつ近世の「海城町」が息づいていることがわかりました。高松のまちと同様に、それぞれに固有の歴史と景観をもつ魅力的なまちが日本各地に存在していたのです。

記憶喪失のまち

地方都市の衰退が叫ばれて久しい時代にありますが、まちの個性や魅力はそれぞれの地域が歩んできた固有の歴史や地域環境に、その源泉があると考えています。しかし、日本の多くの地方都市では、近代化の過程でそうしたまちの個性や魅力を失ってきたように思います。特に、まちの空間的側面からみると、道はできるだけまっすぐ平坦になり、大きな道が通ることで街区の形も変わり、これまでそれぞれの小さなまちかどで起こってきた出来事や意味深い場所の数々は、利便性や安全性を優先する無味無臭の近代的空間へと様変わりしていきました。もちろん、近代化によって得たものは計り知れず、近代的空間の出現もまた、連綿と続く歴史の一部であると捉えることもできます。しかし、本書を書こうと思った動機のひとつとなったのは、現代に暮らす私たちがそれぞれのまちの歴史や魅力を感じとり、誇りをもって暮らすことができているのだろうか、と自省の念もこめて問題意識を抱いてきた点にあります。本書の対象である香川・高松を例にとれば、高松のまちが城下町であったこと、また、その城下町は瀬戸内海に開かれた海城がつくったまちであったことなど、そのまちのアイデンティティともいえる「まちの記憶」が薄れつつあるように感じていました。それぞれのまち固有の魅力をいかすことが求められている時代にあって、「まちの記憶」が失われつつある、いわば「記憶喪失のまち」とも呼べる状態は、地方都市衰退の持続的な要因にもなりうる社会状況を生み出していると考えられます。

未来につなぐ「まちの記憶」

歴史家であり建築家であるドロレス・ハイデン(Dolores Hayden)は著書『The Power of Place』(1995、MIT Press)で「場所の力、それはごく普通の都市のランドスケープに秘められた力であり、共有された土地の中に共有された時間を封じ込め、市民が持つ社会の記憶を育む力である」(※)と述べており、私たちが目にするまちかどの風景そのものに、社会的な記憶・パブリックヒストリーが詰まっているとしています。そのうえで、そうした「まちの記憶」と私たちの拠り所となる「アイデンティティ」は深く結びついており、「まちの記憶」には、現代を生きる多様な人々や地縁のない個人を相互に結びつける力が宿っているとしています。

このように私たちが暮らすまちの空間は、単なる機能的な空間ではなく、多種多様な人々によって使われ、改変され、意味づけられた空間であり、いわば「市民の共有財産」ともいうべき公共性があります。将来のまちを構想するためには、場所に蓄積されてきた「まちの記憶」を呼び覚まし、各所に宿る「まちの記憶」に多くの人々が関心をもつことが、まちの新たな魅力づくりに向けた第一歩になると考えています。

本書はこうした問題意識を背景に、「まちの記憶」のなかでも大切な要素である「まちの形成史」に軸足を置いて、執筆してきました。また、本書の狙いは、できるかぎり歴史的事実の羅列や整理に終わることなく、積層する場所の履歴を未来につながる「まちの記憶」として物語り、多くの人に共有してもらう点にありました。特にイラストや絵図・写真など、視覚的に感じとれる資料を有効に用いることで、専門家に限らず、より多くの方々に香川・高松の「まちの記憶」に触れていただきたいと考えています。本書を通じて、よりよい環境を後世に残していきたい、と思う人々を少しでも増やすことに貢献できたなら、著者として望外の幸せであります。

本書は、高松や香川に暮らしている方はもちろんのこと、来訪される方も含めて、高松というまちのことをもっとよく知りたいという皆さんに読んでいただきたいと思っています。また、香川・高松のことを調べたいという小中高校生、あるいは、地域教育を推進している教育現場の先生方、地域に誇りをもってまちづくりを担おうとする大学生や市民の方、責任をもって地域の未来をつくる行政関係者や政治家の方には、ぜひ本書を手に取って、先人が築いてきた「まちの記憶」を未来につないでいただきたいと思います。

そして、いつの日か次世代を担う子どもたちがふと書棚から本書を取り出し、香川・高松が育んできた「まちの記憶」の温かさに触れるきっかけとなることに願いを込めて、本書の筆をおきたいと思います。

※ドロレス・ハイデン著、後藤春彦・篠田裕見・佐藤俊郎訳(2002)
『場所の力:パブリック・ヒストリーとしての都市景観』学芸出版社、33頁

参考文献

第1章 海城町の誕生と発展

市村高男・上野 進・渋谷啓一・松本和彦編(2009)『中世讃岐と瀬戸内世界 港町の原像(上巻)』岩田書院
市村高男・上野 進・渋谷啓一・松本和彦編(2016)『中世港町論の射程 港町の原像(下巻)』岩田書院
胡 光(2007)「「高松城下図屏風」の歴史的前提」『調査研究報告第3号』香川県歴史博物館、63-80頁
香川県歴史博物館編(2007)『海に開かれた都市 高松—港湾都市900年のあゆみ』香川県歴史博物館
香川元太郎(2018)『鳥瞰・復元イラスト 日本の城』ワン・パブリッシング
片桐孝浩・佐藤竜馬・松本和彦・上野 進(2011)「討論 港町の原像—中世野原と讃岐の港町—」『香川県埋蔵文化財センター研究紀要Ⅶ』41-86頁
角川日本地名大辞典編纂委員会(1985)『角川日本地名大辞典 (37) 香川県』KADOKAWA
川村教一(2000)「香川県高松平野における沖積層の層序と堆積環境」『第四紀研究』39(6)、489-504頁
川村博忠(2010)『江戸幕府の日本地図 国絵図・城絵図・日本図』吉川弘文館
神吉和夫(1985)「高松水道の研究」『第5回日本土木史研究発表会論文集』41-48頁
北九州市立自然史・歴史博物館編(2020)『小倉城と城下町』海鳥社
木原溥幸監修(1996)『江戸時代 人づくり風土記37香川』農山漁村文化協会
木原溥幸・丹羽佑一・田中健二・和田 仁(1997)『香川県の歴史』山川出版社
木原溥幸(2008)『讃岐・江戸時代の町、村、島』文芸社
齋藤慎一・向井一雄(2016)『日本城郭史』吉川弘文館
坂口良昭(2015)「近世、西浜砂堆(砂嘴) の形成から浸食へ」『香川地理学会会報』No.35、1-7頁
佐藤竜馬(2007)「考古学の視点から見た「高松城下図屏風」」『調査研究報告第3号』香川県歴史博物館、83-106頁
佐藤竜馬(2016)「高松城はいつ造られたか」『平成26年度香川県埋蔵文化財センター年報』93-107頁
千田嘉博(2000)『織豊系城郭の形成』東京大学出版会
高松市教育委員会(2008)『石垣基礎調査報告書第1分冊/第2分冊』高松市埋蔵文化財調査報告109
高松市教育委員会(2009)『高松城史料調査報告書4』高松市埋蔵文化財調査報告122
高松市教育委員会(2012)『亀井戸—高松城下における上水施設の調査—』高松丸亀町商店街G街区市街地再開発組合・高松市教育委員会
高松市教育委員会(2012)『史跡高松城跡(天守台)発掘調査編』高松市埋蔵文化財調査報告140
高松市編(2022)『史跡高松城跡保存活用計画』高松市
田中健二(2008)「生駒時代・高松城下周辺の地形について」『香川県立文書館紀要』第12号、1-28頁
田中健二(2010)「続 生駒時代・高松城下周辺の地形について」『香川県立文書館紀要』第14号、1-10頁
田中健二(2012)「生駒時代の国絵図に見る讃岐の姿」『香川県立文書館紀要』第16号、1-20頁
田中健二・御厨義道(2016)「小神野与兵衛著「盛衰記」と中村十竹著「消暑漫筆」について」『香川大学教育学部研究報告』第1部第145号、21-41頁
田中健二(2022)「高松城下町の形成・拡大と構造」『史集 高松』第2号、高松市教育委員会、19-25頁
内藤昌編著(2011)『城の日本史』講談社
西ヶ谷恭弘・荻原一青(2011)『日本の名城—鳥瞰イラストでよみがえる』世界文化社
野村美紀・佐藤竜馬(2006)「明治15年の高松—ケンブリッジ大学図書館所蔵の高松城・城下の写真について」『調査研究報告第2号』香川県歴史博物館、315-332頁
野村美紀(2007)「「高松城下図屏風」の基礎的考察」『調査研究報告第3号』香川県歴史博物館、47-60頁
長谷川修一(2022)「ブラタモリが解き明かした高松城下の千年のデザイン」『調査月報』No.426、百十四経済研究所、2-11頁
波多野純(1984)「讃州高松城下町における高松水道について」『日本建築学会大会研究学術講演梗概集』No.59、2531-2532頁
藤田勝重(2015)『西嶋八兵衛と栗林公園 復刻版』美巧社
松岡明子(2007)「美術史の視点から見た「高松城下図屏風」」『調査研究報告第3号』香川県歴史博物館、109-126頁
宮地 修一・長谷川修一・野々村敦子「土石流が形成した臨海沖積低地の地下水流動経路」『応用地質』60(1)、2-11頁
村田修三監(2008)『ビジュアル・ワイド 日本名城百選』小学館
森下友子(1996)「高松城下の絵図と城下の変遷」『財団法人香川県埋蔵文化財調査センター研究紀要』Ⅳ、67-116頁
山中 稔・長谷川修一・大嶋和則・西田一彦(2016)「高松城天守台解体修理工事における地盤調査と石垣部の変形解析」『土木学会論文集C(地圏工学)』72 (3)、239-251頁

第2章 海城町の近代化

荒井とみ三(1963)『高松繁昌記(全2巻)』讃岐郷土史研究会
荒井とみ三(1979)『高松今昔記(全4巻)』歴史図書社
石井裕晶(2004)『中野武営と商業会議所—もうひとつの近代日本政治経済史』ミュージアム図書
石村壽浩・鵤 心治・中出文平・小林剛士(2006)「香川県線引き廃止に伴う土地利用動向に関する研究」『日本建築学会計画系論文集』71(607)、103-110頁
市原輝士・宮田忠彦(1984)『わが町の歴史・高松』文一総合出版
井原 縁(2004)「玉藻公園にみる文化遺産の公園化とその変容に関する史的研究」『ランドスケープ研究』67(5)、387-392頁
運輸省第三港湾建設局高松港工事事務所編(1990)『高松港工事事務所三十年のあゆみ』
香川県編(1991)『香川県史(全17巻)』四国新聞社
香川県建設技術協会編(1976)『香川県土木史』香川県建設技術協会
香川県立ミュージアム編(2019)『祭礼百態—香川・瀬戸内の「風流」』香川県立ミュージアム
香川県歴史博物館編(2005)『時代をつなぐ写真』香川県歴史博物館

桑田智子・越澤 明(2004)「平成12年都市計画法改正に基づく香川県の線引き廃止と都市計画区域再編に関する考察」『日本建築学会技術報告集』10(20)、285-288頁
小山 騰(2005)『ケンブリッジ大学秘蔵明治古写真―マーケーザ号の日本旅行』平凡社
四国新聞社出版部編(1995)『香川学のすすめ(全2巻)』四国新聞社
四国鉄道75年史編纂委員会編(1965)『四国鉄道75年史』日本国有鉄道四国支社
髙塚 創(2017)「香川県における線引き廃止とこれからの都市づくり」『土地総合研究』25(4)、27-40頁
高松空襲戦災誌編集室編(1983)『高松空襲戦災誌』高松市
高松市教育委員会(2023)『高松松平家歴史資料近代資料群調査報告書(写真・地図)』高松市
高松市議会編(1989)『高松市議会史(全2巻)』高松市議会
高松市史編修室編(1969)『新修高松市史(全3巻)』高松市
高松市水道局水道史編集室編(1990)『高松市水道史』高松市水道局
高松市歴史資料館(1994)『第4回企画展図録 写真が語る高松のあゆみ』高松市歴史資料館
高松市歴史資料館(2003)『第34回特別展 高松城と栗林園』高松市歴史資料館
高松百年史編集室(1988)『高松百年史(全3巻)』高松市
土井健司・紀伊雅敦・松居俊典(2014)「香川県における線引き全県廃止の経緯分析と廃止後の制度設計の課題」『土木学会論文集D3』70(5)、I_443-I_452頁
長尾折三(1902)『高松新繁昌史』宮脇開益堂
原 直行(2021)「住民による瀬戸内国際芸術祭の評価 」『香川大学経済論叢 』93(4)、63-105頁
平岡昭利編(1999)『中国・四国地図で読む百年』古今書院
宮田忠彦編著(1983)『ふるさとの想い出写真集 明治大正昭和 高松』国書刊行会

第3章 海城町の都市デザイン

足利健亮(2012)『地図から読む歴史』講談社
井上正夫(2008)『古地図で歩く香川の歴史』同成社
岡本哲志(2010)『港町のかたち―その形成と変容』法政大学出版局
岡本哲志(2019)『地形で読みとく都市デザイン』学芸出版社
小和田哲男(1998)『呪術と占星の戦国史』新潮社
金子正則・名誉県民金子正則先生記念出版会(1996)『政治とはデザインなり―金子正則独白録』丸山学芸図書
香川大学教育学部監、守田逸人・平 篤志・寺尾 徹編(2022)『大学的香川ガイド―こだわりの歩き方』昭和堂
佐藤 滋+城下町都市研究体(2002)『図説 城下町都市』鹿島出版会
四国新聞社(1976)『昭和50年史(全2巻)』美巧社
昭文社旅行ガイドブック編集部(2021)『香川のトリセツ』昭文社
陣内秀信・岡本哲志編(2002)『水辺から都市を読む―舟運で栄えた港町』法政大学出版局
高松松平藩歴史・文化探訪推進協議会編(2008)『高松まちある記』美巧社
高見敞志(2008)『近世城下町の設計技法 視軸と神秘的な三角形の秘密』技報堂出版
高見敞志(2009)『城と城下町 築城術の系譜』技報堂出版
中西和子(2003)「織豊期城下町にみる町割プランの変容―タテ町型からヨコ町型への変化について」『歴史地理学』45 (2)、25-46頁
西村幸夫(2018)『県都物語』有斐閣
西村幸夫・野澤 康編(2010)『まちの見方・調べ方―地域づくりのための調査法入門―』朝倉書店
萩原さちこ(2015)『図説・戦う城の科学』SBクリエイティブ
広瀬和孝(2005)『讃岐高松の地名―小字は生きている―』鶏鳴舎
宮澤崇史・岡崎篤行(2021)「近世港町の成立経緯と都市形態」『都市計画報告集』20(4)、460-463頁
宮本雅明(2005)『都市空間の近世史研究』中央公論美術出版
森 正人(2023)『古地図で楽しむ瀬戸内・香川』風媒社
山田竹系(1975)『昭和50年高松商店街展望』四国毎日広告社
矢守一彦(1970)『都市プランの研究 変容系列と空間構成』大明堂

ウェブサイト(アーカイブ)

国立国会図書館デジタルコレクション	https://dl.ndl.go.jp/
国立公文書館デジタルアーカイブ	https://www.digital.archives.go.jp/
地理院地図(電子国土Web)	https://maps.gsi.go.jp/
国際日本文化研究センター 所蔵地図データベース	https://lapis.nichibun.ac.jp/chizu/
香川県立図書館 デジタルライブラリー	https://www.library.pref.kagawa.lg.jp/digitallibrary/
香川県立公文書館 デジタルアーカイブ	https://web.archives.pref.kagawa.lg.jp/
金沢市画像オープンデータ	https://open-imagedata.city.kanazawa.ishikawa.jp/
広島市立図書館 貴重資料アーカイブ	https://adeac.jp/hiroshima-city-lib/top/
今昔マップ on the web	https://ktgis.net/kjmapw/

謝辞

はじまりは『高松城下図屏風』でした。2009年に香川大学に赴任し、高松の歴史を調べていたところ、海に対して張り出すように城と町がつくられていた城下図屏風をみて、大きな衝撃を受けたことは今でも覚えています。その後、科研費等の研究助成をいただき、高松の都市形成に関する研究を蓄積していきました。そして、本書を執筆するもう1つ重要なきっかけがNHKの「ブラタモリ(「高松〜巨大な海城は町をどう発展させた?〜」2022年2月放送)」への出演でした。海城はいまでも生きているとする番組制作チームとのやりとりに大きな影響を受けつつ、これまで考えたこともない視点から、より深く高松の領域史に触れることができた経験でした。こうした2つのきっかけをもとに、そのはじまりから15年にわたる熟成期間を経て、本書を上梓するに至りました。

本書を形にしていくうえで、本当に多くの方々にお世話になりました。「ブラタモリ」でも共演させていただいた長谷川修一先生(香川大学名誉教授)には、地質学の観点から微地形を読む視点を教えていただき、そこから新たな都市形成の文脈を見いだすことができました。また、長年高松の歴史を研究されている田中健二先生(香川大学名誉教授)には、私の稚拙な数多くの疑問に応えていただき、執筆されている論文からも多くの示唆を与えていただきました。

また、本書は初学者にもわかりやすく読んでもらうため、個別仔細に先行研究や参考文献を記載せず、最後に一覧という形式で整理させていただきました。なかでも、県市に所属する専門職員(学芸員)の方々による緻密な研究成果があったからこそ、本書を書き進めることができました。そして、高松や香川の郷土史家が記されている書籍やブログ等からも多くの示唆をいただき、時には膨大な研究成果を前に圧倒されるばかりでした。潤沢な郷土史の蓄積のなか、私自身の成せることは微々たるもので、各専門分野の知見をもとに都市デザインの視点から価値を描き出すことに専念しました。ここですべての方のお名前を記すことができない非礼をお許しください。

まちの歴史から子どもと地域をつなぐ取り組みを検討するため、まちづくり教育の文脈から起ち上げた「まちの記憶研究会in高松」に当初から参加いただいた小学校教諭、NPO職員、建築士、行政職員の皆さま、コロナ禍がはじまるなかでも議論の輪をつくっていただいたことは今でも感謝しております。また、若手の頃からともに研究を進めてきた都市計画史研究会[代表:中島直人(東京大学教授)]のメンバーからは、互いの問題意識や研究成果から多くの影響を受けたことで、今の自分があると思っています。また、日常的に研究・教育・実践面でサポートいただいている香川大学の先生方、職員の方々、そして、さまざまな活動に賛同してくれている学生諸氏、皆さまのおかげで本書を執筆する環境を整えることができました。香川県内を中心として、まちづくり実践の場を与えてくださっている行政機関の皆さま、地域づくりの担い手として多方面で協働いただいている地域の皆さま、他にもこれまでお世話になった方々は多く、この場であらためてお礼申し上げます。

本書は、JSPS科研費(18K11955)「都市計画の遺産的価値継承を狙いとした社会的プレゼンテーション手法の構築」による研究成果をもとに執筆しました。また、香川大学経済学会から出版助成の機会をいただいたことで、本書を世に出すことができました。貴重な資料を掲載するうえで、高松市歴史資料館や香川県立ミュージアム、香川県立文書館をはじめとして、公益財団法人松平公益会ならびに高松市広聴広報課、瀬戸内国際芸術祭実行委員会事務局、鎌田共済会郷土博物館、玉藻公園管理事務所、高松丸亀町商店街振興組合、また、各地の資料館・博物館等にも大変お世話になりました。ここに記すことで、感謝の意を表します。

本書を仕上げるうえで、周囲がみえない山道に絶えず灯りをともしてくれた編集者の須鼻美緒氏、また制作チームとして、デザイナーの大池 翼氏、イラストレーターのニシダシンヤ氏、コピーライターの山本政子氏にも大変お世話になりました。皆さまとチームを組めたことが、書籍としてのクオリティを高める最大の要因になりました。そして、郷土のまちづくりに賛同いただき、快く出版を引き受けていただいた株式会社瀬戸内人の柳生敏宏氏、磯田周佑氏にも厚くお礼申し上げます。

最後に、私自身、初の単著となる本書を執筆するうえで、膨大な研究時間と場所をつくってくれた家族には、あらためて感謝の意を伝えたいと思います。

2024年2月吉日　石清尾山を眺める研究室にて
西成典久

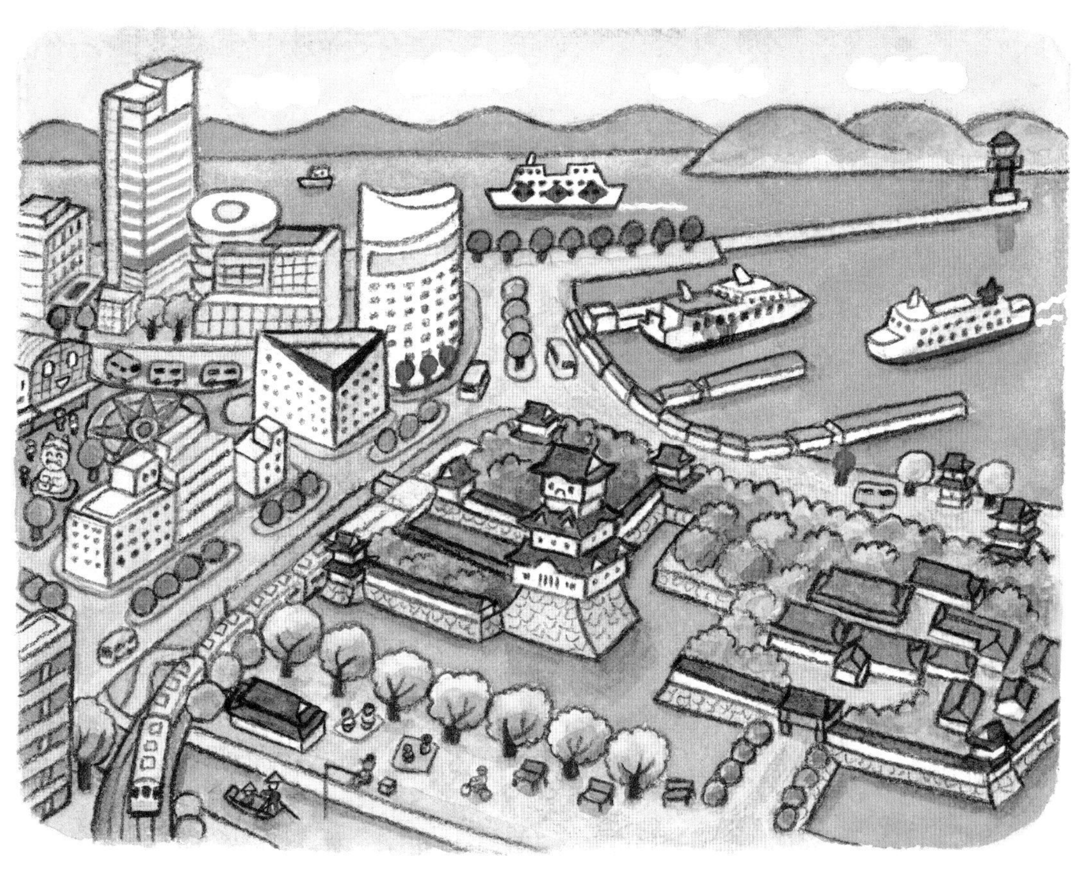

[著者プロフィール]

西成典久(にしなり・のりひさ)

香川大学経済学部・大学院創発科学研究科教授。工学博士。

専門は都市計画、景観デザイン・形成史。歴史・地理的な文脈から都市・地域の在り方を研究し、地域の課題解決・魅力創造を狙いとしたまちづくりの実践に取り組む。
東京都出身。東京工業大学第6類(建築・土木系)社会工学科卒、同大学院社会工学専攻(景観研究室)博士課程修了。地域開発のコンサルタント会社に勤務後、立教大学観光学部講師を経て、香川大学に着任。
共著に『初めて学ぶ 都市計画(第二版)』市ヶ谷出版社、『日本の都市づくり』朝倉書店、『都市計画家 石川栄耀』鹿島出版会、他。
おもな受賞歴として、日本都市計画学会論文奨励賞、日本都市計画学会石川奨励賞、屋島山上での学生プロジェクトにて観光庁長官賞、キャンパス整備にて高松市美しいまちづくり賞(設計者)、地域の方々と取り組んだ「五郷里づくりの会」が農林水産省中国四国農政局「ディスカバー農山漁村の宝」に選ばれる。
各行政機関や自治体にて、各種委員やまちづくりアドバイザーを務める。
NHK「ブラタモリ」「高松〜巨大な海城は町をどう発展させた?〜」案内人。

高松 海城町の物語

瀬戸内の海城が開いた都市デザイン

2024年3月20日　初版発行
2024年9月16日　第2版発行

著者　西成典久

編集　須鼻美緒(mooi)
デザイン　大池 翼
イラスト　ニシダシンヤ
執筆協力(P.8-17)、編集協力　山本政子(瀬戸内人)

印刷・製本　シナノ印刷株式会社

発行人　柳生敏宏
発行所　株式会社瀬戸内人
〒760-0013　香川県高松市扇町2丁目6-5
YB07・TERRSA大坂3F
FAX　087-823-0099
E-mail　info@setouchibito.co.jp
URL　https://setouchibito.co.jp/

ISBN978-4-908875-48-9